最新段階式

簿記検定問題集

全商 2 級

実教出版

本書の内容と利用のしかた

本書は，簿記の学習に取り組み，全商簿記実務検定試験をめざすみなさんが，簿記の知識を確実に身につけ，検定試験の出題形式や傾向を的確にとらえられるよう編集された問題集です。

簿記の学習は決してむずかしいものではありませんが，しっかりと自分のものにするためには，実際に問題にぶつかり解決していく努力を積み重ねることが必要です。

本書は，長年，簿記教育にたずさわってきた現場の教師陣が，平素の指導を通じて体得したものを十分に織り込んで編集したものです。日頃の学習に，検定試験のチャレンジに，大いに活用してください。

本書には以下のような特色があります。

(1) 各種の簿記教科書を分析し，学習項目を網羅するとともに，どの教科書とも併用できるよう配列を工夫しました。

(2) 検定試験の出題範囲・傾向を分析し，各項目のなかに，的確なまとめと問題を収載しました。

(3) 各項目の問題は，原則として，基本問題—練習問題—検定問題の配列とし，基本的な問題から，段階をおって程度の高い問題へと進めるようにしました。

[内　容]

●要点の整理……各項目の学習事項を要約し，的確につかめるようにしました。また，適宜，例題をもちいることによって，取引の流れのなかでスムーズに理解できるようにしました。

●基本問題……各項目のもっとも基本的な学習要素について問う問題を出題しました。いきなり問題に入っても戸惑うことのないよう，適宜，本文中に解法のポイントを示しました。

●練習問題……基本問題からステップアップし，検定出題レベルの問題につなげるための問題を出題しました。重要な項目では，いろいろなパターンの問題を練習できるようにしました。

●検定問題……全商簿記実務検定試験の過去の出題問題を，各項目ごとに分類し，出題しました。なお，範囲の関係で，実務検定試験問題の一題全部を出題できないときは部分的に示し，その傾向がわかるようにしました。

●全商検定試験出題形式別問題……検定試験の出題傾向を分析して，全範囲から作問した程度・内容が同じ問題を多数出題しました。

●日商ではこうでる！……日商の試験にもチャレンジしたい人に向け，発展的な学習として「日商ではこうでる」を掲載しました。

◇解答編……別冊。解答にいたる過程の説明や注意事項を詳しく示しました。

簿記は，暗記科目ではありません。

簿記は，理解の科目です。考える科目です。

このことを理解し，簿記特有の考え方や組み立てを身につけ，十分な実力を養成してください。

みなさんの努力が実を結び，検定試験合格の栄冠を得られることを期待しています。

執筆者一同

もくじ

1 現　金

要点の整理

① 現金（資産）

簿記上の現金（cash）には通貨のほか他人振り出しの小切手，送金小切手，配当金領収証などがある。現金を受け取ったときは**現金勘定**の借方に記入し，支払ったときは貸方に記入する。

例 1/ 8　佐野商店から売掛金の回収として，¥60,000を同店振り出しの小切手で受け取った。
（借）現　金　60,000　（貸）売掛金　60,000
15　日光商店から商品¥30,000を現金で仕入れた。
（借）仕　入　30,000　（貸）現　金　30,000
30　那須商店に商品¥50,000を現金で売り渡した。
（借）現　金　50,000　（貸）売　上　50,000

現　金

1/ 1 前期繰越 10,000	1/15 仕　入 30,000
1/ 8 売掛金 60,000	残　高 ¥90,000
1/30 売　上 50,000	

② 現金出納帳（cash book）

現金出納帳は，現金収支の明細（取引先名や取引内容など）を記入し，残高を明らかにする補助簿である。また，現金出納帳の残高は現金勘定の残高とつねに一致する。

現　金　出　納　帳　　1

令和○年		摘　要	収　入	支　出	残　高
1	1	前月繰越	10,000		10,000
	8	佐野商店から売掛金回収　小切手受け取り	60,000		70,000
	15	日光商店から仕入れ		30,000	40,000
	30	那須商店に売り上げ	50,000		90,000
	31	次月繰越		90,000	
			120,000	120,000	
2	1	前月繰越	90,000		90,000

一　致（現金勘定の残高 ¥90,000 と現金出納帳の残高 90,000）
開始記入（2/1 前月繰越 90,000）

基本問題

1-1 次の取引の仕訳を示し，現金勘定に転記しなさい。ただし，現金勘定への記入は日付・相手科目・金額を記入する。また，現金出納帳に記入して締め切りなさい。開始記入も示すこと。なお，商品に関する勘定は3分法によること。

1月26日　前橋商店に対する買掛金¥20,000を現金で支払った。
28日　太田商店の商品売買の仲介をおこない，手数料¥12,000を送金小切手で受け取った。
30日　水上商店から商品¥160,000を仕入れ，代金のうち¥100,000は現金で支払い，残額は掛けとした。
31日　沼田商店に商品¥200,000を売り渡し，代金は同店振り出しの小切手で受け取った。

	借　方	貸　方
1/26		
28		
30		
31		

現　金

1/1 ～ 1/25	1,750,000	1/1 ～ 1/25	1,326,000

現　金　出　納　帳　　2

令○年		摘　要	収　入	支　出	残　高
		前ページから	1,750,000	1,326,000	424,000
		前橋商店の買掛金支払い			
		太田商店から仲介手数料，送金小切手受け取り			
		水上商店から仕入れ，一部現金で支払い			
		沼田商店に売り上げ，小切手受け取り			

1-2 次の取引を総勘定元帳と現金出納帳に記入しなさい。ただし，総勘定元帳の記入は，日付と金額を示せばよい。また，現金出納帳は月末に締め切るものとする。

1月　7日　所沢商店から商品¥50,000を仕入れ，代金は現金で支払った。

18日　入間商店に貸し付けていた¥200,000とその利息¥3,800をともに，同店振り出しの小切手で返済を受けた。

30日　浦和商店に商品¥60,000を売り渡し，代金のうち¥40,000は送金小切手で受け取り，残額は掛けとした。

現　金

1/1 前期繰越 325,000	

売　掛　金

1/1 前期繰越 256,000	

売　上

貸　付　金

1/1 前期繰越 500,000	

仕　入

受　取　利　息

現　金　出　納　帳　　1

令○年		摘　要	収　入	支　出	残　高
1	1	前　月　繰　越	325,000		325,000

2 当座預金

要点の整理

① 当座預金（資産）

銀行との当座取引契約によって預ける無利子の預金を**当座預金**（checking account）という。当座預金口座に現金や他人振り出しの小切手などを預け入れたときは**当座預金勘定**の借方に記入し，小切手を振り出したときは貸方に記入する。小切手は当座預金残高を超えて振り出すことはできないが，あらかじめ銀行と当座借越契約を結んでおけば，その限度額までは支払いに応じてくれる。このとき当座預金は貸方残高となり負債額を示すことになる（p.56参照）。

例 1/ 9 鎌倉商店に商品¥70,000を売り渡し，代金は同店振り出しの小切手で受け取り，ただちに当座預金に預け入れた。

（借）当座預金 70,000 （貸）売　上 70,000

16 藤沢商店に対する買掛金¥40,000を小切手＃9を振り出して支払った。

（借）買掛金 40,000 （貸）当座預金 40,000

28 湘南商店から商品¥50,000を仕入れ，代金は小切手＃10を振り出して支払った

（借）仕　入 50,000 （貸）当座預金 50,000

当座預金

借方		貸方	
1/ 1 前期繰越	130,000	1/16 買掛金	40,000
1/ 9 売　上	70,000	28 仕　入	50,000
		} 残　高	¥110,000

② 当座預金出納帳

当座預金出納帳は，当座預金の預け入れと引き出しについての明細（取引先名や取引内容など）を記入し，つねに残高を明らかにする補助簿であり，取引銀行ごとに口座を設ける。

当座預金出納帳

東西銀行　　1

令和○年		摘要	預入	引出	借または貸	残高
1	1	前月繰越	130,000		借	130,000
	9	鎌倉商店に売り上げ　小切手受け取り	70,000		〃	200,000
	16	藤沢商店の買掛金支払い　小切手＃9		40,000	〃	160,000
	28	湘南商店から仕入れ　小切手＃10		50,000	〃	110,000
	31	次月繰越		110,000		
			200,000	200,000		
2	1	前月繰越	110,000		借	110,000

借方残高のとき「借」，貸方残高のとき「貸」と記入する。

③ その他の預金

普通預金，定期預金などは，それぞれの勘定口座を設けて記帳する。

基本問題

2-1 次の取引の仕訳を示し，当座預金勘定に転記しなさい。ただし，当座預金勘定への記入は日付・相手科目・金額を記入すること。なお，商品に関する勘定は3分法によること。

1月24日 鶴見商店に対する売掛金¥190,000が，当店の当座預金口座に振り込まれたとの通知を取引銀行から受けた。

29日 厚木商店から商品¥120,000を仕入れ，代金のうち¥100,000は小切手＃5を振り出して支払い，残額は掛けとした。

30日 大和商店から商品売買の仲介手数料¥30,000を同店振り出しの小切手で受け取り，ただちに当座預金に預け入れた。

	借方	貸方
1/24		
29		
30		

当　座　預　金

1/1 ～ 1/23　1,050,000	1/1 ～ 1/23　516,000

2-2 2-1の取引を当座預金出納帳に記入し，月末に締め切りなさい。開始記入も示すこと。

当座預金出納帳　2

令和○年		摘要	預入	引出	借または貸	残高
		前ページから	1,050,000	516,000	借	534,000
		鶴見商店の売掛金回収				
		厚木商店から仕入れ　小切手#5				
		大和商店から仲介手数料，小切手受け取り				

2-3 次の取引を総勘定元帳と当座預金出納帳に記入しなさい。ただし，総勘定元帳の記入は，日付と金額を示せばよい。また，当座預金出納帳は月末に締め切りなさい。開始記入も示すこと。

1月12日　松戸商店に商品¥286,000を売り渡し，代金のうち¥200,000は同店振り出しの小切手#27で受け取り，ただちに当座預金に預け入れ，残額は掛けとした。

18日　土浦商店に対する買掛金の一部¥190,000を小切手#12を振り出して支払った。

27日　取手商店から商品¥210,000を仕入れ，代金のうち¥150,000については小切手#13を振り出して支払い，残額は掛けとした。

当　座　預　金

1/1 前期繰越 674,000	

売　掛　金

1/1 前期繰越 312,000	

買　掛　金

	1/1 前期繰越 453,000

売　上

仕　入

当座預金出納帳　1

令和○年		摘要	預入	引出	借または貸	残高
1	1	前月繰越	674,000		借	674,000

2-4 次の連続した取引の仕訳を示しなさい。

(1) 現金¥700,000を全商銀行に定期預金として預け入れた。

(2) 全商銀行に預け入れていた上記の定期預金が本日満期となったので，利息¥8,400とともに普通預金に預け入れた。

	借　　　方	貸　　　方
(1)		
(2)		

練習問題

2-5 次の取引を各帳簿に記入しなさい。ただし，総勘定元帳の記入は，日付と金額を示せばよい。また，現金出納帳と当座預金出納帳は月末に締め切るものとする。

1月 6日　全商銀行と当座取引契約を結び，現金¥500,000を預け入れた。

8日　函館商店から商品¥250,000を仕入れ，代金の一部については次の小切手#1を振り出して支払い，残額は掛けとした。

AZ0001　　小　切　手　　東 京 1301 0007−123

支払地　東京都中央区日本橋1丁目12番39号

株式会社　全商銀行日本橋支店

金額　¥200,000※

上記の金額をこの小切手と引き替えに持参人へお支払いください

令和○年1月8日

振出地　東京都中央区

東京都中央区日本橋2丁目5番7号

東京商店

振出人　東京保夫　(東京)

15日　釧路家具店から事務用ロッカー¥180,000を購入し，代金は現金で支払った。

20日　旭川商店に商品¥380,000を売り渡し，代金のうち¥300,000は同店振り出しの小切手#13で受け取り，残額は掛けとした。

22日　函館商店に対する買掛金¥450,000の支払いとして，20日に受け取っていた旭川商店振り出しの小切手#13　¥300,000を渡し，残額は小切手#2を振り出して支払った。

25日　旭川商店に対する売掛金¥470,000が，当店の当座預金口座に振り込まれたとの通知を全商銀行から受けた。

26日　札幌商店から商品売買の仲介手数料¥20,000を同店振り出しの小切手で受け取った。

現　　金　　1

1/1 前期繰越 892,000	

当　座　預　金　　2

売　掛　金　　4

1/1 前期繰越 619,000	

備　　品　　7

1/1 前期繰越 300,000	

買掛金 15

	1/1 前期繰越 530,000

売上 20

受取手数料 21

仕入 24

現金出納帳 1

令和○年		摘要	収入	支出	残高
/	/	前月繰越	892,000		892,000

当座預金出納帳 1

令和○年		摘要	預入	引出	借または貸	残高

3 小口現金

要点の整理

① 小口現金（資産）

日常の少額（小口）な支払いを担当する係（小口現金係・庶務係）に前渡しした資金を**小口現金**といい，**小口現金勘定**で処理する。

② 定額資金前渡法（インプレスト システム）（imprest system）

定額資金前渡法は小口現金の管理のために用いられる方法で次の手順による。

① 会計係は一定期間たとえば1か月の支払額を決め，同額の小切手を小口現金係に前渡ししておく。
② 小口現金係はその月の支払いをまとめ，月末に会計係に支払報告をする。
③ 会計係は支払報告にもとづいて仕訳をし，支払額と同額の小切手を翌月分として小口現金係に渡す。

これにより，毎月初めに小口現金係が持っている小口現金はつねに一定額となる。

例 4/ 1 定額資金前渡法を採用することになり，会計係は小口現金として小切手¥90,000を振り出して小口現金係に渡した。

（借）小口現金 90,000 （貸）当座預金 90,000

30 会計係は小口現金係から4月中の支払報告を次のとおり受けた。

交通費 ¥30,000 通信費 ¥25,000 消耗品費 ¥15,000 雑 費 ¥15,000

（借）交 通 費 30,000 （貸）小口現金 85,000
通 信 費 25,000
消耗品費 15,000
雑 費 15,000

〃 会計係は報告を受けた支出額と同額の小切手を振り出して補給した。

（借）小口現金 85,000 （貸）当座預金 85,000

なお，30日の報告と補給の仕訳をまとめて次のように仕訳してもよい。

（借）交 通 費 30,000 （貸）当座預金 85,000
通 信 費 25,000
消耗品費 15,000
雑 費 15,000

③ 小口現金出納帳

小口現金出納帳は，小口現金係が月末に支払報告をするために，小口現金の補給と支払いの明細を記録する補助簿である。

小 口 現 金 出 納 帳

受 入	令和○年		摘 要	支 出	内 訳				残 高
					交通費	通信費	消耗品費	雑 費	
90,000	4	1	小 切 手						90,000
		3	文 房 具 代	3,000			3,000		87,000
			合 計	85,000	30,000	25,000	15,000	15,000	
85,000		30	小 切 手						90,000
		〃	次 月 繰 越	90,000					
175,000				175,000					
90,000	5	1	前 月 繰 越						90,000

支出した内容が，どの費用に属するかを分類して記入

会計係から受け入れ

小払資金の支出の記帳

補給を受けた額

期間のはじめはつねに定額となる。

基本問題

3-1 次の取引の仕訳を示しなさい。

5月 1日 定額資金前渡法により，会計係は，小口現金として小切手¥25,000を振り出して小口現金係に渡した。

31日 会計係は，小口現金係から本月分の支払いについて，次のような報告を受けた。

通信費 ¥5,000 消耗品費 ¥9,000 交通費 ¥6,800 雑 費 ¥1,800

〃 日 会計係は，支払額と同額の小切手を振り出して補給した。

	借 方	貸 方
5/ 1		
31		
〃		

ポイント 支払報告と補給が別になっていることに注意する。

3-2 **3-1**の5/31の取引について，小口現金勘定を相殺した場合の仕訳を示しなさい。

借 方	貸 方

ポイント 支払報告と補給が同時におこなわれていることに注意する。

3-3 次の小口現金出納帳の内訳欄と残高欄に，必要な記入をおこないなさい。

小口現金出納帳　8

受入	令和○年		摘要	支出	内訳					残高
					通信費	交通費	水道光熱費	消耗品費	雑費	
80,000	8	1	小切手#15							80,000
		3	電力料	12,000						
		5	電話料	9,500						
		9	帳簿・伝票	1,500						

練習問題

3-4 小口現金係が7月中に小口現金から支払った内容は，次のとおりである。これを小口現金出納帳に記入して，完成しなさい。なお，31日に支払額と同額を会計係から，小切手#19で補給されている。

4日　バス回数券　¥2,000　　7日　コピー用紙　¥3,000　　13日　郵便切手　¥6,000
20日　バインダー　¥5,000　　25日　タクシー代　¥1,800　　28日　新聞代　¥2,800

小口現金出納帳　7

受入	令和○年		摘要	支出	内訳				残高
					通信費	消耗品費	交通費	雑費	
25,000	7	1	前月繰越						25,000
			合計						

ポイント 支出欄と同じ金額が内訳欄にも記入される。

4 仕入れ・売り上げ

要点の整理

① 仕入（費用）

商品を仕入れたときは**仕入勘定**（purchases account）の借方に記入し，返品したときは貸方に記入する。引取運賃などの仕入諸掛は仕入原価に含めて処理する。

例 1/10 練馬商店から次の商品を仕入れ，代金は掛けとした。

A 品 100個 @¥200 ¥20,000
B 品 200〃 〃〃300 ¥60,000

（借）仕　入 80,000　（貸）買掛金 80,000

12 練馬商店から仕入れた上記の商品の一部について，次のとおり返品した。

A 品 10個 @¥200 ¥ 2,000

（借）買掛金 2,000　（貸）仕　入 2,000

20 豊島商店から次の商品を仕入れ，代金は小切手を振り出して支払った。なお，引取運賃¥4,000は現金で支払った。

A 品 200個 @¥230 ¥46,000

（借）仕　入 50,000　（貸）当座預金 46,000
　　　　　　　　　　　　　　現　金 4,000

② 売上（収益）

商品を売り渡したときは**売上勘定**（sales account）の貸方に記入し，返品されたときは借方に記入する。発送運賃などは**発送費勘定**（費用）で処理する。

例 1/ 9 千倉商店に次の商品を売り渡し，代金は掛けとした。なお，発送費¥500を現金で支払った。

B 品 15個 @¥500 ¥7,500

（借）売掛金 7,500　（貸）売　上 7,500
　　　発送費 500　　　　　現　金 500

10 千倉商店から上記商品のうち1個が返品された。

（借）売　上 500　（貸）売掛金 500

基本問題

4-1 次の取引の仕訳を示しなさい。ただし，商品に関する勘定は3分法によること。

(1) 市原商店から商品¥600,000を仕入れ，代金は掛けとした。
(2) 市原商店から仕入れた商品のうち，¥30,000を返品した。なお，代金は買掛金から差し引くことにした。
(3) 勝山商店から商品¥400,000を仕入れ，代金は掛けとした。なお，引取運賃¥5,300は現金で支払った。

	借　方	貸　方
(1)		
(2)		
(3)		

4-2 次の取引の仕訳を示しなさい。ただし，商品に関する勘定は3分法によること。

(1) 鴨川商店に商品¥350,000を売り渡し，代金のうち，¥100,000は現金で受け取り，残額は掛けとした。

(2) 鴨川商店に売り渡した上記商品の一部について，¥35,000の返品を受けた。なお，この代金は売掛金から差し引くことにした。

(3) 東金商店に商品¥460,000を売り渡し，代金は掛けとした。なお，発送費¥7,000を現金で支払った。

	借　　方	貸　　方
(1)		
(2)		
(3)		

練習問題

4-3 次の取引の仕訳を示しなさい。ただし，商品に関する勘定は3分法によること。

9月 1日　松戸商店から次の商品を仕入れ，代金は掛けとした。

A 品　100個　@¥1,500　¥150,000
B 品　80 〃　〃〃1,000　¥ 80,000

2日　松戸商店から仕入れた上記商品のうちA品10個を返品した。なお，この代金は買掛金から差し引くことにした。

9日　土浦商店に次の商品を売り渡し，代金のうち¥50,000は同店振り出しの小切手で受け取り，ただちに当座預金に預け入れ，残額は掛けとした。

A 品　70個　@¥1,800　¥126,000

11日　土浦商店に売り渡した上記商品のうち10個が返品された。なお，この代金は売掛金から差し引くことにした。

16日　野田商店から次の商品を仕入れ，代金のうち¥40,000は小切手を振り出して支払い，残額は掛けとした。

A 品　150個　@¥1,600　¥240,000

	借　　方	貸　　方
9/ 1		
2		
9		
11		
16		

5 仕入帳・売上帳

要点の整理

① 仕入帳

仕入帳（purchases book）は，仕入取引の明細を発生順に記録する補助簿である。

例 1/10　練馬商店から次の商品を仕入れ，代金は掛けとした。

　　A　品　100個　@¥200　¥20,000
　　B　品　200〃　〃〃300　¥60,000

　12　練馬商店から仕入れた上記商品の一部について，次のとおり返品した。

　　A　品　10個　@¥200　¥ 2,000

　20　豊島商店から次の商品を仕入れ，代金は小切手を振り出して支払った。なお，引取運賃¥4,000は現金で支払った。

　　A　品　200個　@¥230　¥46,000

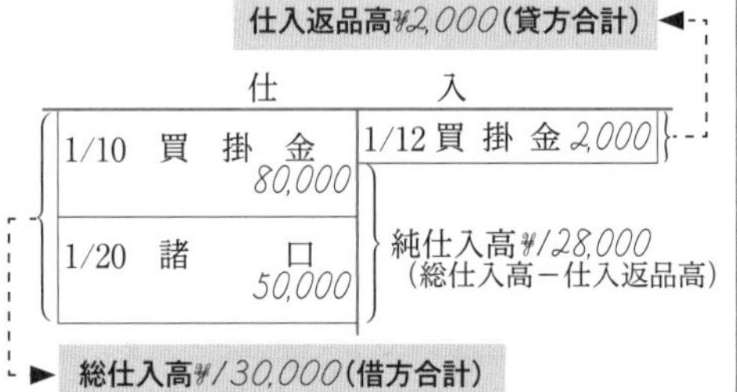

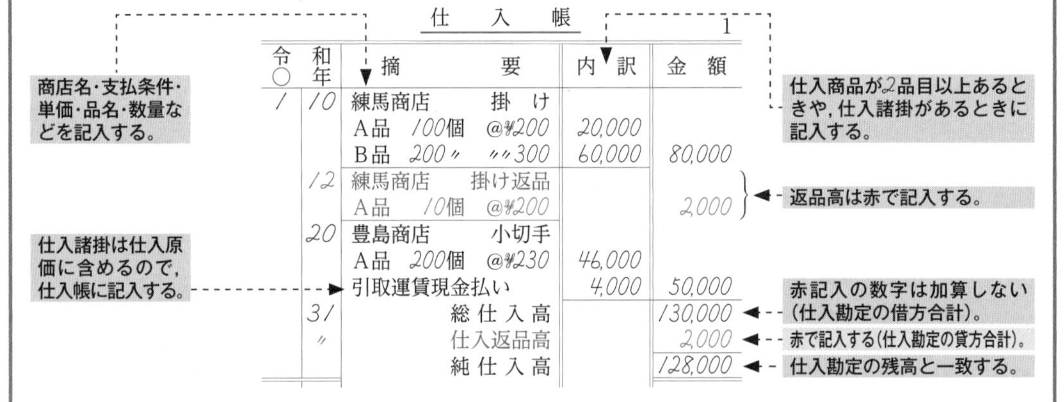

仕　入　帳　　1

令和○年		摘　要	内　訳	金　額
1	10	練馬商店　掛け		
		A品　100個　@¥200	20,000	
		B品　200〃　〃〃300	60,000	80,000
	12	練馬商店　掛け返品		
		A品　10個　@¥200		2,000
	20	豊島商店　小切手		
		A品　200個　@¥230	46,000	
		引取運賃現金払い	4,000	50,000
	31	総 仕 入 高		130,000
	〃	仕入返品高		2,000
		純 仕 入 高		128,000

② 売上帳

売上帳（sales book）は，売上取引の明細を発生順に記録する補助簿である。記入方法は仕入帳に準ずる。

例 1/ 9　千倉商店に次の商品を売り渡し，代金は掛けとした。なお，発送費¥500は現金で支払った。

　　B　品　15個　@¥500　¥7,500

　10　千倉商店に売り渡した上記商品のうち1個が返品された。

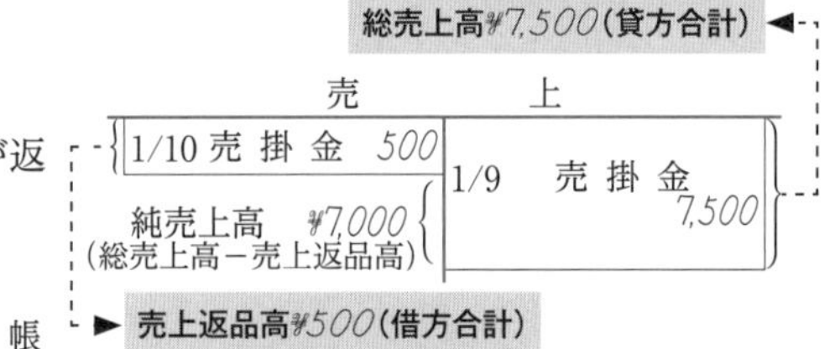

売　上　帳

令和○年		摘　要	内　訳	金　額
1	9	千倉商店　掛け		
		B品　15個　@¥500		7,500
	10	千倉商店　掛け返品		
		B品　1個　@¥500		500
	31	総 売 上 高		7,500
	〃	売上返品高		500
		純 売 上 高		7,000

発送費は売上高に含まれないので記入しない。
赤字の数字は加算しない（売上勘定の貸方合計）。
赤で記入する（売上勘定の借方合計）。
売上勘定残高と一致する。

基本問題

5-1 次の取引を仕入帳に記入して，月末に締め切りなさい。

9月10日　館山商店から次の商品を仕入れ，代金は掛けとした。

　　A　品　200個　@¥ 500　¥100,000
　　B　品　300 〃　〃〃1,000　¥300,000

21日　富浦商店から次の商品を仕入れ，代金は掛けとした。なお，引取運賃¥6,400は現金で支払った。

　　B　品　160個　@¥1,000　¥160,000

23日　富浦商店から仕入れた上記商品の一部について，次のとおり返品した。なお，代金は買掛金から差し引くことにした。

　　B　品　5個　@¥1,000　¥　5,000

仕　入　帳　　9

令和○年		摘　要	内　訳	金　額

5-2 次の取引を売上帳に記入して，月末に締め切りなさい。

9月14日　野田商店に次の商品を売り渡し，代金のうち¥100,000は現金で受け取り，残額は掛けとした。

　　A　品　200個　@¥ 800　¥160,000

15日　野田商店に売り渡した上記商品の一部に，サイズ違いがあったので，次のとおり返品された。なお，この代金は売掛金から差し引くことにした。

　　A　品　20個　@¥ 800　¥ 16,000

25日　佐倉商店に次の商品を売り渡し，代金は掛けとした。なお，発送費¥10,000を現金で支払った。

　　A　品　300個　@¥ 800　¥240,000
　　B　品　200 〃　〃〃1,400　¥280,000

売　上　帳　　9

令和○年		摘　要	内　訳	金　額

練習問題

5-3 次の関東商店の取引を各帳簿に記入しなさい。

ただし，ⅰ　総勘定元帳の記入は，日付と金額を示せばよい。

ⅱ　当座預金出納帳・仕入帳・売上帳は月末に締め切るものとする。

取　　引

1月 7日　船橋商店から次の商品を仕入れ，代金のうち¥160,000は小切手#24を振り出して支払い，残額は掛けとした。

A　品	355個	@¥200	¥ 71,000
B　品	500〃	〃〃390	¥195,000

8日　船橋商店から仕入れた上記商品の一部について，次のとおり返品した。なお，この代金は買掛金から差し引くことにした。

A　品	5個	@¥200	¥ 1,000

15日　東京商店に次の商品を売り渡し，代金は掛けとした。なお，発送費¥20,000は小切手#25を振り出して豊島運輸㈱に支払った。

A　品	210個	@¥400	¥ 84,000
B　品	320〃	〃〃600	¥192,000

17日　東京商店に売り渡した上記商品の一部について，次のとおり返品された。なお，この代金は売掛金から差し引くことにした。

A　品	10個	@¥400	¥ 4,000

22日　水戸商店から次の商品を仕入れ，代金は掛けとした。なお，引取運賃¥12,000は小切手#26を振り出して鹿島運輸㈱に支払った。

C　品	720個	@¥150	¥108,000

28日　埼玉商店に次の商品を売り渡し，代金の一部は次の小切手で受け取り，ただちに当座預金に預け入れ，残額は掛けとした。

C　品	800個	@¥295	¥236,000

No.40　　小　切　手　　埼玉 0701 0914−007

支払地　埼玉県深谷市原郷80

株式会社　全商銀行深谷支店

金額　¥186,000※

上記の金額をこの小切手と引き替えに持参人へお支払いください

埼玉県深谷市仲町11-1

埼玉商店

令和○年1月28日

振出地　埼玉県深谷市　　振出人　深谷翔太（深谷）

総勘定元帳

当座預金　2

1/1 前期繰越 732,000	

売掛金　4

1/1 前期繰越 319,000	

買掛金　15

	1/1 前期繰越 130,000

売上　21

仕　入	26

発　送　費	30

当座預金出納帳

1

令○	和年	摘　要	預　入	引　出	借または貸	残　高
1	1	前月繰越	732,000		借	732,000

仕　入　帳

1

令○	和年	摘　要	内　訳	金　額

売　上　帳

1

令○	和年	摘　要	内　訳	金　額

6 商品有高帳

要点の整理

① 商品有高帳

商品有高帳（stock ledger）は，商品の受け入れ，払い出しおよび残高の明細を記録する補助簿であり，商品の種類ごとに口座を設ける。また，払出単価の計算方法には，先入先出法や移動平均法などがある。

② 先入先出法

先入先出法（first-in first-out method；FIFO）は，「先に受け入れた単価の分を先に払い出す」ことにして払出単価を決める方法である。

例 1/10　大宮商店からA品150個　@¥320　¥48,000を掛けで仕入れた。
　　12　浦和商店にA品150個　@¥400　¥60,000を掛けで売り渡した。
　　20　高崎商店からA品200個　@¥330　¥66,000を掛けで仕入れた。

商店名や取引の明細を記入する。

商品有高帳
品名　A　品

（先入先出法）　　単位：個

令和○年		摘要	受入			払出			残高		
			数量	単価	金額	数量	単価	金額	数量	単価	金額
1	1	前月繰越	100	300	30,000				100	300	30,000
	10	大宮商店	150	320	48,000				{ 100	300	30,000
									{ 150	320	48,000
	12	浦和商店				{ 100	300	30,000			
						{ 50	320	16,000	100	320	32,000
	20	高崎商店	200	330	66,000				{ 100	320	32,000
									{ 200	330	66,000
	31	次月繰越				{ 100	320	32,000			
						{ 200	330	66,000			
			450		144,000	450		144,000			
2	1	前月繰越	{ 100	320	32,000				{ 100	320	32,000
			{ 200	330	66,000				{ 200	330	66,000

売り上げたときも仕入原価で記入する。

仕入単価が異なったので2行に分けて記入する。

150個売り上げたが，@¥300のものから先に払い出す。

③ 移動平均法

移動平均法（moving average method）は，仕入れのつど，残高欄の金額と仕入金額を合計し，その合計額を残高数量と仕入数量の合計数量で割って，新しい平均単価を払出単価とする方法である。

商品有高帳
品名　A　品

（移動平均法）　　単位：個

令和○年		摘要	受入			払出			残高		
			数量	単価	金額	数量	単価	金額	数量	単価	金額
1	1	前月繰越	100	300	30,000				100	300	30,000
	10	大宮商店	150	320	48,000				250	312	78,000
	12	浦和商店				150	312	46,800	100	312	31,200
	20	高崎商店	200	330	66,000				300	324	97,200
	31	次月繰越				300	324	97,200			
			450		144,000	450		144,000			
2	1	前月繰越	300	324	97,200				300	324	97,200

$$\frac{¥30,000+¥48,000}{100個+150個}=@¥312$$

$$\frac{¥31,200+¥66,000}{100個+200個}=@¥324$$

仕入返品は払出欄に記入，売上返品は受入欄に記入するので赤記する必要はない。

基本問題

6-1 次のA品の取引を商品有高帳に先入先出法によって記入し，締め切りなさい。なお，開始記入は省略する。

1月 8日　取手商店に200個　@¥280で掛け売りした。
　10日　柏商店から400個　@¥220で掛けによって仕入れた。
　18日　市川商店に300個　@¥300で掛け売りした。
　25日　浦安商店から200個　@¥230で掛けによって仕入れた。

商　品　有　高　帳

(先入先出法)　　品 名　A　品　　単位：個

令和○年		摘　要	受入 数量	受入 単価	受入 金額	払出 数量	払出 単価	払出 金額	残高 数量	残高 単価	残高 金額
1	1	前月繰越	300	200	60,000				300	200	60,000

ポイント 売り渡したときの単価は，商品有高帳の記入には関係ない。残高欄の金額にもとづいて記入する。

6-2 次の取引を，商品有高帳に移動平均法によって記入し，締め切りなさい。

10月 9日　松山商店からA品　800個　@¥550　¥440,000を仕入れた。
　16日　室戸商店にA品　250個　@¥750　¥187,500を売り渡した。
　22日　香川商店からA品　250個　@¥560　¥140,000を仕入れた。
　29日　高知商店にA品　410個　@¥800　¥328,000を売り渡した。

商　品　有　高　帳

(移動平均法)　　品 名　A　品　　単位：個

令和○年		摘　要	受入 数量	受入 単価	受入 金額	払出 数量	払出 単価	払出 金額	残高 数量	残高 単価	残高 金額
10	1	前月繰越	200	500	100,000				200	500	100,000

ポイント 9日，22日は平均単価を計算する。

練習問題

6-3 次の大阪商店の取引を各帳簿に記入しなさい。

ただし，i　総勘定元帳の記入は，日付と金額を示せばよい。
ii　商品有高帳は，先入先出法により記帳している。
iii　当座預金出納帳・仕入帳・商品有高帳は月末に締め切るものとする。

取　引

1月 9日　滋賀商店から次の商品を仕入れ，代金はさきに支払っている内金¥60,000を差し引き，残額は小切手＃25を振り出して支払った。

A 品　500個　@¥420　¥210,000

11日　奈良商店に次の商品を売り渡し，代金は同店振り出しの小切手＃36で受け取り，ただちに当座預金とした。

A 品　800個　@¥540　¥432,000
B 品　700〃　〃〃250　¥175,000

18日　京都商店から次の商品を仕入れ，代金は掛けとした。

A 品　300個　@¥430　¥129,000
B 品　1,000〃　〃〃200　¥200,000

19日　京都商店から仕入れた上記商品の一部について，次のとおり返品した。なお，この代金は買掛金から差し引くことにした。

B 品　5個　@¥200　¥　1,000

25日　滋賀商店に対する買掛金¥360,000を小切手＃26を振り出して支払った。

総　勘　定　元　帳

当座預金　2

借方	貸方
1/1 前期繰越 819,000	

前払金　6

借方	貸方
1/1 前期繰越 60,000	

買掛金　15

借方	貸方
	1/1 前期繰越 490,000

売上　23

借方	貸方

仕入　27

借方	貸方

当　座　預　金　出　納　帳　　　1

令和○年		摘要	預入	引出	借または貸	残高
1	1	前月繰越	819,000		借	819,000

仕　入　帳　　1

令和○年		摘　要	内　訳	金　額

商　品　有　高　帳

(先入先出法)　品名　A　品　単位：個

令和○年		摘　要	受入			払出			残高		
			数量	単価	金　額	数量	単価	金　額	数量	単価	金　額
1	1	前月繰越	500	400	200,000				500	400	200,000

6-4 6-3の商品有高帳（A品）を移動平均法により作成しなさい。

商　品　有　高　帳

(移動平均法)　品名　A　品　単位：個

令和○年		摘　要	受入			払出			残高		
			数量	単価	金　額	数量	単価	金　額	数量	単価	金　額
1	1	前月繰越	500	400	200,000				500	400	200,000

7 売掛金・買掛金

要点の整理

① 売掛金（資産）

商品を掛けで売り上げたときに生じる債権を**売掛金**という。商品を掛けで売り渡したときは**売掛金勘定**（accounts receivable account）の借方に記入し，売掛金を回収したときや商品が返品されたときは貸方に記入する。

② 売掛金元帳（得意先元帳）

売掛金元帳（accounts receivable ledger）は，売掛金の得意先ごとの明細を記録する補助簿である。売掛金元帳には得意先の氏名や商店名を用いた**人名勘定**を設ける。

例 1/ 4 練馬商店に商品¥50,000を売り渡し，代金は掛けとした。
（借）売 掛 金 50,000　（貸）売　　上 50,000

9 板橋商店に商品¥80,000を売り渡し，代金は掛けとした。
（借）売 掛 金 80,000　（貸）売　　上 80,000

11 板橋商店に売り渡した商品のうち¥10,000が返品された。
（借）売　　上 10,000　（貸）売 掛 金 10,000

20 練馬商店に対する売掛金の一部¥30,000を現金で受け取った。
（借）現　　金 30,000　（貸）売 掛 金 30,000

総勘定元帳

売 掛 金

日付	摘要	金額	日付	摘要	金額
1/1	前期繰越	90,000	1/11	売　上	10,000
4	売　上	50,000	20	現　金	30,000
9	売　上	80,000			

残高 ¥180,000

売掛金元帳

練馬商店　1

令和○年		摘　要	借　方	貸　方	借または貸	残　高
1	1	前月繰越	40,000		借	40,000
	4	売り上げ	50,000		〃	90,000
	20	現金受け取り		30,000	〃	60,000
	31	次月繰越		60,000		
			90,000	90,000		

練馬商店 ¥60,000

板橋商店　2

令和○年		摘　要	借　方	貸　方	借または貸	残　高
1	1	前月繰越	50,000		借	50,000
	9	売り上げ	80,000		〃	130,000
	11	売り上げ返品		10,000	〃	120,000
	31	次月繰越		120,000		
			130,000	130,000		

板橋商店 ¥120,000

③ 買掛金（負債）

商品を掛けで仕入れたときに生じる債務を**買掛金**という。商品を掛けで仕入れたときは**買掛金勘定**（accounts payable account）の貸方に記入し，買掛金を支払ったときや商品を返品したときは，借方に記入する。

④ 買掛金元帳（仕入先元帳）

買掛金元帳（accounts payable ledger）は，買掛金の仕入先ごとの明細を記録する補助簿である。買掛金元帳には仕入先の氏名や商店名を用いた人名勘定を設ける。

例 1/ 5 杉並商店から商品¥60,000を仕入れ，代金は掛けとした。
（借）仕　　入 60,000　（貸）買 掛 金 60,000

12 中野商店から商品¥75,000を仕入れ，代金は掛けとした。
（借）仕　　入 75,000　（貸）買 掛 金 75,000

13 中野商店から仕入れた商品のうち¥5,000を返品した。
（借）買 掛 金 5,000　（貸）仕　　入 5,000

25 杉並商店に対する買掛金の一部¥45,000を小切手を振り出して支払った。
（借）買 掛 金 45,000　（貸）当座預金 45,000

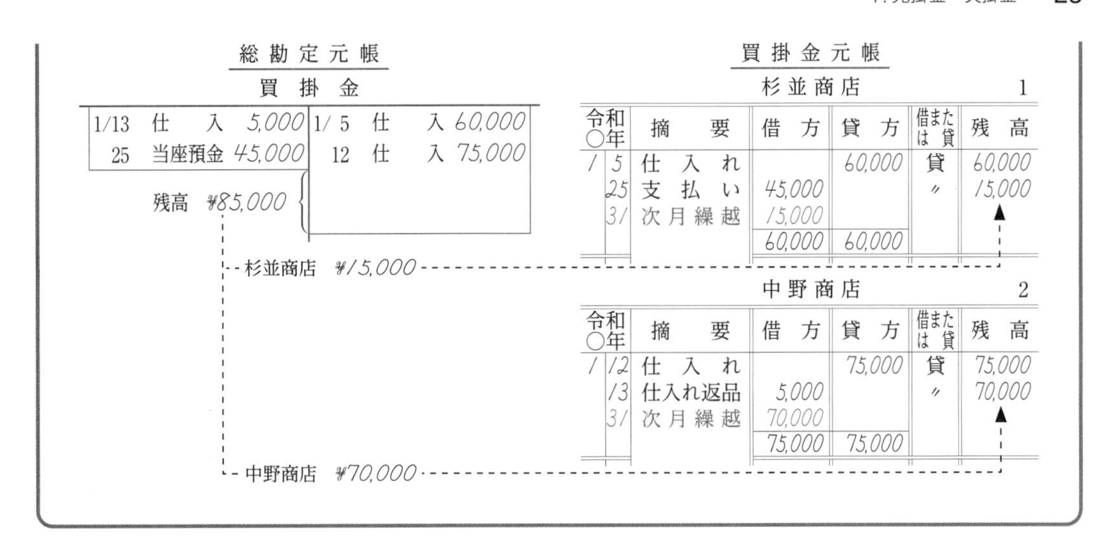

基本問題

7-1 次の取引を売掛金元帳に記入しなさい。ただし，締め切らなくてよい。

5月15日　高知商店に対する売掛金の一部¥100,000を現金で回収した。

20日　岡山商店に商品¥170,000を売り渡し，代金は掛けとした。

22日　岡山商店に売り渡した上記商品のうち¥15,000の返品を受けた。

30日　高知商店に商品¥250,000を売り渡し，代金のうち¥50,000は現金で受け取り，残額は掛けとした。

売掛金元帳

岡山商店　1

令和○年		摘要	借方	貸方	借または貸	残高
5	1	前月繰越	120,000		借	120,000
	20	売り上げ				
	22	返品				

高知商店　2

令和○年		摘要	借方	貸方	借または貸	残高
5	1	前月繰越	340,000		借	340,000
	15	回収				
	30	売り上げ				

7-2 次の取引を買掛金元帳に記入しなさい。ただし，締め切らなくてよい。

7月 4日　石川商店から商品¥260,000を仕入れ，代金は掛けとした。

5日　石川商店から仕入れた上記商品のうち¥4,000を返品した。

11日　福井商店に対する買掛金の一部¥250,000を小切手を振り出して支払った。

19日　福井商店から商品¥325,000を仕入れ，代金のうち¥25,000は現金で支払い，残額は掛けとした。

買掛金元帳

石川商店　1

令和○年		摘要	借方	貸方	借または貸	残高
7	1	前月繰越		90,000	貸	90,000
	4	仕入れ				
	5	返品				

福井商店　2

令和○年		摘要	借方	貸方	借または貸	残高
7	1	前月繰越		300,000	貸	300,000
	11	支払い				
	19	仕入れ				

練習問題

7-3 次の青森商店の取引を各帳簿に記入しなさい。

ただし，i　総勘定元帳の記入は，日付と金額を示せばよい。
ii　商品有高帳は，先入先出法により記帳している。
iii　当座預金出納帳・仕入帳・買掛金元帳・商品有高帳は月末に締め切るものとする。

取　　引

1月 8日　岩手商店から次の商品を仕入れ，代金は掛けとした。
　A　品　400個　@¥600　¥240,000
　B　品　260〃　〃〃500　¥130,000

9日　岩手商店から仕入れた上記商品の一部について，次のとおり返品した。なお，この代金は買掛金から差し引くことにした。
　B　品　10個　@¥500　¥　5,000

16日　宮城商店に次の商品を売り渡し，代金のうち¥200,000は同店振り出しの小切手＃7で受け取り，ただちに当座預金に預け入れた。なお，残額は掛けとした。
　A　品　350個　@¥800　¥280,000

27日　秋田商店から次の商品を仕入れ，代金のうち¥320,000は小切手＃11を振り出して支払い，残額は掛けとした。
　A　品　100個　@¥600　¥ 60,000
　C　品　800〃　〃〃450　¥360,000

29日　秋田商店に対する買掛金の一部について，次の小切手＃12を振り出して支払った。

AB0012　小　切　手　青森 0201 0021−005
支払地　青森県青森市東造道1-6-1
株式会社　全商銀行青森支店
金　額　¥250,000※
上記の金額をこの小切手と引き替えに持参人へお支払いください　青森県青森市浜田5-6　青 森 商 店
令 和 ○ 年 1 月 29 日
振出地　青森県青森市　振出人　青　森　二　郎

総　勘　定　元　帳

当　座　預　金　2

1/1 前期繰越 760,000	

売　掛　金　4

1/1 前期繰越 520,000	

買　掛　金　14

	1/1 前期繰越 380,000

売　上　21

仕　入　27

当 座 預 金 出 納 帳

1

令和○年		摘　　要	預　入	引　出	借または貸	残　高
1	1	前　月　繰　越	760,000		借	760,000

仕　入　帳

1

令和○年		摘　要	内　訳	金　額

買　掛　金　元　帳

岩　手　商　店　　1

令和○年		摘　要	借　方	貸　方	借または貸	残　高
1	1	前月繰越		100,000	貸	100,000

秋　田　商　店　　2

令和○年		摘　要	借　方	貸　方	借または貸	残　高
1	1	前月繰越		280,000	貸	280,000

商　品　有　高　帳

(先入先出法)　品　名　A　品　単位：個

令和○年		摘　要	受入			払出			残高		
			数量	単価	金　額	数量	単価	金　額	数量	単価	金　額
1	1	前　月　繰　越	200	590	118,000				200	590	118,000

練習問題

7-4 次の鳥取商店の取引を各帳簿に記入しなさい。

ただし，i　総勘定元帳の記入は，日付と金額を示せばよい。

ii　商品有高帳は，移動平均法により記帳している。

iii　当座預金出納帳・売上帳・売掛金元帳・商品有高帳は月末に締め切るものとする。

取　　引

1月 6日　広島商店から次の商品を仕入れ，代金のうち¥190,000は現金で支払い，残額は掛けとした。

A　品	500個	@¥420	¥210,000
B　品	600〃	〃〃210	¥126,000

14日　岡山商店に次の商品を売り渡し，代金のうち¥130,000は同店振り出しの小切手＃9で受け取り，ただちに当座預金に預け入れた。なお，残額は掛けとした。

A　品	400個	@¥560	¥224,000

18日　山口商店に次の商品を売り渡し，代金は掛けとした。

B　品	400個	@¥300	¥120,000
C　品	200〃	〃〃700	¥140,000

20日　山口商店に売り渡した上記商品の一部について，次のとおり返品された。なお，この代金は売掛金から差し引くことにした。

B　品	20個	@¥300	¥　6,000

29日　岡山商店から売掛金の一部を次の小切手＃17で受け取った。

SK0017　　小　切　手　　岡山 3301 0149−033

支払地　岡山県岡山市東区西大寺上2-1-17

株式会社　全商銀行岡山支店

金額　¥100,000※

上記の金額をこの小切手と引き替えに
持参人へお支払いください

令和○年1月29日

振出地　岡山県岡山市

岡山県岡山市中区東山3-1-6
岡山商店

振出人　岡　山　一　郎　㊞

30日　島根商店から次の商品を仕入れ，代金はさきに支払っていた内金¥50,000を差し引き，残額は小切手＃16を振り出して支払った。

A　品	300個	@¥420	¥126,000

総　勘　定　元　帳

現　　金　　1

1/1 前期繰越	489,000	

当　座　預　金　　2

1/1 前期繰越	800,000	

売　掛　金　　4

1/1 前期繰越	450,000	

前　払　金　　7

1/1 前期繰越	50,000	

売　　上　　21

買　掛　金　　14

	1/1 前期繰越	380,000

仕　　入　　27

当座預金出納帳

1

令和○年		摘要	預入	引出	借または貸	残高
1	1	前月繰越	800,000		借	800,000

売上帳

1

令和○年		摘要	内訳	金額

売掛金元帳

岡山商店 1

令和○年		摘要	借方	貸方	借または貸	残高
1	1	前月繰越	320,000		借	320,000

山口商店 2

令和○年		摘要	借方	貸方	借または貸	残高
1	1	前月繰越	130,000		借	130,000

商品有高帳

(移動平均法) 品名 A 品 単位：個

令和○年		摘要	受入			払出			残高		
			数量	単価	金額	数量	単価	金額	数量	単価	金額
1	1	前月繰越	100	390	39,000				100	390	39,000

8 受取手形・支払手形・電子記録債権

要点の整理

① 手形の種類

商品代金の受け払いに現金や小切手などのほか，手形が用いられる。手形には**約束手形**（promissory note）と**為替手形**（bill of exchange）とがある。

② 受取手形（notes receivable）と支払手形（notes payable）

約束手形・為替手形の種類に関係なく，手形取引によって債権・債務が発生する。手形債権は**受取手形勘定**（資産）に記入し，手形債務は**支払手形勘定**（負債）に記入する。

受　取　手　形

（手形債権の発生）	（手形債権の消滅）
●約束手形の受け取り	●手形金額の受け取り ●手形の裏書譲渡･割引
	} 手形債権の現在高

支　払　手　形

（手形債務の消滅）	（手形債務の発生）
●手形金額の支払い	●約束手形の振り出し
手形債務の現在高 {	

③ 約束手形の記帳

約束手形は，振出人（支払人）が名あて人（受取人）に対して，一定の期日に手形金額を支払うことを約束する証券である。

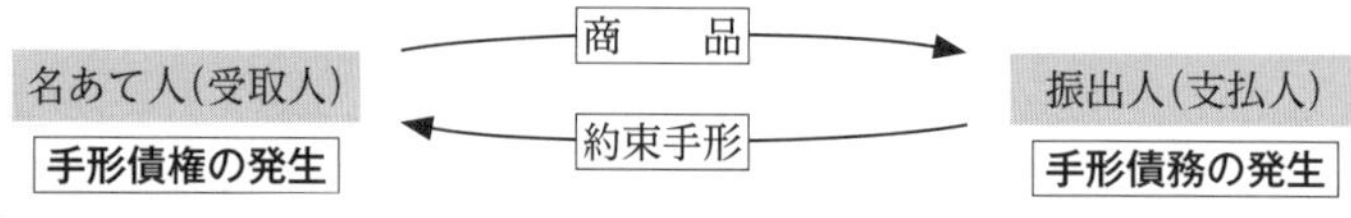

例 埼玉商店は群馬商店に商品¥190,000を売り渡し，代金は群馬商店振り出し，埼玉商店あての約束手形#3を受け取った。

埼玉商店　（借）受取手形 190,000　（貸）売　　上 190,000
群馬商店　（借）仕　　入 190,000　（貸）支払手形 190,000

例 埼玉商店は，取り立てを依頼していた群馬商店振り出しの約束手形#3が期日に当座預金に入金されたとの通知を銀行から受けた。

埼玉商店　（借）当座預金 190,000　（貸）受取手形 190,000
群馬商店　（借）支払手形 190,000　（貸）当座預金 190,000

④ 手形の裏書譲渡

手形の所持人は，その手形を支払期日前に，商品代金の支払いなどのために，手形の裏面に必要事項を記入して，他人に譲り渡すことができる。これを**手形の裏書譲渡**という。

例 高知商店は，香川商店から商品¥170,000を仕入れ，代金はさきに商品代金として受け取っていた徳島商店振り出しの約束手形を裏書譲渡した。

（借）仕　　入 170,000　（貸）受 取 手 形 170,000

⑤ 手形の割引

手形の所持人は，その手形を支払期日前に，営業に必要な資金を調達するために，取引銀行などに裏書譲渡することがある。これを**手形の割引**という。この場合，割り引いた日から支払期日までの利息などに相当する割引料を差し引いた残額を，手取金として当座預金勘定の借方に記入する。手取金と手形金額との差額は，**手形売却損勘定**（費用）の借方に記入する。

例 東京商店は，さきに売掛金の回収として受け取っていた，埼玉商店振り出しの約束手形¥230,000を取引銀行で割り引き，割引料を差し引かれた手取金¥228,500は当座預金とした。

（借）当 座 預 金 228,500　（貸）受 取 手 形 230,000
　　　手形売却損 1,500

⑥ 受取手形記入帳・支払手形記入帳

手形債権・手形債務の発生と消滅についての明細を記録するための補助簿である。

⑦ 電子記録債権

(1) **電子記録債権の発生**

電子記録債権とは，電子債権記録機関への電子記録によってその発生・譲渡などがおこなわれる新たな金銭債権である。債務者と債権者が取引銀行に利用の申し込みをおこない，登録したうえで，債務者は取引銀行を通じて電子債権記録機関に**発生記録の請求**をおこなう。同時に，債権者には電子債権記録機関から**発生記録の通知**がおこなわれる。債権者はその記録を**電子記録債権勘定**（資産）で処理し，債務者は**電子記録債務勘定**（負債）で処理する。

例 A商店は，B商店に対する買掛金¥8,000の支払いのため，取引銀行を通じて電子債権記録機関に発生記録の請求をおこなった。B商店には電子債権記録機関から取引銀行を通じて発生記録の通知がおこなわれた。

A商店 （借） 買　掛　金 8,000 （貸） 電子記録債務 8,000
B商店 （借） 電子記録債権 8,000 （貸） 売　掛　金 8,000

(2) **電子記録債権の消滅**

支払期日になると，債務者の口座から資金を引き落とし，債権者の口座へ払い込みがおこなわれるように取引銀行の口座間で決済がおこなわれる。

例 A商店は，電子債権記録機関に発生記録した電子記録債務¥8,000について支払期日が到来し，当座預金口座から引き落とされた。

A商店 （借） 電子記録債務 8,000 （貸） 当座預金 8,000
B商店 （借） 当座預金 8,000 （貸） 電子記録債権 8,000

(3) **電子記録債権の譲渡**

債権者が電子債権記録機関に譲渡記録の請求をおこない，債権の金額を譲渡することができる。電子記録債権を債権金額より低い金額で譲渡した場合に生じる損失は，**電子記録債権売却損勘定**（費用）を用いて処理する。

例 電子債権記録機関に取引銀行を通じて電子記録債権¥3,000の取引銀行への譲渡記録をおこない，取引銀行から¥100が差し引かれた残額が当座預金口座に振り込まれた。

（借） 当座預金 2,900 （貸） 電子記録債権 3,000
　　　電子記録債権売却損 100

⑧ 受取手形・電子記録債権の期末評価

受取手形や電子記録債権に不渡りによる貸し倒れが予想される場合には，期末に貸し倒れを見積もる。見積額は，それぞれの残高から差し引いて評価する必要がある。

基本問題

8-1 次の取引について，品川商店と三田商店それぞれの仕訳を示しなさい。ただし，商品に関する勘定は3分法によること。

(1) 品川商店は三田商店から商品¥160,000を仕入れ，代金として品川商店振り出し，三田商店受け取りの約束手形を振り出して支払った。

(2) 品川商店は，さきに三田商店に振り出した約束手形¥160,000が本日満期となり，品川商店の当座預金口座から三田商店の当座預金口座に支払われたとの通知を取引銀行から受けた。

		借方	貸方
(1)	品川商店		
	三田商店		
(2)	品川商店		
	三田商店		

8-2 次の取引の仕訳を示しなさい。ただし，商品に関する勘定は3分法によること。

(1) 青山商店に商品¥210,000を売り渡し，代金は同店振り出しの約束手形を受け取った。

(2) 渋谷商店に対する買掛金¥90,000を支払うため，約束手形を振り出して支払った。

(3) かねて，取引銀行に取り立てを依頼していた約束手形¥120,000が，本日満期となり，当店の当座預金に入金されたとの通知を受けた。

(4) さきに大山商店に振り出していた約束手形¥240,000が，本日満期となり，当座預金から支払った。

	借　方	貸　方
(1)		
(2)		
(3)		
(4)		

ポイント ① (1)約束手形を受け取った場合は，手形上の債権が発生する。

② (2)約束手形の振り出しにより，手形上の債務が発生する。

③ 満期とは支払期日が到来したということで，(3)では手形代金の入金により手形債権が消滅し，(4)では手形代金の支払いにより手形債務が消滅する。

8-3 次の取引の仕訳を示しなさい。ただし，商品に関する勘定は3分法によること。

(1) 新宿商店から商品¥120,000を仕入れ，代金として，さきに戸山商店から受け取っていた約束手形を裏書譲渡した。

(2) 早稲田商店から商品代金として受け取っていた同店振り出しの約束手形¥50,000を取引銀行で割り引き，割引料を差し引かれた手取金¥48,200は当座預金とした。

	借　方	貸　方
(1)		
(2)		

ポイント ① (1)裏書譲渡により手形債権が消滅する。

② (2)手形の割引により，手形債権が消滅する。また，手形売却損は，¥50,000－手取金¥48,200である。

8-4 次の取引の仕訳を示し，支払手形記入帳に記入しなさい。

10月8日　大森商店から商品¥370,000を仕入れ，代金は同店あての約束手形#9（振出日：10月8日　支払期日：11月8日　支払場所：全商銀行）を振り出して支払った。

11月8日　さきに振り出した約束手形#9が本日満期となり，当座預金から支払った。

	借　方	貸　方
10/8		
11/8		

支払手形記入帳　　3

令和○年		摘要	金額	手形種類	手形番号	受取人	振出人	振出日		支払期日		支払場所	てん末		
													月	日	摘要

ポイント 振出人欄には手形の振出人を記入するので，約束手形のときは当店となる。手形債務の消滅はてん末欄に記入する。

8-5 次の一連の取引について，①上野商店と②神田商店の仕訳を示しなさい。

(1) 上野商店は，神田商店に対する買掛金¥20,000について，電子債権記録機関に発生記録の請求をおこない，神田商店にはその通知がおこなわれた。

(2) 上記の支払期日が到来し，両者の取引銀行の当座預金口座間で決済された。

		借　　方	貸　　方
(1)	①		
	②		
(2)	①		
	②		

練習問題

8-6 次の取引の仕訳を示し，受取手形記入帳に記入しなさい。ただし，商品に関する勘定は3分法によること。

10月 6日 目白商店に対する売掛金¥160,000について，同店振り出しの次の約束手形で受け取った。
　　目白商店振り出し，当店あて約束手形#26　¥160,000
　　振出日 10月6日　支払期日 11月6日　支払場所 全商銀行

12日 池袋商店に商品¥230,000を売り渡し，代金として，同店振り出しの次の約束手形で受け取った。
　　池袋商店振り出し，当店あて約束手形#6　¥230,000
　　振出日 10月12日　支払期日 11月12日　支払場所 全商銀行

15日 赤羽商店から商品¥160,000を仕入れ，代金として，6日に目白商店から受け取っていた約束手形#26を裏書譲渡した。

11月12日 先月12日に受け取り，取り立てを依頼していた池袋商店振り出しの約束手形#6が本日満期となり，当店の当座預金に入金したとの通知を取引銀行から受けた。

	借　　方	貸　　方
10/6		
12		
15		
11/12		

受取手形記入帳　　3

令和○年		摘要	金額	手形種類	手形番号	支払人	振出人または裏書人	振出日		支払期日		支払場所	てん末		
													月	日	摘要

ポイント ① 受取手形記入帳には，すべての手形債権（受取手形）を記入する。入金・裏書譲渡・割引などにより手形債権が消滅したときは，てん末欄に記入する。

② 支払人の欄には，約束手形の場合は振出人を記入する。

8-7 次の取引の仕訳を示しなさい。

(1) 大洗商店から商品代金として受け取っていた同店振り出しの約束手形¥300,000を取引銀行で割り引き，割引料を差し引かれた手取金¥297,900は当座預金とした。

(2) 北浦商店から売掛金の一部として，小川商店振り出し，北浦商店あての約束手形¥180,000の裏書譲渡を受けた。

	借　　　　方	貸　　　　方
(1)		
(2)		

8-8 次の取引の仕訳を示しなさい。

(1) 野田商店に対する買掛金¥45,000の支払いのため，電子債権記録機関に取引銀行を通じて電子記録債権の譲渡記録をおこなった。

(2) 電子債権記録機関に取引銀行を通じて電子記録債権¥125,000の取引銀行への譲渡記録をおこない，取引銀行から¥1,000が差し引かれた残額が当座預金口座に振り込まれた。

	借　　　　方	貸　　　　方
(1)		
(2)		

8-9 次の一連の取引について，水戸商店の仕訳を示しなさい。

(1) 石岡商店は，水戸商店に対する買掛金¥250,000の支払いのため，電子債権記録機関に取引銀行を通じて債務の発生記録をおこなった。また，水戸商店は取引銀行よりその通知を受けた。

(2) 水戸商店は，土浦商店に対する買掛金¥200,000の支払いのため，取引銀行を通じて石岡商店に対する電子記録債権の一部について譲渡記録をおこなった。

(3) 水戸商店は，石岡商店に対する電子記録債権の残高¥50,000について，割引をおこなうために取引銀行への債権の譲渡記録をおこない，取引銀行から利息相当額¥1,000を差し引かれた残額が当座預金口座に振り込まれた。

	借　　　　方	貸　　　　方
(1)		
(2)		
(3)		

検定問題

8-10 次の取引の仕訳を示しなさい。ただし，商品に関する勘定は3分法によること。

(1) 茨城商店に対する買掛金¥410,000を支払うために，約束手形を振り出して支払った。（第89回）

(2) 宮城商店に商品¥580,000を売り渡し，代金のうち¥300,000は同店振り出しの約束手形で受け取り，残額は掛けとした。なお，発送費¥40,000は現金で支払った。（第47回）

(3) さきに当店が振り出した島根商店あての約束手形＃32　¥270,000が支払期日となり，当座預金口座から支払われたとの通知を取引銀行から受けた。（第38回一部修正）

(4) 富山商店から商品¥270,000を仕入れ，代金はさきに得意先新潟商店から受け取っていた約束手形¥270,000を裏書譲渡した。（第88回）

(5) 兵庫商店から商品¥680,000を仕入れ，代金のうち¥250,000は，さきに得意先和歌山商店から受け取っていた約束手形を裏書譲渡し，残額は掛けとした。（第65回）

(6) 松本商店から，商品代金として受け取っていた同店振り出しの約束手形¥300,000を取引銀行で割り引き，割引料を差し引かれた手取金¥297,000は当座預金とした。（第90回）

(7) 京都商店から商品代金として受け取っていた同店振り出しの約束手形¥600,000を取引銀行で割り引き，割引料¥18,000を差し引かれた手取金¥582,000は当座預金とした。（第81回）

(8) 得意先徳島商店から受け取っていた次の約束手形＃7を取引銀行で割り引き，割引料¥2,000を差し引かれた手取金¥398,000は当座預金とした。（第58回）

No. 7　　　約 束 手 形

収入印紙 200円（徳島）

高知県高知市大谷6
高知商店　高知　一郎　殿

金額　¥400,000※

支払期日　令和○年 6月 8日
支払地　徳島県徳島市
支払場所　株式会社　全商銀行本店

徳島 3601
0015−001

上記金額をあなたまたはあなたの指図人へこの約束手形と引換えにお支払いいたします
令和 ○ 年 3 月 8 日
振出地 住所　徳島県徳島市城東町1-4-1
振出人　徳島商店
徳島　太郎（徳島）

	借　　方	貸　　方
(1)		
(2)		
(3)		
(4)		
(5)		
(6)		
(7)		
(8)		

8-11 滋賀商店における下記の当座預金出納帳と受取手形記入帳によって，

a．受取手形記入帳の（ ア ）の金額を求めなさい。

b．2月16日に約束手形＃9を割り引いたさいの，手形売却損の金額を求めなさい。

ただし，借越限度額を¥500,000とする当座借越契約を結んでいる。 （第91回）

当座預金出納帳

令和○年		摘要	預入	引出	借または貸	残高
2	1	前月繰越	110,000		借	110,000
	7	米原商店から商品仕入れ　小切手#2		150,000	貸	（　　　）
	9	大津商店振り出し　約手#3　入金	（　　　）		借	360,000
	16	彦根商店振り出し　約手#9　割引き	599,000		〃	959,000

受取手形記入帳

令和○年		摘要	金額	手形種類	手形番号	支払人	振出人または裏書人	振出日		満期日		支払場所	てん末		
													月	日	摘要
1	9	売り上げ	（ ア ）	約手	3	大津商店	大津商店	1	9	2	9	全商銀行大津支店	2	9	入金
	16	売り上げ	600,000	約手	9	彦根商店	彦根商店	1	16	3	16	全商銀行彦根支店	2	16	割引

a	¥	b	¥

8-12 宮崎商店の次の勘定記録と支払手形記入帳から，（ ア ）と（ イ ）に入る金額を求めなさい。

（第87回）

当座預金

1/1 前期繰越 809,000	2/24 支払手形（　　　）
	3/10 支払手形（ イ ）

支払手形

2/24 当座預金（　　　）	1/10 仕　入 385,000
3/10 当座預金（　　　）	24 仕　入 200,000
	2/24 買掛金 180,000

支払手形記入帳

令和○年		摘要	金額	手形種類	手形番号	受取人	振出人	振出日		満期日		支払場所	てん末		
													月	日	摘要
1	10	仕入れ	（　　　）	約手	31	都城商店	当店	1	10	3	10	全商銀行宮崎支店	3	10	支払い
	24	仕入れ	（　　　）	約手	32	日南商店	当店	1	24	2	24	全商銀行宮崎支店	2	24	支払い
2	24	買掛金支払い	（ ア ）	約手	33	延岡商店	当店	2	24	3	24	全商銀行宮崎支店			

ア	¥	イ	¥

8-13 北海道商店の手形に関する補助簿は，下記のとおりである。よって，

a．この補助簿の名称（ ア ）は次のうちどちらか，番号を記入しなさい。

1．受取手形記入帳　　2．支払手形記入帳

b．2月8日に約束手形＃16を割り引いたさいの手取額は¥248,000であった。このときに手形売却損勘定に記入された金額を求めなさい。 （第85回一部修正）

（ ア ）

令和○年		摘要	金額	手形種類	手形番号	支払人	振出人または裏書人	振出日		満期日		支払場所	てん末		
													月	日	摘要
1	19	売り上げ	250,000	約手	16	札幌商店	札幌商店	1	19	3	19	全商銀行札幌支店	2	8	割引
2	8	売掛金回収	240,000	約手	21	小樽商店	小樽商店	1	27	3	27	全商銀行小樽支店			

a		b	¥

8-14 兵庫商店における下記の買掛金勘定・仕入帳・支払手形記入帳によって，
a．支払手形記入帳の（ ア ）の金額を求めなさい。
b．/月//日に西宮商店から仕入れた商品代金のうち現金で支払った金額を求めなさい。
（第77回一部修正）

買　掛　金

1/ 8 支払手形 140,000	1/ 1 前期繰越 385,000
	11 仕　入 200,000

仕　入　帳

令和○年		摘　要		内　訳	金　額
1	10	神戸商店	約　手		
		A　品　100個　@¥1,000			100,000
	11	西宮商店	現金・掛け		
		B　品　160個　@¥1,500			240,000

支　払　手　形　記　入　帳

令和○年		摘　要	金　額	手形種類	手形番号	受取人	振出人	振出日		満期日		支払場所	てん末		
													月	日	摘　要
1	8	買掛金支払い	140,000	約手	2	姫路商店	当　店	1	8	3	8	全商銀行兵庫支店			
	10	仕入れ	（ ア ）	約手	8	神戸商店	当　店	1	10	2	10	全商銀行兵庫支店			

a	¥	b	¥

8-15 静岡商店における下記の当座預金出納帳と受取手形記入帳によって，
a．当座預金出納帳の（ ア ）の金額を求めなさい。ただし，限度額を¥200,000とする当座借越契約を結んでいる。
b．/月7日に約束手形＃9を割り引いたさいの，手形売却損勘定に記入された金額を求めなさい。ただし，手取金はすべて当座預金に預けている。（第80回一部修正）

当　座　預　金　出　納　帳

令和○年		摘　要	預　入	引　出	借または貸	残　高
1	1	前月繰越	80,000		借	80,000
	5	浜松商店から商品仕入れ　小切手#13		（ ア ）	貸	20,000
	7	手形の割り引き　約束手形#9	247,000		借	（　　）

受　取　手　形　記　入　帳

令和○年		摘　要	金　額	手形種類	手形番号	支払人	振出人または裏書人	振出日		満期日		支払場所	てん末		
													月	日	摘　要
1	6	売り上げ	250,000	約手	9	三島商店	三島商店	1	6	3	6	全商銀行北支店	1	7	割　引
	7	売掛金回収	262,000	約手	3	熱海商店	熱海商店	1	7	3	7	全商銀行東支店			

a	¥	b	¥

ポイント 当座預金の貸方残高については，p.56当座借越を参照。

9 手形貸付金・手形借入金・受取商品券

要点の整理

① 手形貸付金・手形借入金

借用証書のかわりに，約束手形を振り出して金銭の貸し借りをおこなったときは，貸付金勘定・借入金勘定と区別して，**手形貸付金勘定**（資産），**手形借入金勘定**（負債）を用いて記入する。

例 ① 板橋商店は，豊島商店に現金¥230,000を貸し付け，同店振り出しの約束手形¥230,000を受け取った。

〔板橋商店〕（借）手形貸付金 230,000 （貸）現　　金 230,000
〔豊島商店〕（借）現　　金 230,000 （貸）手形借入金 230,000

② 板橋商店は，かねて豊島商店から約束手形を受け取って貸し付けていた¥230,000の返済を受け，利息¥6,000とともに現金で受け取った。

〔板橋商店〕（借）現　　金 236,000 （貸）手形貸付金 230,000
　　　　　　　　　　　　　　　　　　　　 受 取 利 息 6,000
〔豊島商店〕（借）手形借入金 230,000 （貸）現　　金 236,000
　　　　　　　　 支 払 利 息 6,000

② 受取商品券

他店が発行した商品券を受け取ったときは，その商品券にある金額を請求する権利が発生するため，**受取商品券勘定**（資産）の借方に記入する。後日，その商品券を精算したときは，受取商品券勘定の貸方に記入する。

例 ① 商品¥39,000を売り渡し，代金として他店発行の商品券を受け取った。

（借）受取商品券 39,000 （貸）売　　上 39,000

② 当店保有の他店発行の商品券¥39,000を精算し，現金で受け取った。

（借）現　　金 39,000 （貸）受取商品券 39,000

基本問題

9-1 次の連続した取引について，川崎商店と厚木商店それぞれの仕訳を示しなさい。

(1) 川崎商店は厚木商店から現金¥250,000を借り入れ，厚木商店に¥250,000の約束手形を振り出して渡した。

(2) 川崎商店は，上記の手形借入金が支払期日となったので，厚木商店に元金と利息¥7,500をあわせて現金で返済した。

		借　　　方	貸　　　方
(1)	川崎商店		
	厚木商店		
(2)	川崎商店		
	厚木商店		

練習問題

9-2 次の取引の仕訳を示しなさい。

(1) 逗子商店から約束手形を受け取って¥340,000を貸し付け，利息¥7,000を差し引いて残額は現金で支払った。

(2) 約束手形を振り出して，取引銀行から¥450,000を借り入れ，利息¥3,000を差し引かれ，手取金は当座預金とした。

(3) 上記(2)の手形借入金¥450,000を，支払期日に小切手を振り出して返済した。

(4) かねて藤沢商店から約束手形を受け取って¥200,000を貸し付けていたが，本日支払期日となり，同店から利息¥5,000とともに現金で返済を受けた。

	借　　方	貸　　方
(1)		
(2)		
(3)		
(4)		

9-3 次の連続した取引の仕訳を示しなさい。ただし，商品に関する勘定は3分法によること。

(1) 商品¥200,000を売り渡し，代金として他店発行の商品券を受け取った。

(2) 当店保有の他店発行の商品券¥200,000を精算し，現金で受け取った。

	借　　方	貸　　方
(1)		
(2)		

ポイント ① (1)では，他店が発行した商品券を受け取ったときは，その金額を請求する権利が発生するので，受取商品券勘定（資産）の借方に記入する。

② (2)他店発行の商品券を精算したら，受取商品券勘定の貸方に記入する。

10 手形の書き換え

要点の整理

① 手形の書き換え

手形の支払人が，手形の支払期日（満期日）に，その支払いが困難になった場合，手形の受取人の承諾を得て，支払期日を延期してもらうことがある。この場合，支払人は支払期日を延期した新手形を振り出し，旧手形と交換する。これを**手形の書き換え**という。

なお，支払いを延期した期間に対する利息は，現金などで支払うか，新手形の金額に加える。

(1) 延期した期間に対する利息を現金で受け払いしたとき

例 A商店は仕入先B商店に振り出した約束手形¥50,000について，支払期日の延期を申し込み，B商店の承諾を得たので，新手形を振り出し，旧手形と交換した。なお，支払延期による利息¥2,000は現金で支払った。

A商店
（借）支払手形50,000　（貸）支払手形50,000
　　　支払利息 2,000　　　　現　　金 2,000

B商店
（借）受取手形50,000　（貸）受取手形50,000
　　　現　　金 2,000　　　　受取利息 2,000

（手形債務者）A商店 ←旧手形―― ――新手形→ B商店（手形債権者）

支払手形

旧手形(消滅) 50,000	50,000
	新手形(発生) 50,000

受取手形

50,000	旧手形(消滅) 50,000
新手形(発生) 50,000	

支払利息

2,000	

←（利息の受け払い）→

受取利息

	2,000

(2) 延期した期間に対する利息を新手形に加えたとき

例 A商店は仕入先B商店に振り出した約束手形¥50,000について，支払期日の延期を申し込み，B商店の承諾を得て，手形金額に利息¥2,000を加えた新手形を振り出し，旧手形と交換した。

A商店
（借）支払手形50,000　（貸）支払手形52,000
　　　支払利息 2,000

B商店
（借）受取手形52,000　（貸）受取手形50,000
　　　　　　　　　　　　　　受取利息 2,000

なお，金銭の貸借のために振り出された金融手形についても手形の書き換えをおこなうことがある。この場合は**手形貸付金勘定**（資産）と**手形借入金勘定**（負債）を用いる。

基本問題

10-1 次の取引の仕訳を示しなさい。

(1) 明石商店は，所有の天理商店振り出し，明石商店あての約束手形¥200,000について，天理商店から支払延期の申し込みを受け，これを承諾して，新手形と交換した。なお，支払延期にともなう利息¥2,000は現金で受け取った。

(2) さきに，買掛代金の支払いのため振り出した桜井商店あての約束手形¥500,000について，支払延期を申し出たところ承諾を得たので，新たに約束手形¥500,000を振り出して，旧手形と交換した。なお，延期にともなう利息¥8,000を現金で支払った。

(3) さきに，売掛代金として受け取っていた，大津商店振り出し，当店あての約束手形¥400,000について，同店から支払延期の申し出を受け，これを承諾し，利息¥4,500を加算した新手形と交換した。

	借　方	貸　方
(1)		
(2)		
(3)		

練習問題

10-2 次の取引について大阪商店と東京商店の仕訳を示しなさい。

大阪商店は，さきに，売掛金回収のために受け取った東京商店振り出し，当店あての約束手形¥600,000について，同店から支払延期の申し込みを受け，これを承諾して，新手形を受け取り旧手形と交換した。なお，支払延期にともなう利息¥7,200は現金で受け取った。

	借　　方	貸　　方
大阪商店		
東京商店		

10-3 次の取引の仕訳を示しなさい。

さきに，姫路商店に¥400,000を貸し付け，同店振り出しの約束手形¥400,000を受け取っていたが，同店から支払延期の申し出を受けたので，これを承諾し，支払延期にともなう利息¥5,400を加算した新しい約束手形と交換した。

借　　方	貸　　方

検定問題

10-4 次の取引の仕訳を示しなさい。

(1) さきに，福島商店に対する買掛金の支払いのために振り出した約束手形¥300,000について，支払期日の延期を申し出て，同店の承諾を得た。よって，支払期日の延期にともなう利息¥6,000を加えた新しい手形を振り出して，旧手形と交換した。（第91回）

(2) さきに，取引銀行あてに約束手形を振り出して借り入れていた¥3,000,000について，支払期日の延期を申し込み，承諾を得た。よって，新しい約束手形を振り出して旧手形と交換した。なお，支払期日の延期にともなう利息¥15,000は現金で支払った。（第70回）

(3) さきに，北東商店から商品代金として受け取っていた同店振り出し，当店あての約束手形について，支払期日の延期の申し出があり，これを承諾した。よって，支払期日の延期にともなう利息¥4,000を加えた新しい手形¥868,000を受け取り，旧手形と交換した。（第88回）

	借　　方	貸　　方
(1)		
(2)		
(3)		

11 不渡手形・クレジット売掛金

要点の整理

① 不渡手形

手形金額が支払期日に支払われなかった場合，これを手形の不渡りといい，この手形を**不渡手形**という。

(1) 不渡手形の償還請求をした場合

手形が不渡りとなったとき，手形の所持人（受取人）は裏書人などに対して手形代金の償還を請求することができる。この請求額は**不渡手形勘定**（資産）の借方に記入する。

請求金額は，手形金額のほか，償還に要した諸費用，支払期日から償還日までの利息などである。

① 不渡りの発生

例 裏書譲渡された約束手形¥10,000が不渡りとなった。償還請求費用¥500は現金で支払った。

(借)	不渡手形	10,500	(貸)	受取手形	10,000	
				現金	500	……**償還請求諸費用支払い**

② 回収したとき

例 上記の請求額と期日以後の利息¥300を現金で受け取った。

(借)	現金	10,800	(貸)	不渡手形	10,500	
				受取利息	300	……**期日以後の利息**

③ 回収不能のとき

例 不渡手形¥10,500が回収不能となったので，貸し倒れとして処理した。

(借)	貸倒引当金 (貸倒損失)	10,500	(貸)	不渡手形	10,500

受取手形

借方	貸方
手形受け取り	①不渡り 10,000

（請求費用）

不渡手形

借方	貸方
10,500	②回収 10,500 （または ③貸し倒れ 10,500）

(2) 不渡手形の償還請求を受けた場合

裏書譲渡先や割引をした銀行から償還請求を受け，請求代金を支払ったときは，不渡手形勘定に記入し，前の裏書人または振出人に代金を請求する。

例 さきに，裏書譲渡した約束手形¥200,000が不渡りとなり，償還請求を受けたので，現金¥200,000を支払った。

(借)	不渡手形	200,000	(貸)	現金	200,000

② クレジット売掛金

商品を販売するさいには，クレジットカードによる支払いを求められることがある。そのときの商品代金である債権は，クレジット会社（信販会社）に対する債権となるため，通常の商品販売から生ずる売掛金勘定ではなく，**クレジット売掛金勘定**（資産）として処理する。クレジット会社（信販会社）に対する手数料は販売時に計上し，支払手数料勘定で処理する。

例 商品¥40,000をクレジットカード払いの条件で販売した。なお，クレジット会社への手数料（販売代金の2％）を計上した。

(借)	クレジット売掛金	39,200	(貸)	売上	40,000
	支払手数料	800			

基本問題

11-1 次の取引の仕訳を示しなさい。

(1) 東西商店振り出し，当店受け取りの約束手形¥250,000が不渡りとなったので，同店に対して償還請求をおこなった。なお，このために要した諸費用¥1,000は現金で支払った。

(2) 東西商店から，上記の請求額および期日以後の利息¥800を現金で受け取った。

	借 方	貸 方
(1)		
(2)		

ポイント (1) 手形が不渡りとなったときは，受取手形勘定から不渡手形勘定の借方に振り替える。なお，償還請求に要した諸費用は，不渡手形勘定に加算する。(2) 期日以後の利息は受取利息とする。

11-2 次の取引の仕訳を示しなさい。

かねて，不渡りとなり償還請求していた南北商店振り出しの約束手形¥424,000が，同店倒産のため回収不能となったので，貸し倒れとして処理した。ただし，貸倒引当金¥600,000がある。

借 方	貸 方

ポイント 売掛金の貸し倒れと同じように処理すればよい。

11-3 次の取引の仕訳を示しなさい。ただし，商品に関する勘定は3分法によること。

(1) 商品¥100,000をクレジットカード払いの条件で販売した。なお，クレジット会社への手数料（販売代金の1％）を計上した。

(2) クレジット会社から，手数料を差し引いた商品販売の手取額が当社の当座預金口座に入金された。なお，販売時の商品代金は¥100,000であり，手数料は販売代金の1％であった。

	借 方	貸 方
(1)		
(2)		

練習問題

11-4 次の取引の仕訳を示しなさい。

(1) さきに，山口商店から裏書譲渡された，北東商店振り出し，山口商店あての約束手形¥800,000が不渡りとなったので，同店に対して償還の請求をおこなった。なお，このために要した諸費用¥14,000は現金で支払った。

(2) 山口商店から，上記の請求額および期日以後の利息¥12,500を小切手で受け取った。

	借 方	貸 方
(1)		
(2)		

11-5 次の取引の仕訳を示しなさい。

(1) かねて，徳山商店に裏書譲渡してあった南西商店振り出しの約束手形¥600,000が不渡りとなり，同店から償還請求を受けた。よって，手形金額と期日以後の利息およびその他の費用¥16,000をともに小切手を振り出して支払い，ただちに南西商店に償還請求をした。

(2) かねて，不渡りとなり償還請求していた東西商店振り出しの約束手形¥350,000について，本日，手形金額の一部¥210,000を現金で受け取り，残額¥140,000は貸し倒れとして処理した。ただし，貸倒引当金が¥180,000ある。

	借　　方	貸　　方
(1)		
(2)		

検定問題

11-6 次の取引の仕訳を示しなさい。

(1) 鳥取商店は，北東商店から商品の売上代金として裏書譲渡されていた西南商店振り出しの約束手形¥610,000が不渡りとなったので，北東商店に償還請求した。なお，このために要した諸費用¥4,000は現金で支払った。（第91回）

(2) かねて，商品代金として受け取っていた東西商店振り出し，当店あての約束手形¥730,000が不渡りとなり，償還請求に要した諸費用¥2,000とあわせて東西商店に支払請求していたが，本日，請求金額と期日以後の利息¥1,000を現金で受け取った。（第84回）

(3) 前期に商品代金として受け取っていた東西商店振り出し，当店あての約束手形¥250,000が不渡りとなり，償還請求の諸費用¥4,000とあわせて東西商店に支払請求していたが，本日，全額回収不能となったので，貸し倒れとして処理した。ただし，貸倒引当金勘定の残高が¥290,000ある。（第75回）

	借　　方	貸　　方
(1)		
(2)		
(3)		

12 営業外受取手形・営業外支払手形

要点の整理

① 営業外受取手形・営業外支払手形

手形の債権債務は，主たる営業活動の取引で生じた場合と営業活動以外の取引で生じた場合とで区別をする。

備品，建物，土地などの商品以外の物品を売却し，その代金を手形で受け取ったときには，**営業外受取手形勘定**（資産）の借方に記入する。また，商品以外の物品を購入し，その代金を手形で支払ったときには，**営業外支払手形勘定**（負債）の貸方に記入する。

例 ① 所有している土地¥10,000,000（帳簿価額）を所沢商店に同額で売却し，代金は同店振り出しの約束手形で受け取った。

（借） 営業外受取手形 10,000,000 （貸） 土 地 10,000,000

② 備品¥300,000を購入し，代金は約束手形を振り出して支払った。

（借） 備 品 300,000 （貸） 営業外支払手形 300,000

基本問題

12-1 次の取引の仕訳を示しなさい。

(1) 営業用の金庫¥150,000を購入し，代金は約束手形を振り出して支払った。

(2) 土地¥5,000,000を大宮商店に売却し，代金は同店振り出しの約束手形¥5,000,000で受け取った。

	借 方	貸 方
(1)		
(2)		

練習問題

12-2 次の取引の仕訳を示しなさい。

(1) 商品陳列用のケース¥650,000を買い入れ，代金のうち¥500,000は約束手形を振り出し，残額は現金で支払った。

(2) 不用になった営業用のトラック¥850,000（帳簿価額）を¥900,000で浦和商店に売却し，代金は同店振り出し，当店あての約束手形で受け取った。

	借 方	貸 方
(1)		
(2)		

ポイント 固定資産の売却については，p.126を参照。

13 有価証券

要点の整理

① 有価証券（資産）

企業は資金の余裕があるとき，売買を目的として有価証券（securities）を買い入れ保有することがある。有価証券には株式・社債・公債（国債・地方債）などがある。

② 有価証券の買い入れ

売買目的で有価証券を取得したときは，取得原価で**有価証券勘定**（資産）の借方に記入する。取得原価とは買入価額に買入手数料などを加えたものである。なお，買入価額は次のように計算する。

(1) 株　式　**1株の買入価額×買入株式数**　　(2) 社債・公債　**額面金額×$\frac{\text{買入単価}}{¥100}$**

③ 有価証券の売却

売買目的の有価証券を帳簿価額より高い価額で売却したときは，その差額を**有価証券売却益勘定**（収益）の貸方に，反対に帳簿価額より低い価額で売却したときは，その差額を**有価証券売却損勘定**（費用）の借方に記入する。

例 ①　売買目的で静岡商事株式会社の株式10株を1株につき¥52,000で買い入れ，代金は小切手を振り出して支払った。

（借）有　価　証　券　520,000　（貸）当　座　預　金　520,000

②　上記株式10株を1株につき¥50,000で売却し，代金は買い手振り出しの小切手で受け取り，ただちに当座預金へ預け入れた。

（借）当　座　預　金　500,000　（貸）有　価　証　券　520,000
　　　有価証券売却損　20,000

③　売買目的で額面¥1,000,000の社債を額面¥100につき¥97.50で買い入れ，代金は現金で支払った。

（借）有　価　証　券　975,000　（貸）現　　　　金　975,000

④　上記の社債を額面¥100につき¥99.50で売却し，代金は現金で受け取った。

（借）現　　　　金　995,000　（貸）有　価　証　券　975,000
　　　　　　　　　　　　　　　　　　有価証券売却益　20,000

基本問題

13-1 次の取引の仕訳を示しなさい。

(1) 売買目的で金沢商事株式会社の株式10株を1株につき¥68,000で買い入れ，代金は小切手を振り出して支払った。

(2) 売買目的で額面¥500,000の社債を額面¥100につき¥98で買い入れ，代金は小切手を振り出して支払った。

(3) 売買目的で保有する滋賀商事株式会社の株式10株（1株の帳簿価額¥68,000）を1株につき¥70,000で売却し，代金は買い手振り出しの小切手で受け取った。

	借　　方	貸　　方
(1)		
(2)		
(3)		

ポイント ① (1)は株式を買い入れたので，有価証券勘定の借方に記入する。¥68,000×10株=¥680,000

② (2)の社債の買入価額は，次のように計算する。額面¥500,000×$\frac{¥98}{¥100}$=¥490,000

③ (3)は帳簿価額より高く売却したので，有価証券売却益が発生する。(¥70,000−¥68,000)×10株=¥20,000

練習問題

13-2 次の取引の仕訳を示しなさい。

(1) 売買目的で黒部商事株式会社の株式20株を1株につき¥62,000で買い入れ，代金は買入手数料¥12,000とともに小切手を振り出して支払った。

(2) 売買目的で額面総額¥600,000の社債を額面¥100につき¥99で買い入れ，代金のうち¥500,000は小切手を振り出し，残額は現金で支払った。

(3) 売買目的で保有する福井商事株式会社の株式10株（1株の帳簿価額 ¥70,000）を1株につき¥83,000で売却し，代金は買い手振り出しの小切手で受け取り，ただちに当座預金とした。

(4) 売買目的で保有する松坂商事株式会社の額面¥1,000,000の社債を額面¥100につき¥97で売却し，代金は小切手で受け取り，ただちに当座預金とした。ただし，この社債の帳簿価額は額面¥100につき¥98である。

	借　　方	貸　　方
(1)		
(2)		
(3)		
(4)		

検定問題

13-3 次の取引の仕訳を示しなさい。

(1) 売買目的で和歌山産業株式会社の株式20株を1株につき¥80,000で買い入れ，代金は小切手を振り出して支払った。（第81回）

(2) 売買目的で保有している新潟株式会社の株式200株（1株の帳簿価額 ¥6,000）を1株につき¥7,000で売却し，代金は当店の当座預金口座に振り込まれた。（第91回）

(3) 売買目的で長野商事株式会社の株式30株を1株につき¥57,000で買い入れ，代金は買入手数料¥13,000とともに小切手を振り出して支払った。（第87回）

(4) 売買目的で保有している愛知商事株式会社の株式10株（1株の帳簿価額 ¥80,000）を1株につき¥78,000で売却し，代金は現金で受け取った。（第74回）

(5) 売買目的で熊本商事株式会社の額面¥2,000,000の社債を¥100につき¥97で買い入れ，代金は買入手数料¥20,000とともに，小切手を振り出して支払った。（第75回）

	借　　方	貸　　方
(1)		
(2)		
(3)		
(4)		
(5)		

14 個人企業の引出金

要点の整理

① 引出金（資本金の評価勘定）

事業主が私用にあてるため，店の現金や商品などの引き出しがひんぱんにおこなわれる場合，直接資本金勘定に記入しないで引出金勘定を設け，期中の引出額を引出金勘定の借方に記入し，期末に引出金勘定の残高を資本金勘定の借方に振り替える。

例

① 現金¥100,000を追加元入れした。

（借）現 金 100,000 （貸）資本金 100,000

② 私用のため，現金¥5,000と原価¥3,000の商品を引き出した。

（借）引出金 8,000 （貸）現 金 5,000
仕 入 3,000

③ 決算にあたり，引出金勘定残高¥8,000を資本金勘定に振り替えた。

（借）資本金 8,000 （貸）引出金 8,000

④ 決算にあたり，当期純利益¥10,000を資本金勘定に振り替えた。

（借）損 益 10,000 （貸）資本金 10,000

資 本 金

借方	貸方
③引出金 8,000	前期繰越高 500,000
	①現 金 100,000
	④損 益 10,000

引 出 金

借方	貸方
②諸 口 8,000	③資本金 8,000

基本問題

14-1 次の取引の仕訳を示しなさい。ただし，商品に関する勘定は3分法によること。なお，引出金勘定を設けている。

(1) 店主が店の現金¥25,000を引き出した。
(2) 事業主が私用のため，店の商品¥8,000（原価）を使用した。
(3) 事業主が小切手¥40,000を振り出して私用にあてた。
(4) 決算にあたり，引出金勘定の残高¥32,000を資本金勘定に振り替えた。
(5) 店主が店の現金¥14,000と原価¥4,000の商品を使用に供した。

	借 方	貸 方
(1)		
(2)		
(3)		
(4)		
(5)		

ポイント (4)の引出金勘定の残高は借方である。その分，資本が減少するので資本金勘定の借方に記入する。

練習問題

14-2 次の連続した取引の仕訳を示し，下記の勘定口座に転記して締め切りなさい。ただし，各勘定への記入は日付・相手科目・金額を記入する。また，商品に関する勘定は3分法によること。なお，引出金勘定を設けている。

12月 8日 店主が店の現金¥20,000を私用にあてた。
11日 店主が現金¥300,000を追加元入れした。
17日 店主が私用のため店の商品¥15,000（原価）を消費した。
31日 決算にあたり，引出金勘定の残高を資本金勘定に振り替えた。
〃日 決算にあたり，当期純利益¥140,000を計上した。

	借　　方	貸　　方
12/ 8		
11		
17		
31		
〃		

資　本　金

	1 / 1前期繰越 500,000

引　出　金

検定問題

14-3 次の取引の仕訳を示しなさい。ただし，商品に関する勘定は3分法によること。なお，引出金勘定を設けている。

(1) 事業主が私用のため，店の現金¥72,000を引き出した。（第90回）
(2) 事業主が私用のため，原価¥6,000の商品を使用した。（第79回）
(3) 店主が，店の現金¥90,000を私用のために引き出した。（第71回）
(4) 店主が，当期に仕入れた原価¥15,000の商品を私用のために引き出した。（第65回）

	借　　方	貸　　方
(1)		
(2)		
(3)		
(4)		

15 個人企業の税金（所得税・住民税・租税公課・消費税）

要点の整理

① 所得税

所得税は，1月1日から12月31日までの1年間の事業主の所得に対して課せられる税金である。これは，個人企業に対してではなく事業主個人に対して課せられる税金なので，店の現金で納付したときは資本の引き出しとなり，引出金勘定を設けている場合は，**引出金勘定**の借方に記入する。

例 ① 本年度の所得税予定納税額の第1期分¥40,000を現金で納付した。

（借）引　出　金 40,000　（貸）現　　　金 40,000

② 確定申告をおこない，本年度の所得税¥150,000のうち，さきに支払った予定納税額¥80,000を差し引き，¥70,000を現金で納付した。

（借）引　出　金 70,000　（貸）現　　　金 70,000

② 住民税

住民税は，その地域の住民に対して課せられる税金である。住民税も事業主個人に対して課せられる税金なので，店の現金で納付したときは資本の引き出しとなり，引出金勘定を設けている場合は，引出金勘定の借方に記入する。

例 住民税の第1期分¥25,000を現金で納付した。

（借）引　出　金 25,000　（貸）現　　　金 25,000

③ 租税公課

個人企業に課せられる税金には事業税・固定資産税・印紙税などがある。

(1) **事業税**　個人が事業を営んでいる場合に，その事業に対して課せられる税金である。事業税を納付したときは，**租税公課勘定**（費用）または**事業税勘定**（費用）に記入する。

(2) **固定資産税**　土地・建物などの固定資産に課せられる税金である。固定資産税を納付したときは，**租税公課勘定**（費用）または**固定資産税勘定**（費用）に記入する。

例 固定資産税¥30,000を現金で納付した。

（借）租　税　公　課 30,000　（貸）現　　　金 30,000
（または固定資産税）

(3) **印紙税**　商品代金の領収証や契約書を作成したり，手形を振り出したりするときに，所定の金額の収入印紙を貼付し，消印する形で国に納める税金である。収入印紙を買ったときに**租税公課勘定**（費用）または**印紙税勘定**（費用）に記入する。

例 郵便局で収入印紙¥5,000を現金で購入した。

（借）租　税　公　課 5,000　（貸）現　　　金 5,000
（または印紙税）

④ 消費税

消費税は，商品の販売やサービスの提供に対して課せられる税金である。消費税の記帳方法には税抜方式と税込方式がある。

(1) **税抜方式**　仕入れのときに支払った消費税は**仮払消費税勘定**（資産）の借方に記入し，売り上げのときに受け取った消費税は**仮受消費税勘定**（負債）の貸方に記入する。企業が納付する消費税は，期末に仮受消費税から仮払消費税を差し引いた額であり，**未払消費税勘定**（負債）の貸方に記入する。

例 ① 商品¥200,000を仕入れ，代金はその消費税¥20,000とともに掛けとした。

（借）仕　　　　入 200,000　（貸）買　掛　金 220,000
　　　仮 払 消 費 税 20,000

② 商品¥300,000を売り上げ，代金はその消費税¥30,000とともに掛けとした。

（借）売　掛　金 330,000　（貸）売　　　　上 300,000
　　　　　　　　　　　　　　　　仮 受 消 費 税 30,000

③ 期末に納付する消費税額¥10,000を計上した。

(借) 仮受消費税 30,000　(貸) 仮払消費税 20,000
　　　　　　　　　　　　　　未払消費税 10,000

④ 確定申告をおこない，上記の消費税額¥10,000を現金で納付した。

(借) 未払消費税 10,000　(貸) 現　　金 10,000

(2) **税込方式** 仕入れ・売り上げのときの消費税は，それぞれ仕入勘定・売上勘定に含めて記帳する。企業が納付する消費税は，期末に仮受分から仮払分を差し引いた額であり，租税公課（または消費税）勘定の借方と未払消費税勘定の貸方に記入する。

例 (取引例は上記(1)と同じとする)

① (借) 仕　　入 220,000　(貸) 買 掛 金 220,000

② (借) 売 掛 金 330,000　(貸) 売　　上 330,000

③ (借) 租税公課（または消費税） 10,000　(貸) 未払消費税 10,000

④ (借) 未払消費税 10,000　(貸) 現　　金 10,000

基本問題

15-1 次の取引の仕訳を示しなさい。ただし，引出金勘定を設けている。

(1) 本年度の所得税の予定納税額の第1期分¥63,000を現金で納付した。

(2) 確定申告をおこない，本年度の所得税¥214,000のうち，さきに支払った予定納税額¥126,000を差し引き，残額¥88,000を現金で納付した。

(3) 住民税の第1期分¥42,000を現金で納付した。

(4) 住民税の第2期分¥42,000を現金で納付した。

	借　　方	貸　　方
(1)		
(2)		
(3)		
(4)		

15-2 次の取引の仕訳を示しなさい。

(1) 事業税¥50,000を，現金で納付した。

(2) 固定資産税¥30,000を，現金で納付した。

(3) 収入印紙¥2,000を買い入れ，代金は現金で支払った。

	借　　　方	貸　　　方
(1)		
(2)		
(3)		

15-3 次の一連の取引の仕訳を示しなさい。ただし，商品に関する勘定は3分法によること。なお，消費税の記帳については税抜方式による。

(1) 商品¥350,000を仕入れ，代金はその消費税¥35,000とともに掛けとした。

(2) 上記(1)の商品を¥450,000で売り渡し，代金はその消費税¥45,000とともに掛けとした。

(3) 期末に納付する消費税額¥10,000を計上した。

(4) 確定申告をおこない，上記(3)の消費税額¥10,000を現金で納付した。

	借　　　方	貸　　　方
(1)		
(2)		
(3)		
(4)		

15-4 次の一連の取引の仕訳を示しなさい。ただし，商品に関する勘定は3分法によること。なお，消費税の記帳については税抜方式による。

(1) 商品¥210,000を仕入れ，代金はその消費税¥21,000とともに現金で支払った。

(2) 上記(1)の商品を¥330,000で売り渡し，代金はその消費税¥33,000とともに現金で受け取った。

(3) 期末に納付する消費税額¥12,000を計上した。

(4) 確定申告をおこない，上記(3)の消費税額¥12,000を現金で納付した。

	借　　　方	貸　　　方
(1)		
(2)		
(3)		
(4)		

練習問題

15-5 次の一連の取引の仕訳を示しなさい。ただし，引出金勘定を設けている。

7月31日　本年度所得税の第1期分として，予定納税額の3分の1，¥120,000を現金で納付した。

11月30日　本年度所得税の第2期分として，予定納税額の3分の1，¥120,000を現金で納付した。

翌年 3月15日　前年度の所得に対する確定申告をおこない，所得税額¥400,000から，予定納税額¥240,000を差し引いた税額¥160,000を現金で納付した。

	借　方	貸　方
7/31		
11/30		
翌年 3/15		

15-6 次の取引の仕訳を示しなさい。ただし，引出金勘定を設けている。

(1) 住民税の第3期分¥55,000を現金で納付した。

(2) 所得税の確定申告をおこない，本年度の所得税¥420,000から予定納税額¥310,000を差し引き，¥110,000を現金で納付した。

(3) 本年度の所得税の予定納税額の第1期分¥90,000と住民税の第1期分¥74,000をあわせて現金で納付した。

	借　方	貸　方
(1)		
(2)		
(3)		

15-7 次の一連の取引の仕訳を示しなさい。

8月25日　事業税の第1期分¥12,000を現金で納付した。

11月28日　事業税の第2期分¥12,000を現金で納付した。

12月31日　決算にあたり，事業税の納付額¥24,000を損益勘定に振り替えた。

	借　方	貸　方
8/25		
11/28		
12/31		

15-8 次の取引の仕訳を示しなさい。ただし，商品に関する勘定は3分法によること。

⑴ 郵便局で収入印紙¥12,000を現金で購入した。

⑵ 商品¥150,000を売り上げ，代金はその消費税¥15,000とともに掛けとした。ただし，商品を売り上げたときの消費税は，仮受消費税勘定で処理する。

	借　方	貸　方
⑴		
⑵		

検定問題

15-9 次の取引の仕訳を示しなさい。ただし，商品に関する勘定は3分法によること。

⑴ 事業主が，所得税の予定納税額の第1期分¥34,000を，店の現金で納付した。（第86回）

⑵ 収入印紙¥6,000を購入し，代金は現金で支払った。（第90回）

⑶ 宇都宮市役所から固定資産税の納税通知書を受け取り，ただちにこの税額¥180,000を現金で納付した。（第76回）

⑷ 山梨商店は商品¥594,000（消費税¥54,000を含む）を売り渡し，代金は現金で受け取った。ただし，消費税の処理方法は税抜き方式により，仮受消費税勘定を用いている。（第90回）

⑸ 青森商店から商品¥330,000（消費税¥30,000を含む）を仕入れ，代金は掛けとした。ただし，消費税の処理方法は税抜き方式により，仮払消費税勘定を用いている。（第83回一部修正）

⑹ 奈良商店から商品¥250,000を仕入れ，代金はその消費税¥25,000とともに掛けとした。ただし，商品を仕入れたときの消費税は，仮払消費税勘定で処理する。（第81回一部修正）

⑺ 静岡商店は商品¥770,000（消費税¥70,000を含む）を売り渡し，代金は掛けとした。ただし，消費税の処理方法は税抜き方式により，仮受消費税勘定を用いている。（第87回一部修正）

	借　方	貸　方
⑴		
⑵		
⑶		
⑷		
⑸		
⑹		
⑺		

16 現金過不足

要点の整理

① 現金過不足

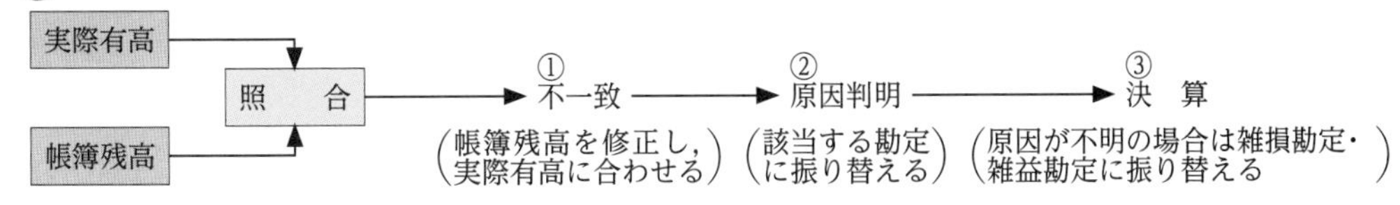

〈実際有高が帳簿残高より少ないとき〉

例 ①　実際有高が帳簿残高より¥3,000不足していた。

(借) 現金過不足　3,000　(貸) 現　　金　3,000

②　不足額のうち¥2,000は，通信費の記帳もれであることが判明した。

(借) 通 信 費　2,000　(貸) 現金過不足　2,000

③　決算にあたり，原因不明の不足額¥1,000を雑損勘定に振り替えた。

(借) 雑　　損　1,000　(貸) 現金過不足　1,000

〈実際有高が帳簿残高より多いとき〉

例 ①　実際有高が帳簿残高より¥3,000過剰であった。

(借) 現　　金　3,000　(貸) 現金過不足　3,000

②　過剰額のうち¥1,500は，受取利息の記帳もれであることが判明した。

(借) 現金過不足　1,500　(貸) 受 取 利 息　1,500

③　決算にあたり，原因不明の過剰額¥1,500を雑益勘定に振り替えた。

(借) 現金過不足　1,500　(貸) 雑　　益　1,500

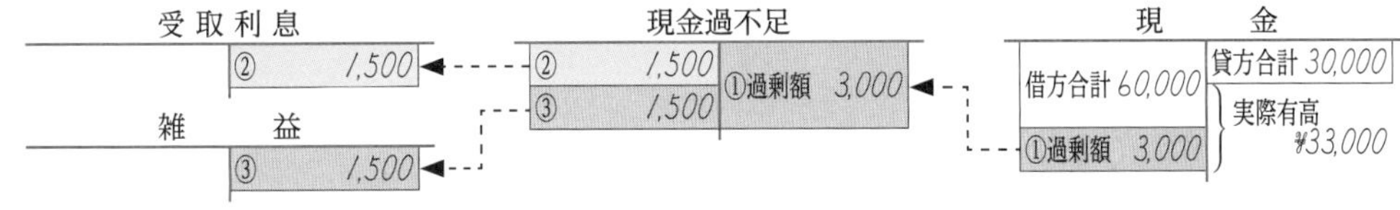

〈決算日に現金の過不足額を見つけ，その原因が不明のとき〉

例　決算日に実際有高が帳簿残高よりも¥2,000不足していた。

(借) 雑　　損　2,000　(貸) 現　　金　2,000

決算日に実際有高が帳簿残高よりも¥2,000過剰であった。

(借) 現　　金　2,000　(貸) 雑　　益　2,000

(注) 決算日に現金の過不足額を見つけた場合は，現金過不足勘定を使用しない。

基本問題

16-1 次の連続する取引の仕訳を示しなさい。

(1) 現金の実際有高を調べたところ，帳簿残高より¥5,200少なかった。

(2) この不足額のうち，¥4,500は保険料の記帳もれであることがわかった。

(3) 決算になっても，残りの不足額¥700については，原因がわからないので，雑損勘定に振り替えた。

	借　　　方	貸　　　方
(1)		
(2)		
(3)		

ポイント ① (1)実際有高に合わせるように，帳簿残高を修正するので，現金勘定を減少させるようにすればよい。仕訳は現金過不足勘定の貸借をさきに考えるよりも，現金勘定の増減から仕訳したほうがよい。

② (2)不足額の一部の原因が判明したので，その分だけ保険料勘定（費用）へ振り替える。

16-2 次の連続する取引の仕訳を示しなさい。

(1) 現金の実際有高を調べたところ，帳簿残高より¥3,800多かった。

(2) この過剰額のうち，¥3,000は受取手数料の記帳もれであることがわかった。

(3) 決算になっても，残りの過剰額¥800については，原因がわからないので，雑益勘定に振り替えた。

	借　　　方	貸　　　方
(1)		
(2)		
(3)		

ポイント ① (1)現金勘定を増加させる。② (2)原因が判明した分だけ，受取手数料勘定に振り替える。

16-3 次の取引の仕訳を示しなさい。

(1) 決算にさいし，現金の実際有高を調べたところ¥36,000であり，帳簿残高の¥37,000と不一致であった。

(2) 決算にさいし，現金の実際有高を調べたところ¥52,000であり，帳簿残高の¥50,500と不一致であった。

	借　　　方	貸　　　方
(1)		
(2)		

ポイント 決算日になってはじめて過不足額が見つかった場合には現金過不足勘定という仮勘定は使用せず，不足の場合は雑損勘定，過剰の場合は雑益勘定に振り替える。

練習問題

16-4 次の取引の仕訳を示しなさい。

(1) 月末にあたり，現金について帳簿残高と実際有高を調べたところ次のとおりであった。
　現金出納帳残高 ¥430,000　　現金実際有高 ¥400,000

(2) (1)の不一致の原因を調べたところ，次のことが明らかになった。
　(a) 事務用文房具購入代金の支払額¥37,000の記帳もれであることがわかった。(消耗品費勘定)
　(b) 貸付金に対する利息の受取額¥2,500の記帳もれであることがわかった。
　(c) 通信費¥500を支払ったさい，誤って¥5,000と記入していたことがわかった。

(3) 決算日における現金の帳簿残高が¥89,000であるとき，(a)現金の実際有高が¥85,500で不足の原因が不明の場合，(b)現金の実際有高が¥90,000で過剰の原因が不明の場合。

		借　　方	貸　　方
(1)			
(2)	(a)		
	(b)		
	(c)		
(3)	(a)		
	(b)		

検定問題

16-5 次の取引の仕訳を示しなさい。

(1) 現金の実際有高を調べたところ，帳簿残高より¥3,000多かった。よって，帳簿残高を修正して，その原因を調査することにした。　(第85回)

(2) 現金の実際有高を調べたところ，帳簿残高より¥2,000少なかった。よって，帳簿残高を修正して，その原因を調査することにした。　(第88回)

(3) かねて，現金の実際有高を調べたところ¥32,000であり，帳簿残高は¥34,000であったので，帳簿残高を修正して原因を調査していたが，決算日に，受取手数料¥2,000と交通費¥4,000の記入もれがあることが判明した。　(第92回)

	借　　方	貸　　方
(1)		
(2)		
(3)		

17 当座借越

要点の整理

① 当座借越（負債）

当座預金残高を超えて小切手を振り出すことはできないが，あらかじめ銀行と当座借越契約を結んでおけば，その借越限度額までは銀行は支払いに応じる。この預金残高を超えた額は，**当座借越**といい，銀行からの借り入れを意味している。当座預金残高を超過して小切手を振り出したときは，当座預金勘定は貸方残高になり，これは当座借越の残高を示す。

例 1/10 川崎商店に対する買掛金の支払いとして，小切手#3 ¥160,000を振り出して支払った。ただし，当座預金残高は¥100,000であり，¥300,000を限度額とする当座借越契約を結んでいる。

（借）買掛金 160,000 （貸）当座預金 160,000

24 横浜商店から売掛金¥80,000を同店振り出しの小切手で受け取り，ただちに当座預金に預け入れた。

（借）当座預金 80,000 （貸）売掛金 80,000

当座預金

100,000	1/10 買掛金 160,000
当座借越 ¥60,000	

↓

当座預金

100,000	1/10 買掛金 160,000
1/24 売掛金 80,000	現在高 ¥20,000

なお，決算日に当座預金勘定が貸方残高の場合は，その金額を**当座借越勘定**（負債）に振り替える。

例 12/31 決算にあたり，当座預金勘定の貸方残高¥120,000を当座借越勘定へ振り替えた。

（借）当座預金 120,000 （貸）当座借越 120,000

基本問題

17-1 次の一連の取引の仕訳を示し，当座預金勘定に転記しなさい。

1月4日 大船商店に対する買掛金¥190,000を小切手#5を振り出して支払った。ただし，当座預金勘定の残高は¥150,000であり，限度額¥200,000の当座借越契約が結んである。

5日 横須賀商店から商品売買の仲介手数料¥70,000を同店振り出しの小切手で受け取り，ただちに当座預金に預け入れた。

	借　方	貸　方
1/4		
5		

当座預金

1/1 前期繰越 150,000	

練習問題

17-2 次の一連の取引の仕訳を示しなさい。なお，商品に関する勘定は3分法によること。

7月 1日 全商銀行と当座取引契約を結び，現金¥350,000を預け入れた。なお，同時に当座借越契約を結び，限度額を¥300,000とした。

8日 藤沢商店から商品¥300,000を仕入れ，代金のうち¥200,000については小切手を振り出して支払い，残額は掛けとした。

15日 葉山家具店から事務用ロッカー¥280,000を買い入れ，代金は小切手を振り出して支払った。

20日 平塚商店に商品¥250,000を売り渡し，代金のうち¥80,000は同社振り出しの小切手で受け取り，残額は掛けとした。

22日 藤沢商店に対する買掛金¥100,000の支払いとして，20日に受け取っていた平塚商会株式会社振り出しの小切手を渡し，残額は小切手を振り出して支払った。

25日 平塚商店に対する20日の売掛金が当社の当座預金に振り込まれたとの連絡が，全商銀行からあった。

	借　　　　方	貸　　　　方
7/ 1		
8		
15		
20		
22		
25		

17-3 次の一連の取引の仕訳を示しなさい。なお，商品に関する勘定は3分法によること。

12月23日　小平商店から商品¥460,000を仕入れ，代金は小切手を振り出して支払った。なお，当店の当座預金勘定の残高は¥300,000（借方残高）であり，銀行とは¥400,000を借越限度額とする当座借越契約を結んでいる。

26日　立川商店に対する売掛金¥90,000を同店振り出しの小切手で受け取り，ただちに当座預金に預け入れた。

31日　決算にあたり，当座預金勘定の貸方残高¥70,000を当座借越勘定に振り替えた。

	借　　　　方	貸　　　　方
12/23		
26		
31		

検定問題

17-4 次の取引の仕訳を示しなさい。ただし，商品に関する勘定は3分法によること。

(1)　鹿児島商店から売掛金¥700,000を同社振り出しの小切手で受け取り，ただちに当座預金に預け入れた。ただし，当座預金勘定の残高は¥320,000（貸方）である。

（第82回一部修正）

(2)　新潟商店に対する買掛金¥140,000を小切手を振り出して支払った。ただし，当座預金勘定の残高は¥40,000であり，限度額を¥600,000とする当座借越契約を結んでいる。

（第84回一部修正）

(3)　鳥取商店へ商品¥390,000を売り上げ，代金は同社振り出しの小切手で受け取りただちに当座預金に預け入れた。ただし，当座預金勘定の残高は¥240,000（貸方）である。

（第86回一部修正）

	借　　　　方	貸　　　　方
(1)		
(2)		
(3)		

18 費用の繰り延べ

要点の整理

◯ 収益・費用の諸勘定の整理

一会計期間の損益計算を正しくおこなうためには，その支払いや受け取りの金額に関係なく，収益・費用の発生額にもとづいて損益計算をする必要がある。そこで，決算日に収益・費用の諸勘定の残高が当期の発生額とくい違うものについては整理（修正）しなければならない。

これには，**費用の繰り延べ・収益の繰り延べ・費用の見越し・収益の見越し**の四つがある。

① 費用の繰り延べ

費用として支払った金額のうち，決算日に次期以降に属する分（前払高）があるときは，この前払高を費用の勘定の金額から差し引くとともに，その金額を一時的に資産（**前払費用**）として次期に繰り延べる。

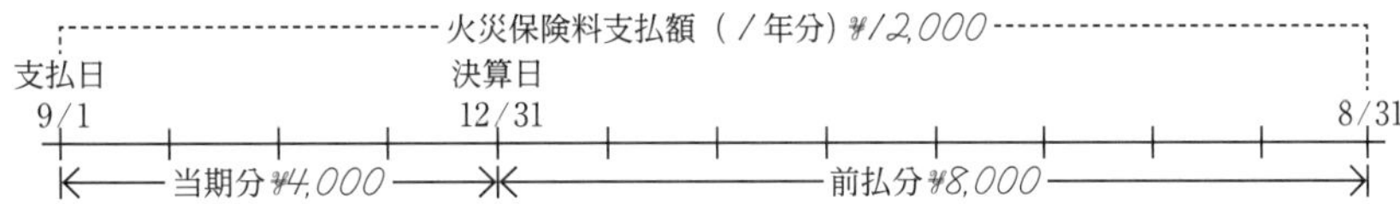

例 ① 9/1　火災保険料1年分¥12,000を現金で支払った。

（借）保険料 12,000　（貸）現金 12,000

12/31　決算にあたり，保険料のうち，前払高¥8,000を次期に繰り延べた。（**整理仕訳**）

（借）前払保険料 8,000　（貸）保険料 8,000

〃　火災保険料の当期分を損益勘定に振り替えた。（**振替仕訳**）

（借）損益 4,000　（貸）保険料 4,000

② 前払費用は，次期以降に費用となるから，次期の最初の日付で，再びもとの費用の勘定に振り替える。これを**再振替**という。

1/1　前期末の前払高¥8,000を再振替した。（**再振替仕訳**）

（借）保険料 8,000　（貸）前払保険料 8,000

保険料

日付	摘要	金額	日付	摘要	金額
9/1	現金	12,000	12/31	前払保険料	8,000
			〃	損益	4,000
		12,000			12,000
1/1	前払保険料	8,000			

前払保険料

日付	摘要	金額	日付	摘要	金額
12/31	保険料	8,000	12/31	次期繰越	8,000
1/1	前期繰越	8,000	1/1	保険料	8,000

〈通信費・租税公課勘定の繰り延べ〉～　貯蔵品への振り替え　～

決算日に，郵便切手や収入印紙などの未使用分がある場合は，通信費勘定や租税公課勘定などから**貯蔵品勘定**（資産）に振り替えて次期に繰り延べる。

例 9/1　収入印紙¥56,000を購入し，代金は現金で支払った。

（借）租税公課 56,000　（貸）現金 56,000

12/31　決算にあたり，未使用の収入印紙が¥21,000あった。

（借）貯蔵品 21,000　（貸）租税公課 21,000

〃　収入印紙の使用分¥35,000を損益勘定に振り替えた。

（借）損益 35,000　（貸）租税公課 35,000

1/1　期首において，未使用の収入印紙¥21,000について，再振替の仕訳をおこなった。

（借）租税公課 21,000　（貸）貯蔵品 21,000

基本問題

18-1 次の取引の仕訳を示しなさい。

(1) 決算にあたり，保険料の前払高¥18,000を次期に繰り延べた。
(2) 決算にあたり，家賃の前払高¥80,000を次期に繰り延べた。
(3) 決算にあたり，郵便切手の未使用高¥30,000を次期に繰り延べた。
(4) 決算にあたり，収入印紙の未使用高¥8,000を次期に繰り延べた。

	借方	貸方
(1)		
(2)		
(3)		
(4)		

ポイント 費用を繰り延べる勘定（資産）として，(1)前払保険料　(2)前払家賃　(3)(4)貯蔵品を用いる。

18-2 次の総勘定元帳勘定残高と決算整理事項によって，整理仕訳と振替仕訳および再振替仕訳を示しなさい。ただし，繰り延べの勘定を用いること。

元帳勘定残高
支払利息　¥64,000

決算整理事項
利息前払高　¥8,000

	借方	貸方
整理仕訳		
振替仕訳		
再振替仕訳		

ポイント 繰り延べるときは前払利息勘定を用いる。

練習問題

18-3 次の一連の取引を仕訳し，下記の勘定口座に転記し，締め切りなさい。

3月1日 1年分の火災保険料¥60,000を小切手を振り出して支払った。
12月31日 決算にあたり，保険料の前払高¥10,000を次期に繰り延べた。
〃日 当期分の保険料¥50,000を損益勘定に振り替えた。
1月1日 前期から繰り越された前払保険料¥10,000を保険料勘定に振り替えた。

	借方	貸方
3/1		
12/31		
〃		
1/1		

保険料

前払保険料

損益

18-4 次の一連の取引を仕訳し，下記の勘定口座に転記し，締め切りなさい。（　　）のなかには適当な勘定科目を記入すること。

8月10日 ハガキ・切手など¥135,000を買い入れ，代金は現金で支払った。ただし，買い入れのときに費用として記帳する方法によっている。
12月31日 決算にあたり，ハガキ・切手の未使用高¥65,000を次期に繰り延べた。
〃日 ハガキ・切手の当期使用分を損益勘定に振り替えた。
1月1日 前期末のハガキ・切手の未使用高¥65,000について再振替をおこなった。

	借方	貸方
8/10		
12/31		
〃		
1/1		

通信費

（　　　　）

損益

18-5 次の勘定口座の □ のなかに，適当な勘定科目または金額を記入しなさい。

支払地代

	(支払高)	72,000	12/31	ア	イ
			〃	損益	48,000
		72,000			72,000
1/1	ウ	24,000			

通信費

	(買入高)	158,000	12/31	貯蔵品	52,000
			〃	エ	106,000
		158,000			158,000
1/1	オ	カ			

ア		イ	¥	ウ		エ		オ		カ	¥

検定問題

18-6 関東商店（決算年1回 12月31日）の総勘定元帳勘定残高と決算整理事項は，次のとおりであった。よって，決算整理仕訳を示しなさい。（第82回一部修正）

元帳勘定残高

保険料 ¥471,000　　租税公課 ¥55,000

決算整理事項

a．収入印紙未使用高　未使用分¥13,000を次期に繰り延べる。

b．保険料前払高　保険料のうち¥336,000は，本年6月1日からの1年分を支払ったものであり，前払高を次期に繰り延べる。

	借方	貸方
a		
b		

18-7 四国商店（決算年1回 12月31日）の総勘定元帳勘定残高と決算整理事項は，次のとおりであった。よって，決算整理仕訳を示しなさい。（第92回一部修正）

(1) 元帳勘定残高　通信費 ¥76,000

決算整理事項　郵便切手未使用分¥29,000を貯蔵品勘定により繰り延べること。

(2) 元帳勘定残高　租税公課 ¥63,000

決算整理事項　収入印紙未使用高 ¥10,000

	借方	貸方
(1)		
(2)		

19 収益の繰り延べ

要点の整理

① 収益の繰り延べ

収益として受け取った金額のうち，決算日に次期以降に属する分（前受高）があるときは，この前受高を収益の勘定の金額から差し引くとともに，その金額を一時的に負債（**前受収益**）として次期に繰り延べる。

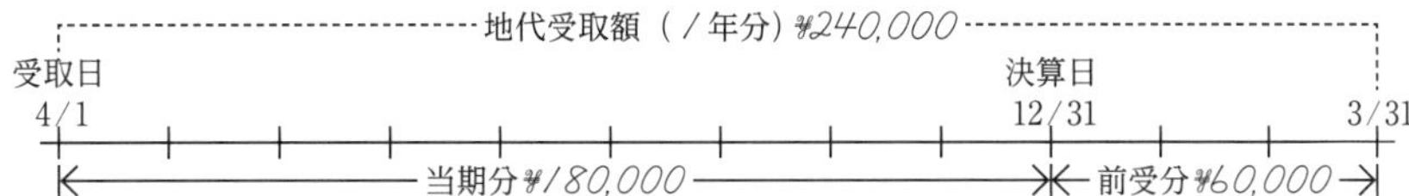

例 ① 4/1　地代1年分¥240,000を現金で受け取った。

（借）現　　金 240,000　（貸）受取地代 240,000

12/31　決算にあたり，地代の前受高¥60,000を次期に繰り延べた。(**整理仕訳**)

（借）受取地代 60,000　（貸）前受地代 60,000

〃　受取地代の当期分を損益勘定に振り替えた。(**振替仕訳**)

（借）受取地代 180,000　（貸）損　　益 180,000

② 前受収益は，次期以降に収益となるから，次期の最初の日付で，もとの収益の勘定に再振替する。

1/1　前期末の前受高¥60,000を再振替した。(**再振替仕訳**)

（借）前受地代 60,000　（貸）受取地代 60,000

受取地代

12/31	前受地代	60,000	4/1	現　金	240,000
〃	損　益	180,000			
		240,000			240,000
			1/1	前受地代	60,000

前受地代

12/31	次期繰越	60,000	12/31	受取地代	60,000
1/1	受取地代	60,000	1/1	前期繰越	60,000

基本問題

19-1 次の取引の仕訳を示しなさい。

(1) 決算にあたり，地代の前受高¥36,000を次期に繰り延べた。
(2) 決算にあたり，家賃の前受高¥200,000を次期に繰り延べた。
(3) 前期末から繰り越された利息の前受高¥14,000について再振替をおこなった。

	借　方	貸　方
(1)		
(2)		
(3)		

ポイント 収益を繰り延べる勘定（負債）として，(1)前受地代 (2)前受家賃を用いる。 (3)の前受利息勘定（負債）の前期繰越高¥14,000は，貸方に記入されていることに注意する。

19-2 次の勘定口座の□のなかに，適当な勘定科目を記入しなさい。

受取家賃

12/31	ア	50,000		(受取高)	300,000
〃	損　益	250,000			
		300,000			300,000
			1/1	イ	50,000

前受家賃

12/31	次期繰越	50,000	12/31	ウ	50,000
1/1	エ	50,000	1/1	前期繰越	50,000

ア		イ		ウ		エ	

練習問題

19-3 次の一連の取引を仕訳し，下記の勘定口座に転記し，締め切りなさい。

11月1日　地代6か月分¥90,000を借地人振り出しの小切手で受け取った。
12月31日　決算にあたり，地代の前受高¥60,000を次期に繰り延べた。
〃日　当期分の受取地代¥30,000を損益勘定に振り替えた。
1月1日　前期から繰り越された前受地代¥60,000を受取地代勘定に振り替えた。

	借　方	貸　方
11/1		
12/31		
〃		
1/1		

受取地代

前受地代

損　益

19-4 次の一連の取引を仕訳し，下記の勘定口座に転記し，締め切りなさい。（　　）のなかには適当な勘定科目を記入すること。

12月1日　4か月後に返済を受ける約束で¥500,000を貸し付け，当店あての約束手形を受け取り，利息¥40,000を差し引き，残額を小切手を振り出して渡した。
31日　決算にあたり，利息の前受高¥30,000を次期に繰り延べた。
〃日　当期分の受取利息¥10,000を損益勘定に振り替えた。
1月1日　前期から繰り越された前受利息¥30,000を受取利息勘定に振り替えた。

	借　方	貸　方
12/1		
31		
〃		
1/1		

受取利息

（　　　　）

損　益

19-5 次の決算整理事項によって，精算表（一部）に記入しなさい。

決算整理事項　　a．手数料前受高 ¥45,000　　b．家賃前受高 ¥180,000

精　算　表

勘定科目	残高試算表		整理記入		損益計算書		貸借対照表	
	借方	貸方	借方	貸方	借方	貸方	借方	貸方
受取手数料		175,000						
受取家賃		240,000						

19-6 次の決算整理事項について，整理仕訳を示しなさい。

(1) 受取地代の¥240,000は本年4月分から翌年3月分までを受け取ったものであり，前受高を次期に繰り延べる。(決算日は12月31日)

(2) 受取家賃勘定残高¥750,000は，本年1月から来年3月までの分であり，3か月分が前受けとなっているので，次期に繰り延べる。(決算日は12月31日)

(3) 利息の前受高¥17,000を次期に繰り延べる。

	借方	貸方
(1)		
(2)		
(3)		

19-7 次の取引の仕訳を示しなさい。

札幌商店（個人企業）は，前期末の決算において，利息の前受高を次のとおり前受利息勘定に振り替えていたが，当期首にあたり，この前受高を再振替した。

前　受　利　息

12/31	次期繰越	8,000	12/31	受取利息	8,000
			1/1	前期繰越	8,000

借方	貸方

検定問題

19-8 滋賀商店（決算年1回　12月31日）の総勘定元帳勘定残高と決算整理事項は，次のとおりであった。よって，決算整理仕訳を示しなさい。ただし，繰り延べの勘定を用いること。

（第90回一部修正）

元帳勘定残高

受取地代 ¥42,000

決算整理事項

地代前受高　受取地代¥42,000は，土地の貸付に対する1年分の地代であり，4か月分の前受高を次期に繰り延べる。

借方	貸方

20 費用の見越し

要点の整理

① 費用の見越し

当期の費用として発生しているが，まだ支払っていない分（未払高）があるときは，この未払高を費用の勘定に加えるとともに，その金額を一時的に負債（**未払費用**）として次期に繰り越す。

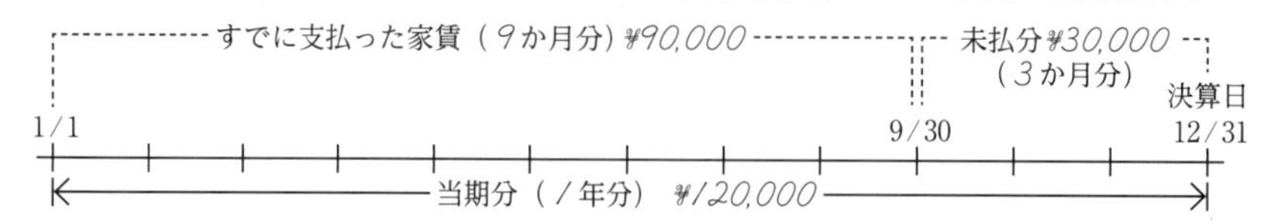

例 ①12/31　決算にあたり，当期の家賃未払高（10月～12月分）¥30,000を計上した。（**整理仕訳**）

（借）支払家賃　30,000　（貸）未払家賃　30,000

〃　支払家賃の当期分（1年分）を損益勘定に振り替えた。（**振替仕訳**）

（借）損　　益　120,000　（貸）支払家賃　120,000

②　未払費用は，次期の最初の日付で，もとの費用の勘定に再振替する。この再振替によって，後日，実際に支払ったとき，前期分と当期分に分けずにその支払額を費用の勘定に記入しても，勘定残高は当期分を示すことになる。

1/1　前期末の未払高を再振替した。（**再振替仕訳**）

（借）未払家賃　30,000　（貸）支払家賃　30,000

3/31　前期末の未払高（3か月分）と合わせて，6か月分の家賃（10月～3月分）¥60,000を現金で支払った。

（借）支払家賃　60,000　（貸）現　　金　60,000

支払家賃

借方			貸方		
	（すでに支払った分）	90,000	12/31	損　益	120,000
12/31	未払家賃	30,000			
		120,000			120,000
3/31	現　金	60,000	1/1	未払家賃	30,000

未払家賃

借方			貸方		
12/31	次期繰越	30,000	12/31	支払家賃	30,000
1/1	支払家賃	30,000	1/1	前期繰越	30,000

基本問題

20-1 次の取引の仕訳を示しなさい。

(1) 決算にあたり，家賃の未払高¥150,000を計上した。

(2) 決算にあたり，利息の未払高¥30,000を計上した。

(3) 決算にあたり，地代の未払高¥50,000を計上した。

	借　方	貸　方
(1)		
(2)		
(3)		

ポイント 費用の見越しの勘定（負債）として，(1)未払家賃　(2)未払利息　(3)未払地代を用いる。

20-2 次の支払利息勘定の記録から，損益計算書・貸借対照表に記載される勘定科目と金額を示しなさい。

支 払 利 息

1/10	当座預金	40,000	12/31	損　　益	60,000
12/31	未払利息	20,000			
		60,000			60,000
			1/1	未払利息	20,000

	勘定科目	金　　額
損益計算書		¥
貸借対照表		¥

ポイント 支払利息勘定は費用の勘定であり，未払利息勘定は負債の勘定である。

20-3 次の総勘定元帳勘定残高と決算整理事項によって，整理仕訳と振替仕訳および再振替仕訳を示しなさい。ただし，見越しの勘定を用いること。

元帳勘定残高
支 払 地 代 ¥81,000

決算整理事項
地代未払高 ¥27,000

	借　　方	貸　　方
整理仕訳		
振替仕訳		
再振替仕訳		

ポイント 見越しのときは，支払高に未払高を加えて当期分とする。

練習問題

20-4 次の一連の取引を仕訳し，下記の勘定口座に転記し，締め切りなさい。ただし，損益勘定は締め切らなくてよい。

12月31日 決算にあたり，家賃未払高2か月分¥80,000を計上した。
〃 日 当期分の支払家賃¥480,000を損益勘定に振り替えた。
1 月 1 日 前期から繰り越された未払家賃¥80,000を，支払家賃勘定に振り替えた。
4 月30日 前期末の未払高と合わせて，6か月分の家賃¥240,000を小切手を振り出して支払った。

	借　　方	貸　　方
12/31		
〃		
1/1		
4/30		

支 払 家 賃

400,000	

未 払 家 賃

損　　益

20-5 次の勘定口座の[　　]のなかに，適当な勘定科目または金額を記入しなさい。

支払地代

	(支払高)	63,000	12/31	[ウ]	84,000
12/31	[ア]	[イ]			
		84,000			84,000
			1/1	未払地代	21,000

未払地代

12/31	次期繰越	21,000	12/31	[エ]	[オ]
1/1	[カ]	21,000	1/1	前期繰越	21,000

ア		イ	¥	ウ	
エ		オ	¥	カ	

20-6 次の一連の取引を仕訳し，下記の勘定口座に転記し，締め切りなさい。ただし，損益勘定は締め切らなくてよい。また，(　　)のなかには適当な勘定科目を記入すること。

12月31日　決算にあたり，4か月分の利息未払高¥32,000を計上した。
〃 日　当期分の支払利息¥96,000を損益勘定に振り替えた。
1月1日　前期から繰り越された未払利息¥32,000を支払利息勘定に振り替えた。
2月28日　前期末の未払高と合わせて，6か月分の利息¥48,000を現金で支払った。

	借　　方	貸　　方
12/31		
〃		
1/1		
2/28		

支払利息

64,000	

(　　　　)

損益

検定問題

20-7 東京商店（決算年1回　12月31日）の総勘定元帳勘定残高と決算整理事項は，次のとおりであった。よって，決算整理仕訳を示しなさい。ただし，見越しの勘定を用いること。

（第83回一部修正）

元帳勘定残高
支払利息 ¥10,000

決算整理事項
利息未払高 ¥5,000

借　　方	貸　　方

20-8 近畿商店（決算年1回　12月31日）の総勘定元帳勘定残高と決算整理事項は，次のとおりであった。よって，決算整理仕訳を示しなさい。ただし，見越しの勘定を用いること。

（第87回一部修正）

元帳勘定残高
給　料 ¥539,000

決算整理事項
給料未払高 ¥49,000

借　　方	貸　　方

21 収益の見越し

要点の整理

① 収益の見越し

当期の収益として発生しているが，まだ受け取っていない分（未収高）があるときは，この未収高を収益の勘定に加えるとともに，その金額を一時的に資産（**未収収益**）として次期に繰り越す。

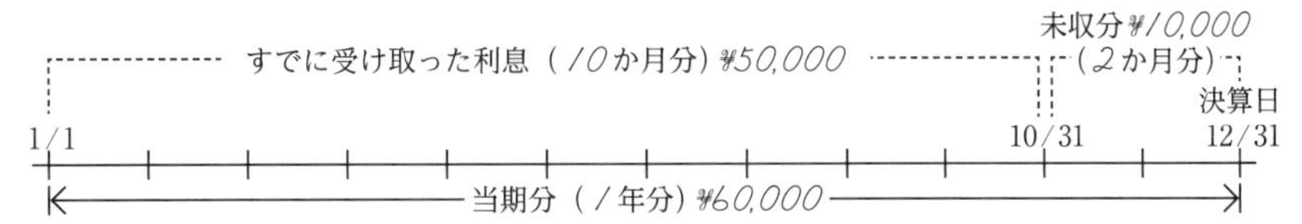

例 ①12/31　決算にあたり，利息の未収高（11月～12月分）￥10,000を計上した。（**整理仕訳**）

（借）未収利息 10,000　（貸）受取利息 10,000

〃　受取利息の当期分（1年分）を損益勘定に振り替えた。（**振替仕訳**）

（借）受取利息 60,000　（貸）損　　益 60,000

② 未収収益は，次期の最初の日付で，もとの収益の勘定に再振替する。この再振替によって，後日，実際に受け取ったとき，前期分と当期分とに分けずにその受取額を収益の勘定に記入しても，勘定残高は当期分を示すことになる。

1/1　前期末の未収高を再振替した。（**再振替仕訳**）

（借）受取利息 10,000　（貸）未収利息 10,000

4/30　前期末の未収高（2か月分）と合わせて，6か月分（11月～4月分）の利息￥30,000を現金で受け取った。

（借）現　　金 30,000　（貸）受取利息 30,000

受　取　利　息

12/31	損　　益	60,000		(すでに受け取った分)	50,000
			12/31	未収利息	10,000
		60,000			60,000
1/1	未収利息	10,000	4/30	現　　金	30,000

未　収　利　息

12/31	受取利息	10,000	12/31	次期繰越	10,000
1/1	前期繰越	10,000	1/1	受取利息	10,000

基本問題

21-1 次の取引の仕訳を示しなさい。

(1) 決算にあたり，利息の未収高￥5,000を計上した。
(2) 決算にあたり，地代の未収高￥10,000を計上した。
(3) 決算にあたり，家賃の未収高￥25,000を計上した。
(4) 前期末の家賃未収高￥30,000と当期の家賃（2か月分）￥60,000を現金で受け取った。

	借　　方	貸　　方
(1)		
(2)		
(3)		
(4)		

ポイント ① 収益の見越しの勘定（資産）として，(1)未収利息　(2)未収地代　(3)未収家賃を用いる。
②(4) 前期末の家賃未収高と当期の家賃受取額は，分けずに合計額を受取家賃勘定の貸方に記入する。

21-2 次の受取利息勘定の記録から，損益計算書・貸借対照表に記載される勘定科目と金額を示しなさい。

受　取　利　息

3/31	損　　益	120,000	6/30	現　　金	30,000
			12/31	当座預金	60,000
			3/31	未収利息	30,000
		120,000			120,000

	勘定科目	金　　額
損益計算書		¥
貸借対照表		¥

ポイント 受取利息は収益の勘定であり，未収利息は資産の勘定である。

21-3 次の取引の仕訳を示しなさい。

長野商店（個人企業）は，前期末の決算において，地代の未収高を次のとおり未収地代勘定に振り替えていたが，当期首にあたり，この未収高を再振替した。

未　収　地　代

12/31	受取地代	360,000	12/31	次期繰越	360,000
1/1	前期繰越	360,000			

借　　　　方	貸　　　　方

練習問題

21-4 次の一連の取引を仕訳し，下記の勘定口座に転記し，締め切りなさい。ただし，損益勘定は締め切らなくてよい。

12月31日　決算にあたり，手数料未収高¥18,000を計上した。
　　〃 日　当期分の受取手数料¥72,000を損益勘定に振り替えた。
1 月 1 日　前期から繰り越された未収手数料を，受取手数料勘定に振り替えた。
3 月31日　手数料の前期末の未収高と合わせて¥36,000を現金で受け取った。

	借　　　　方	貸　　　　方
12/31		
〃		
1/1		
3/31		

受　取　手　数　料

	54,000

未　収　手　数　料

損　　　益

21-5 次の一連の取引を仕訳し，下記の勘定口座に転記し，締め切りなさい。ただし，損益勘定は締め切らなくてよい。また，（　　）のなかには適当な勘定科目を記入すること。

10月1日　小切手¥800,000を振り出して1か年の定期預金とした。
12月31日　決算にあたり，定期預金利息の未収高¥9,000を計上した。
〃日　当期分の受取利息を損益勘定に振り替えた。
1月1日　前期から繰り越された未収利息¥9,000を受取利息勘定に振り替えた。
9月30日　定期預金¥800,000が満期となり，利息¥36,000とともに普通預金に預け入れた。

	借　方	貸　方
10/1		
12/31		
〃		
1/1		
9/30		

受取利息

（　　　　）

損　益

検定問題

21-6 沖縄商店は，前期末の決算において，家賃の未収高を次のとおり未収家賃勘定に振り替えていたが，当期首にあたり，この未収高を再振替した。（第81回）

未収家賃

12/31	受取家賃	250,000	12/31	次期繰越	250,000
1/1	前期繰越	250,000			

借　方	貸　方

21-7 東北商店（決算年1回　12月31日）の決算日における次の受取地代勘定の（①）に入る勘定科目と（②）に入る金額を記入しなさい。ただし，地代は3月末と9月末に経過した6か月分¥144,000を受け取っている。（第82回一部修正）

受取地代

1/1	（①）	72,000	3/31	現　金	（　　）
12/31	損　益	（②）	9/30	現　金	（　　）
			12/31	未収地代	（　　）
		（　　）			（　　）

①		②	¥

22 有価証券の評価

要点の整理

① 有価証券の評価替え

売買を目的として買い入れた有価証券は決算にあたり，帳簿価額を時価に修正する。

(1) 時価が帳簿価額より低いとき──→帳簿価額を時価まで引き下げ，差額を**有価証券評価損勘定**（費用）の借方に記入する。

(2) 時価が帳簿価額より高いとき──→帳簿価額を時価まで引き上げ，差額を**有価証券評価益勘定**（収益）の貸方に記入する。

例 12月31日　決算にあたり，株式10株（帳簿価額1株につき¥80,000）を1株につき¥74,000に評価替えした。

（借）有価証券評価損 60,000　（貸）有　価　証　券 60,000

有価証券評価損

12/31 有価証券 60,000	12/31 損　益 60,000

有　価　証　券

帳簿価額 800,000	12/31 有価証券評価損 60,000
	12/31 次期繰越 740,000

評価損…(¥80,000−¥74,000)×10(株)＝¥60,000

例 12月31日　決算にあたり，株式10株（帳簿価額1株につき¥80,000）を1株につき¥83,000に評価替えした。

（借）有　価　証　券 30,000　（貸）有価証券評価益 30,000

基本問題

22-1 次の取引の仕訳を示しなさい。

(1) 売買目的で，関西商事株式会社の株式30株を，1株につき¥75,000で買い入れ，代金は小切手を振り出して支払った。

(2) 決算にあたり，上記の株式を1株につき¥69,000に評価替えした。

	借　方	貸　方
(1)		
(2)		

ポイント (1) 有価証券の取得価額は，¥75,000×30(株)＝¥2,250,000となる。
(2) 有価証券評価損は，(¥75,000−¥69,000)×30(株)＝¥180,000となる。

22-2 次の取引の仕訳を示し，各勘定に転記しなさい。

12月31日　決算にあたり，売買目的で保有している株式50株（帳簿価額1株につき¥68,000）を1株につき¥76,000に評価替えした。

〃日　有価証券評価益勘定を損益勘定へ振り替えた。

	借　方	貸　方
12/31		
〃		

有　価　証　券

3,400,000	

有価証券評価益

練習問題

22-3 次の取引の仕訳を示しなさい。

(1) 決算にあたり，売買目的で保有する京都物産株式会社の株式80株を1株につき¥99,000に評価替えした。なお，この株式の帳簿価額は1株につき¥92,000である。

(2) 決算にあたり，売買目的で保有する神戸工業株式会社の額面¥3,500,000の社債を額面¥100につき¥96に評価替えした。なお，この社債の帳簿価額は額面¥100につき¥98である。

	借　　方	貸　　方
(1)		
(2)		

22-4 次の取引の仕訳を示し，下記の勘定に転記し，締め切りなさい。ただし，損益勘定は締め切らなくてよい。

2月1日　売買目的で額面総額¥5,000,000の社債を額面¥100につき¥97で買い入れ，代金は小切手を振り出して支払った。

12月31日　決算にあたり，上記の社債を額面¥100につき¥96に評価替えした。

〃日　有価証券評価損を損益勘定に振り替えた。

	借　　方	貸　　方
2/1		
12/31		
〃		

有　価　証　券

有価証券評価損

損　　益

検定問題

22-5 次の総勘定元帳勘定残高と決算整理事項によって，決算整理仕訳を示しなさい。

(1) 元帳勘定残高　（第88回）

有　価　証　券　¥1,440,000

決算整理事項

有価証券評価高　有価証券は，売買目的で保有している次の株式であり，時価によって評価する。

倉敷商事株式会社　20株　時　価　1株　¥75,000

(2) 元帳勘定残高　（第91回）

有　価　証　券　¥1,340,000

決算整理事項

有価証券評価高　有価証券は，売買目的で保有している次の株式であり，時価によって評価する。

南東商事株式会社　200株　時　価　1株　¥6,400

	借　　方	貸　　方
(1)		
(2)		

23 減価償却（間接法）

要点の整理

① 減価償却の記帳方法

減価償却の記帳方法には次の二つがある。

(1) **直接法**　減価償却額を固定資産の勘定の貸方に記入し，固定資産の帳簿価額から直接差し引く方法。

(2) **間接法**　固定資産の勘定ごとに**減価償却累計額勘定**を設け，その貸方に減価償却額を記入して，間接的に差し引く方法。

例 12月31日　決算にあたり，取得原価¥300,000の備品について，¥30,000の減価償却をおこない，間接法で記帳した。

（借）減価償却費 30,000　（貸）備品減価償却累計額 30,000

備品

（取得原価）300,000	12/31 次期繰越 300,000

減価償却費

12/31 備品減価償却累計額 30,000	12/31 損　益 30,000

備品減価償却累計額

12/31 次期繰越 60,000	1/1 前期繰越 30,000
	12/31 減価償却費 30,000

② 間接法のときの帳簿価額の計算

(1) 間接法では，固定資産の勘定は取得原価のままで繰り越される。

(2) 毎期の減価償却額は，減価償却累計額勘定に加えられ，減価償却費の累計額を示す。

(3) 帳簿価額は次のように計算する。

帳簿価額＝取得原価（固定資産勘定残高）－減価償却累計額勘定残高

③ 減価償却費の計算方法

減価償却費の計算方法にはおもに次の二つがある。

(1) **定額法**　毎期，同一金額の償却額を計算する方法。

$$\text{減価償却費}=\frac{\text{取得原価}-\text{残存価額}}{\text{耐用年数}}$$

(2) **定率法**　期末の未償却残高に一定の償却率をかけて，償却額を計算する方法。

減価償却費＝期末の未償却残高（取得原価－減価償却累計額）×償却率

例 12月31日　決算にあたり，備品（取得原価¥500,000　減価償却累計額¥125,000）について，定率法（償却率25％）で減価償却費を計算し，間接法によって記帳した。

※減価償却費＝(¥500,000－¥125,000)×25％＝¥93,750

（借）減価償却費 93,750　（貸）備品減価償却累計額 93,750

基本問題

23-1　次の取引について，記帳方法を，(1)直接法によるとき　(2)間接法によるときの仕訳を示しなさい。

決算にあたり，取得原価¥600,000の備品について，¥60,000の減価償却をおこなった。

	借　方	貸　方
(1)		
(2)		

23-2 次の取引の仕訳を示し，各勘定に転記し，締め切りなさい。また，備品の期末における帳簿価額を求めなさい。

12月31日　決算（年1回）にあたり，備品（取得原価¥180,000　残存価額零（0）　耐用年数5年）の第1回の減価償却を定額法でおこなった。なお，記帳は間接法によっている。

借	方	貸	方

備品

借方	貸方
180,000	

備品減価償却累計額

借方	貸方

減価償却費

借方	貸方

備品の帳簿価額	¥

ポイント 毎期の減価償却額は，$\frac{¥180,000-0}{5(年)}$ ＝¥36,000である。

23-3 次の取引の仕訳を示しなさい。

12月31日　決算にあたり，備品（取得原価¥600,000　減価償却累計額¥150,000）について，定率法（償却率25％）で減価償却費を計算し，間接法によって記帳した。

借	方	貸	方

ポイント 減価償却額は，（¥600,000－¥150,000）×25％＝¥112,500である。

練習問題

23-4 次の連続した取引の仕訳を示し，下記の勘定に転記し，締め切りなさい。

15年1月1日　営業用の軽自動車1台¥500,000を10か月の均等分割払いで購入し，初回金¥50,000を小切手を振り出して支払った。

12月31日　決算にあたり，上記の軽自動車を定額法により減価償却をおこなった。ただし，残存価額は零（0）　耐用年数は5年である。なお，間接法によって記帳している。

〃日　減価償却費勘定の残高を，損益勘定に振り替えた。

16年12月31日　決算にあたり，上記の軽自動車を定額法により減価償却をおこなった。

〃日　減価償却費勘定の残高を，損益勘定に振り替えた。

	借	方	貸	方
15年 1/1				
12/31				
〃				
16年 12/31				
〃				

車両運搬具

借方	貸方

車両運搬具減価償却累計額

借方	貸方

減価償却費

借方	貸方

23-5 山梨商店の車両運搬具についての次の資料から，第1期から第3期までの減価償却費を，定額法と定率法で計算しなさい。

a．取得原価　¥1,600,000　　残存価額　零（0）　　耐用年数　8年

b．定率法による償却率　25％

	第 1 期	第 2 期	第 3 期
定　額　法	¥	¥	¥
定　率　法	¥	¥	¥

ポイント 定率法による第2期の減価償却額は（¥1,600,000－¥400,000）×25％＝¥300,000で，第3期の減価償却額は（¥1,600,000－¥400,000－¥300,000）×25％＝¥225,000である。

23-6 次の連続した取引の仕訳を示し，下記の勘定に転記し，締め切りなさい。

20年1月1日　営業用のコピー機¥1,000,000を買い入れ，代金は小切手を振り出して支払った。

12月31日　決算にあたり，上記のコピー機を定率法により減価償却をおこなった。ただし，定率法による償却率は25％である。なお，間接法によって記帳している。

〃日　減価償却費勘定の残高を，損益勘定に振り替えた。

21年12月31日　決算にあたり，上記のコピー機を定率法により減価償却をおこなった。

〃日　減価償却費勘定の残高を，損益勘定に振り替えた。

	借　方	貸　方
20年 1/1		
12/31		
〃		
21年 12/31		
〃		

備　品

備品減価償却累計額

減　価　償　却　費

23-7 次の総勘定元帳勘定残高と決算整理事項によって，決算整理仕訳を示しなさい。

(1) 元帳勘定残高

備　　品 ¥3,600,000　　備品減価償却累計額 ¥900,000

決算整理事項

備品減価償却高　定率法による。ただし，毎期の償却率を25％とする。

(2) 元帳勘定残高

車両運搬具 ¥2,200,000　　車両運搬具減価償却累計額 ¥440,000

決算整理事項

車両運搬具減価償却高　定率法による。ただし，毎期の償却率を20％とする。

	借　　方	貸　　方
(1)		
(2)		

検定問題

23-8 神戸商店(決算年1回　12月31日)における①備品と②建物の減価償却費を求めなさい。ただし，備品および建物の減価償却は次のとおりである。　（第87回一部修正）

i　備品　取得原価 ¥800,000　　備品減価償却累計額 ¥350,000　　償却率25％
　　　　定率法による。

ii　建物　取得原価 ¥5,250,000　　残存価額　零（0）　　耐用年数30年
　　　　定額法による。

①	¥	②	¥

23-9 次の総勘定元帳勘定残高と決算整理事項によって，決算整理仕訳を示しなさい。

(1) 元帳勘定残高　（第83回）

備　　品 ¥1,200,000　　備品減価償却累計額 ¥ 300,000

決算整理事項

備品減価償却高　定率法による。ただし，償却率は25％とする。

(2) 元帳勘定残高　（第86回）

備　　品 ¥3,750,000　　備品減価償却累計額 ¥1,875,000

決算整理事項

備品減価償却高　定額法による。ただし，残存価額は零（0）　耐用年数は6年とする。

	借　　方	貸　　方
(1)		
(2)		

24 精算表

要点の整理

① 精算表（work sheet；w/s）

残高試算表 ──→（整理記入）⇒ 損益計算書 / 貸借対照表　　左の手続きを一表にしたもの…… 精算表

(1) 整理記入欄は，決算整理事項によっておこなう整理仕訳を記入する欄である。

(2) おもな決算整理事項の整理仕訳および精算表への記入は，次のようにおこなう。

決算整理事項

(1) 貸倒見積高　売掛金の期末残高に対し，3％と見積もり，貸倒引当金を設定する。

(2) 備品減価償却高 ¥135,000

(3) 有価証券評価高 ¥1,120,000

(4) 保険料前払高 ¥9,000

(5) 地代前受高 ¥15,000

(6) 家賃未払高 ¥60,000

(7) 利息未収高 ¥10,000

整理仕訳（修正仕訳）

	借方		貸方	
(1)	貸倒引当金繰入	10,000	貸倒引当金	10,000
(2)	減価償却費	135,000	備品減価償却累計額	135,000
(3)	有価証券評価損	30,000	有価証券	30,000
(4)	前払保険料	9,000	保険料	9,000
(5)	受取地代	15,000	前受地代	15,000
(6)	支払家賃	60,000	未払家賃	60,000
(7)	未収利息	10,000	受取利息	10,000

精算表
令和○年12月31日

	勘定科目	残高試算表 借方	残高試算表 貸方	整理記入 借方	整理記入 貸方	損益計算書 借方	損益計算書 貸方	貸借対照表 借方	貸借対照表 貸方
(1)	売掛金	1,000,000						1,000,000	
	貸倒引当金		20,000		10,000				30,000
	貸倒引当金繰入			10,000		10,000			
(2)	備品	1,200,000						1,200,000	
	備品減価償却累計額		540,000		135,000				675,000
	減価償却費			135,000		135,000			
(3)	有価証券	1,150,000			30,000			1,120,000	
	有価証券評価損			30,000		30,000			
(4)	保険料	36,000			9,000	27,000			
	前払保険料			9,000				9,000	
(5)	受取地代		45,000	15,000			30,000		
	前受地代				15,000				15,000
(6)	支払家賃	300,000		60,000		360,000			
	未払家賃				60,000				60,000
(7)	受取利息		30,000		10,000		40,000		
	未収利息			10,000				10,000	

2級の精算表を作成するうえで注意すべきことがら

① 精算表の作成にあたっては，まず残高試算表が正しく作成されることが必要である。

② 減価償却費の計上については，定額法で計算し，間接法で記帳する問題が多い。

③ 収益・費用の諸勘定の整理で，「前払○○」「未収○○」は資産の勘定であり，「前受○○」「未払○○」は負債の勘定であることに注意する。

④ 上記の決算整理事項のほかに，引出金の整理や現金過不足の処理などが出題されることがある。

基本問題

24-1 次の決算整理事項によって，(1)決算整理仕訳を示し，(2)精算表を完成しなさい。

決算整理事項

a. 期末商品棚卸高 ¥490,000
b. 貸倒見積高 売掛金の期末残高に対し，2%と見積もり，貸倒引当金を設定する。
c. 備品減価償却高 ¥130,000
d. 保険料前払高 ¥6,000
e. 郵便切手未使用高 ¥2,000
f. 利息未払高 ¥4,000

(1)

	借 方	貸 方
a		
b		
c		
d		
e		
f		

(2)

精 算 表
令和○年12月31日

勘定科目	残高試算表		整理記入		損益計算書		貸借対照表	
	借 方	貸 方	借 方	貸 方	借 方	貸 方	借 方	貸 方
現 金	1,545,000							
売 掛 金	2,000,000							
貸倒引当金		26,000						
繰越商品	470,000							
備 品	780,000							
備品減価償却累計額		260,000						
買 掛 金		1,234,000						
借 入 金		480,000						
資 本 金		2,500,000						
売 上		4,400,000						
仕 入	3,360,000							
給 料	460,000							
支払家賃	210,000							
通 信 費	31,000							
保 険 料	24,000							
支払利息	20,000							
貸倒引当金繰入								
減価償却費								
前払保険料								
貯 蔵 品								
未払利息								
(　　)								
	8,900,000	8,900,000						

練習問題

24-2 次の決算整理事項によって，精算表を完成しなさい。

決算整理事項

a．期末商品棚卸高 ¥1,160,000

b．貸倒見積高 受取手形と売掛金の期末残高に対し，それぞれ2％と見積もり，貸倒引当金を設定する。

c．備品減価償却高 ¥ 135,000　　d．保険料前払高 ¥ 10,000

精　算　表

令和○年12月31日

勘定科目	残高試算表		整理記入		損益計算書		貸借対照表	
	借方	貸方	借方	貸方	借方	貸方	借方	貸方
現金	1,634,000							
受取手形	500,000							
売掛金	850,000							
貸倒引当金		15,000						
繰越商品	1,150,000							
備品	1,080,000							
備品減価償却累計額		270,000						
買掛金		1,210,000						
資本金		3,000,000						
売上		8,575,000						
仕入	6,750,000							
給料	940,000							
保険料	30,000							
消耗品費	82,000							
雑費	54,000							
	13,070,000	13,070,000						

24-3 埼玉商店（個人企業　決算年1回　12月31日）の総勘定元帳勘定残高と決算整理事項は，次のとおりであった。よって，精算表を完成しなさい。

元帳勘定残高

現金	¥ 126,000	当座預金	¥1,130,000	売掛金	¥3,400,000
貸倒引当金	45,000	有価証券	1,260,000	繰越商品	1,410,000
貸付金	800,000	備品	1,440,000	備品減価償却累計額	540,000
買掛金	2,970,000	所得税預り金	93,000	資本金	6,000,000
売上	8,930,000	受取利息	48,000	仕入	7,512,000
給料	847,000	支払家賃	310,000	保険料	45,000
租税公課	214,000	通信費	27,000	雑費	105,000

決算整理事項

a. 期末商品棚卸高 ¥1,460,000

b. 貸倒見積高 売掛金の期末残高に対し，3％と見積もり，貸倒引当金を設定する。

c. 備品減価償却高 ¥180,000

d. 有価証券評価高 ¥1,390,000

e. 家賃未払高 ¥62,000

f. 保険料前払高 ¥9,000

g. 収入印紙未使用高 ¥5,000

精算表

令和○年12月31日

勘定科目	残高試算表		整理記入		損益計算書		貸借対照表	
	借方	貸方	借方	貸方	借方	貸方	借方	貸方
現金								
当座預金								
売掛金								
貸倒引当金								
有価証券								
繰越商品								
貸付金								
備品								
備品減価償却累計額								
買掛金								
所得税預り金								
資本金								
売上								
受取利息								
仕入								
給料								
支払家賃								
保険料								
租税公課								
通信費								
雑費								

24-4 次の精算表の（　）のなかに，適当な勘定科目または金額を記入し，完成しなさい。

精　　算　　表

令和○年12月31日

勘定科目	残高試算表		整理記入		損益計算書		貸借対照表	
	借方	貸方	借方	貸方	借方	貸方	借方	貸方
現金	337,000						337,000	
売掛金	6,800,000						6,800,000	
貸倒引当金		163,000		(　)				(　)
繰越商品	2,175,000		(　)	(　)			(　)	
備品	1,440,000						1,440,000	
備品減価償却累計額		720,000		(　)				960,000
買掛金		3,335,000						3,335,000
資本金		(　)	(　)					(　)
引出金	150,000			(　)				
売上		13,282,000				(　)		
仕入	10,630,000		(　)	(　)	10,497,000			
給料	1,240,000				(　)			
消耗品費	287,000				(　)			
支払利息	54,000		(　)		(　)			
	(　)	(　)						
貸倒引当金繰入			(　)		41,000			
減価償却費			(　)		(　)			
(　)				(　)				6,000
当期(　)					(　)			(　)
			(　)	(　)	(　)	(　)	(　)	(　)

検定問題

24-5 滋賀商店（個人企業　決算年1回　12月31日）の総勘定元帳勘定残高と決算整理事項は，次のとおりであった。よって，精算表を完成しなさい。（第90回一部修正）

元帳勘定残高

現金	¥930,000	当座預金	¥1,150,000	売掛金	¥2,400,000
貸倒引当金	9,000	有価証券	1,450,000	繰越商品	960,000
貸付金	800,000	備品	5,200,000	備品減価償却累計額	1,950,000
支払手形	1,660,000	買掛金	2,200,000	資本金	6,400,000
売上	19,063,000	受取利息	66,000	仕入	12,910,000
給料	4,620,000	保険料	824,000	通信費	87,000
雑費	17,000				

決算整理事項

a．期末商品棚卸高　¥　840,000
b．貸倒見積高　売掛金の期末残高に対し，1％と見積もり，貸倒引当金を設定する。
c．備品減価償却高　¥　650,000　　d．有価証券評価高　¥1,550,000
e．保険料前払高　¥　336,000　　f．郵便切手未使用高　¥　3,000
g．利息未収高　¥　8,000

精　算　表

令和○年12月31日

勘定科目	残高試算表		整理記入		損益計算書		貸借対照表	
	借方	貸方	借方	貸方	借方	貸方	借方	貸方
現金	930,000							
当座預金	1,150,000							
売掛金	2,400,000							
貸倒引当金		9,000						
有価証券	1,450,000							
繰越商品	960,000							
貸付金	800,000							
備品	5,200,000							
備品減価償却累計額		1,950,000						
支払手形		1,660,000						
買掛金		2,200,000						
資本金		6,400,000						
売上		19,063,000						
受取利息		66,000						
仕入	12,910,000							
給料	4,620,000							
保険料	824,000							
通信費	87,000							
雑費	17,000							
	31,348,000	31,348,000						
貸倒引当金繰入								
減価償却費								
有価証券評価(　)								
貯蔵品								
前払保険料								
(　　)利息								
当期純(　)								

24-6 東北商店（個人企業　決算年1回　12月31日）の総勘定元帳勘定残高と決算整理事項は，次のとおりであった。よって，精算表を完成しなさい。（第91回一部修正）

元帳勘定残高

現金	¥ 2,334,000	当座預金（貸方残高）	¥ 230,000	電子記録債権	¥ 1,800,000
売掛金	2,700,000	貸倒引当金	9,000	有価証券	1,340,000
繰越商品	1,470,000	備品	2,800,000	備品減価償却累計額	700,000
電子記録債務	1,570,000	買掛金	1,851,000	借入金	1,640,000
資本金	6,000,000	引出金	150,000	売上	22,176,000
仕入	15,132,000	給料	5,280,000	支払家賃	715,000
保険料	228,000	租税公課	86,000	雑費	96,000
支払利息	45,000				

決算整理事項

a．期末商品棚卸高　¥1,720,000

b．貸倒見積高　電子記録債権と売掛金の期末残高に対し，それぞれ1％と見積もり，貸倒引当金を設定する。

c．備品減価償却高　定額法による。ただし，残存価額は零（0）耐用年数は8年とする。

d．有価証券評価高　有価証券は，売買目的で保有している次の株式であり，時価によって評価する。

南東商事株式会社　200株　時　価　1株　¥6,400

e．収入印紙未使用高　未使用分¥2,000を貯蔵品勘定により繰り延べる。

f．保険料前払高　保険料のうち¥180,000は，本年4月1日からの1年分を支払ったものであり，前払高を次期に繰り延べる。

g．家賃未払高　家賃は1か月¥65,000で，12月分は翌月4日に支払う契約のため，見越し計上する。

h．当座預金勘定の貸方残高を当座借越勘定に振り替える。

i．引出金は整理する。

精　　算　　表

令和○年12月31日

勘定科目	残高試算表		整理記入		損益計算書		貸借対照表	
	借方	貸方	借方	貸方	借方	貸方	借方	貸方
現金								
当座預金								
電子記録債権								
売掛金								
貸倒引当金								
有価証券								
繰越商品								
備品								
備品減価償却累計額								
電子記録債務								
買掛金								
借入金								
資本金								
引出金								
売上								
仕入								
給料								
支払家賃								
保険料								
租税公課								
雑費								
支払利息								

25 帳簿決算

要点の整理

個人企業における帳簿決算の順序は，次のとおりである

① 決算予備手続き

(1) **試算表の作成**

(2) **棚卸表の作成**

決算整理仕訳………①売上原価の計算　②貸し倒れの見積もり　③有価証券評価損益の計上
　④固定資産の減価償却　⑤費用の繰り延べ　⑥収益の繰り延べ
　⑦費用の見越し　⑧収益の見越し　など

↓ 転記

② 決算本手続き

(1) **決算振替仕訳**………① 収益の諸勘定の残高を，損益勘定に振り替える。

(借) 収益の諸勘定 ××× (貸) 損　　益 ×××

↓ 転記

② 費用の諸勘定の残高を，損益勘定に振り替える。

(借) 損　　益 ××× (貸) 費用の諸勘定 ×××

③ 損益勘定の残高（貸方残高のとき純利益，借方残高のとき純損失）を，**資本金勘定**に振り替える。

純利益のとき (借) 損　　益 ××× (貸) 資 本 金 ×××

純損失のとき (借) 資 本 金 ××× (貸) 損　　益 ×××

(2) **総勘定元帳の締め切り**…① 収益・費用の諸勘定と損益勘定を締め切る。

② 資産・負債・資本の諸勘定に次期繰越の記入をおこなって締め切り，次期の最初の日付で開始記入（前期繰越の記入）をおこなう。

(3) **繰越試算表の作成**……資産・負債・資本の諸勘定の次期繰越高によって，**繰越試算表**を作成する。

(4) **仕訳帳・補助簿の締め切り**……開始記入もおこなう。

(5) **再振替**……繰り延べ・見越しの諸勘定の残高（前期繰越高）を収益・費用の勘定に振り替える。

基本問題

25-1 次の決算整理事項によって，決算整理仕訳を示しなさい。

(1) 期末商品棚卸高 ¥1,500,000　ただし，期首商品棚卸高は¥1,400,000であった。

(2) 備品減価償却高　取得原価¥1,600,000　減価償却累計額¥400,000　定率法により，毎期の償却率を25％とする。

(3) 有価証券勘定残高¥600,000は，売買目的で保有する山梨商事株式会社の株式10株であるが，1株につき¥55,000に評価替えする。

(4) 引出金勘定残高¥200,000を整理する。

	借　　方	貸　　方
(1)		
(2)		
(3)		
(4)		

ポイント (4) 引出金勘定残高（借方）を資本金勘定の借方に振り替える仕訳を示すこと。

25-2 次の勘定記録によって，決算振替仕訳を示し，各勘定に転記しなさい。また，決算日は12月31日とし，元帳を締め切りなさい。(開始記入は省略)

繰越商品 4

1/1	前期繰越	950,000	12/31	仕入	950,000
12/31	仕入	980,000			

資本金 9

			1/1	前期繰越	5,000,000

売上 10

					7,000,000

受取手数料 11

					135,000
			12/31	未収手数料	15,000

仕入 12

		5,000,000	12/31	繰越商品	980,000
12/31	繰越商品	950,000			

広告料 13

		200,000			
12/31	未払広告料	40,000			

通信費 15

		230,000	12/31	貯蔵品	30,000

貸倒引当金繰入 18

12/31	貸倒引当金	60,000			

減価償却費 19

12/31	備品減価償却累計額	50,000			

損益 23

借方	貸方

ポイント 損益勘定の借方には費用の諸勘定が振り替えられ，貸方には収益の諸勘定が振り替えられる。

25-3 群馬商店（個人企業　決算年1回　12月31日）の総勘定元帳の次期繰越高は，次のとおりであった。よって，繰越試算表を作成しなさい。

次期繰越高

現金	¥135,000	売掛金	¥3,500,000
貸倒引当金	175,000	繰越商品	1,890,000
前払保険料	15,000	備品	900,000
備品減価償却累計額	405,000	買掛金	3,040,000
資本金	2,820,000		

繰越試算表

令和○年12月31日

借方	勘定科目	貸方
	現金	
	売掛金	
	貸倒引当金	
	繰越商品	
	前払保険料	
	備品	
	備品減価償却累計額	
	買掛金	
	資本金	

ポイント 資産に属する勘定は借方残高であり，負債・資本に属する勘定は貸方残高であることに注意して作成すること。なお，資本金は当期純利益を含む期末の資本金勘定残高であることに注意する。

練習問題

25-4 茨城商店（個人企業　決算年1回　12月31日）の総勘定元帳の記録と決算整理事項は，次のとおりであった。よって，決算に必要な仕訳を示し，転記して各勘定を締め切るとともに，繰越試算表を作成しなさい。

ただし，i　開始記入はしなくてよい。
　　　　ii　勘定には，日付・相手科目・金額を記入すること。

決算整理事項

a．期末商品棚卸高 ¥1,400,000
b．貸倒見積高　売掛金の期末残高に対し，3％と見積もり，貸倒引当金を設定する。
c．備品減価償却高 ¥ 82,000　　d．手数料未収高 ¥ 16,000
e．保険料前払高 ¥ 24,000

借　　方	貸　　方

総勘定元帳　（注）総勘定元帳の記録は総額で示してある。

現　金　1

4,830,000	2,238,000

売　掛　金　2

3,850,000	1,950,000

貸倒引当金　3

	43,000

繰越商品　4

1,350,000	

備　品　5

492,000	

備品減価償却累計額　6

	165,000

買　掛　金　7

1,080,000	3,820,000

売　上　10

50,000	7,250,000

仕　入　12

4,850,000	120,000

保　険　料　14

96,000	

貸倒引当金繰入　17

未収手数料　19

損　益　21

従業員預り金　8

	50,000

資　本　金　9

	2,720,000

受取手数料　11

	380,000

給　料　13

850,000	

支払家賃　15

1,050,000	

雑　費　16

238,000	

減価償却費　18

(　　　　　)　20

繰越試算表

令和○年12月31日

借方	勘定科目	貸方

25-5 富士商店（個人企業　決算年/回　/2月3/日）の総勘定元帳の記録と決算整理事項は，次のとおりであった。よって，決算に必要な仕訳を示し，転記して各勘定を締め切るとともに，繰越試算表を作成しなさい。

ただし，i　開始記入はしなくてよい。

ii　勘定には，日付・相手科目・金額を記入すること。

決算整理事項

a．期末商品棚卸高　¥850,000

b．貸倒見積高　売掛金の期末残高に対し，2%と見積もり，貸倒引当金を設定する。

c．有価証券評価高　¥510,000

d．備品減価償却高　¥162,000

e．手数料前受高　¥80,000

f．収入印紙未使用高　¥100,000

g．雑費未払高　¥1,000

		借　方	貸　方
決算整理仕訳	a		
	b		
	c		
	d		
	e		
	f		
	g		
決算振替仕訳			

総勘定元帳　（注）総勘定元帳の記録は総額で示してある。

現　金 1	
8,422,000	6,180,000

売　掛　金 2	
5,970,000	1,770,000

貸　倒　引　当　金 3	
100,000	138,000

有　価　証　券 4	
630,000	

繰越商品　5

870,000	

備品減価償却累計額　7

	486,000

資本金　9

	4,000,000

受取手数料　11

	365,000

給料　13

1,020,000	

租税公課　14

183,000	

雑費　15

79,000	

貸倒引当金繰入　16

減価償却費　17

(　　　　　)　18

前受手数料　19

未払雑費　20

有価証券評価損　21

備品　6

810,000	

買掛金　8

2,050,000	5,190,000

売上　10

75,000	9,118,000

仕入　12

7,096,000	58,000

損益　22

繰越試算表

令和○年12月31日

借方	勘定科目	貸方

検定問題

25-6 沖縄商店（個人企業　決算年1回　12月31日）の総勘定元帳勘定残高と付記事項および決算整理事項は，次のとおりであった。よって，損益勘定および繰越試算表を完成しなさい。

（第85回一部修正）

元帳勘定残高

現　　金	¥580,000	当座預金	¥2,640,000	受取手形	¥1,450,000
売 掛 金	2,400,000	貸倒引当金	9,000	有価証券	930,000
繰越商品	830,000	前 払 金	200,000	備　　品	2,500,000
備品減価償却累計額	900,000	支払手形	840,000	買 掛 金	2,910,000
借 入 金	600,000	資 本 金	5,000,000	売　　上	19,056,000
受取手数料	3,000	仕　　入	12,900,000	給　　料	3,504,000
支払家賃	996,000	保 険 料	235,000	通 信 費	124,000
雑　　費	20,000	支払利息	9,000		

付記事項

① 石垣商店に対する売掛金¥250,000が，当店の当座預金口座に振り込まれていたが，記帳していなかった。

決算整理事項

a．期末商品棚卸高　¥762,000

b．貸倒見積高　受取手形と売掛金の期末残高に対し，それぞれ2％と見積もり，貸倒引当金を設定する。

c．備品減価償却高　定率法による。ただし，償却率は20％とする。

d．有価証券評価高　有価証券は，売買目的で保有している次の株式であり，時価によって評価する。

南西商事株式会社　30株　時　価　1株　¥29,000

e．郵便切手未使用高　¥6,000

f．保険料前払高　保険料のうち¥144,000は，本年8月1日からの1年分を支払ったものであり，前払高を次期に繰り延べる。

g．利息未払高　¥3,000

総勘定元帳

損益 32

12/31	仕入		12/31	売上	
〃	給料		〃	受取手数料	
〃	貸倒引当金繰入				
〃	減価償却費				
〃	支払家賃				
〃	保険料				
〃	通信費				
〃	雑費				
〃	支払利息				
〃	(　　)				
〃	(　　)				

繰越試算表

令和○年12月31日

借方	勘定科目	貸方
	現金	
	当座預金	
	受取手形	
	売掛金	
	貸倒引当金	
	有価証券	
	繰越商品	
	(　　)	
	前払金	
	(　　)	
	備品	
	備品減価償却累計額	
	支払手形	
	買掛金	
	借入金	
	(　　)	
	資本金	

26 損益計算書・貸借対照表の作成

要点の整理

① 損益計算書（Profit and Loss Statement；P/LまたはIncome Statement；IS）

勘定式損益計算書は，借方に費用の科目を，貸方に収益の科目を記載する。

損益計算書

柳瀬商店　令和○年1月1日から令和○年12月31日まで

費用	金額	収益	金額
売上原価	1,400,000	売上高	2,000,000
給料	250,000	受取手数料	80,000
広告料	125,000		
貸倒引当金繰入	12,000		
支払家賃	60,000		
保険料	30,000		
減価償却費	62,500		
雑費	10,500		
有価証券評価損	10,000		
当期純利益	120,000		
	2,080,000		2,080,000

売上原価を記入→売上原価
費用の勘定残高（給料〜有価証券評価損）
収益の勘定残高（売上高・受取手数料）

② 貸借対照表（Balance Sheet；B/S）

勘定式貸借対照表は借方に資産の科目を，貸方に負債・資本の科目を記載する。

貸借対照表

柳瀬商店　令和○年12月31日

資産		金額	負債および純資産	金額
現金		82,000	買掛金	400,000
当座預金		500,000	借入金	70,000
売掛金	400,000		未払家賃	10,000
貸倒引当金	12,000	388,000	資本金	1,000,000
有価証券		200,000	当期純利益	120,000
商品		300,000		
前払保険料		5,000		
備品	250,000			
減価償却累計額	125,000	125,000		
		1,600,000		1,600,000

貸倒引当金は，売掛金から差し引く形式で示す→貸倒引当金
繰越商品としない→商品
減価償却累計額は，固定資産から差し引く形式で示す（間接法）→減価償却累計額
貸借対照表では，資本は純資産の部に記入
純損益振替前の資本金勘定残高（期首資本金＋追加元入れ－引出金）→資本金

2級の損益計算書・貸借対照表を作成するうえで注意すべきことがら

① 損益計算書・貸借対照表とも3級に比べて項目（科目）が増えているので注意する。とくに，費用・収益の見越しと繰り延べに関する科目の記入もれがないようにする。

② 2級では貸倒引当金を受取手形と売掛金の期末残高に対して見積もる。損益計算書では貸倒引当金繰入として二つの科目の合計額で計上し，貸借対照表では科目ごとに控除する形式で計上する。

基本問題

26-1 栃木商店（個人企業　決算年1回　12月31日）の総勘定元帳勘定残高（一部）と決算整理事項により，損益計算書（一部）に記入しなさい。

元帳勘定残高(一部)

売　掛　金	¥2,000,000	貸倒引当金	¥　40,000	有価証券	¥　480,000
繰越商品	300,000	備　　品	450,000	備品減価償却累計額	225,000
売　　上	6,800,000	仕　　入	5,100,000		

決算整理事項

a．期末商品棚卸高　¥400,000
b．貸倒見積高　売掛金の期末残高に対し，3％と見積もり，貸倒引当金を設定する。
c．備品減価償却高　¥　75,000

損　益　計　算　書

(　　　　)　令和○年(　　)月(　　)日から令和○年(　　)月(　　)日まで

費　　用	金　　額	収　　益	金　　額
売上原価		売　上　高	
貸倒引当金繰入			
減価償却費			

ポイント 損益計算書には，企業名と会計期間を必ず記入すること。

26-2 上記**26-1**をもとに，栃木商店の貸借対照表（一部）に記入しなさい。

貸　借　対　照　表

(　　　　)　令和○年(　　)月(　　)日

資　　産		金　　額	負債および純資産	金　　額
現　　金		280,000	支払手形	450,000
当座預金		620,000	買　掛　金	920,000
売　掛　金	(　　　　)		借　入　金	300,000
(　　　　)	(　　　　)	(　　　　)	未払利息	12,000
有価証券		(　　　　)	資　本　金	2,300,000
(　　　　)		(　　　　)		
備　　品	(　　　　)			
(　　　　)	(　　　　)	(　　　　)		

ポイント 貸借対照表には，企業名と会計期間の末日の日付（決算日）を必ず記入すること。

練習問題

26-3 長野商店（個人企業　決算年/回　12月31日）の総勘定元帳勘定残高と付記事項および決算整理事項は，次のとおりであった。よって，

(1) 付記事項の仕訳を示しなさい。
(2) 決算整理仕訳を示しなさい。ただし，繰り延べおよび見越しの勘定を用いること。
(3) 損益計算書および貸借対照表を完成しなさい。

元帳勘定残高

現金	¥ 959,000	当座預金	¥2,762,000	売掛金	¥ 2,160,000
貸倒引当金	26,000	有価証券	1,080,000	繰越商品	820,000
備品	1,440,000	備品減価償却累計額	360,000	買掛金	1,680,000
借入金	950,000	従業員預り金	62,000	資本金	5,000,000
売上	18,139,000	受取手数料	75,000	仕入	15,213,000
給料	1,093,000	支払家賃	440,000	保険料	60,000
租税公課	102,000	雑費	87,000	支払利息	76,000

付記事項

① 横浜商店に対する買掛金¥45,000を小切手を振り出して支払っていたが，記帳していなかった。

決算整理事項

a．期末商品棚卸高　¥960,000
b．貸倒見積高　売掛金の期末残高に対し，5％と見積もり，貸倒引当金を設定する。
c．備品減価償却高　定率法による。ただし，毎期の償却率25％とする。
d．有価証券評価高　有価証券は売買を目的として保有する穂高商事株式会社の株式18株（帳簿価額1株　¥60,000）であり，1株につき¥64,000に評価替えする。
e．手数料未収高　¥ 20,000
f．家賃未払高　家賃¥40,000を当期の費用として見越し計上する。
g．保険料前払高　保険料の¥60,000は，本年3月1日に1年分を支払ったものであり，前払高を次期に繰り延べる。
h．収入印紙未使用高　¥ 2,000

(1)

	借　方	貸　方
①		

(2)

a		
b		
c		
d		
e		
f		
g		
h		

(3)

損 益 計 算 書

長野商店　令和○年1月1日から令和○年12月31日まで　(単位：円)

費用	金額	収益	金額
売上原価		売上高	
給料		( )	
( )		( )	
( )			
支払家賃			
保険料			
租税公課			
雑費			
支払利息			
( )			

貸 借 対 照 表

長野商店　令和○年12月31日　(単位：円)

資産	金額	負債および純資産	金額
現金		買掛金	
当座預金		借入金	
売掛金 ( )		( )	
貸倒引当金 ( )		( )	
有価証券		資本金	
商品		( )	
( )			
( )			
( )			
備品 ( )			
減価償却累計額 ( )			

検定問題

26-4 福岡商店（個人企業　決算年1回　12月31日）の総勘定元帳残高と付記事項および決算整理事項は，次のとおりであった。よって，損益計算書と貸借対照表を完成しなさい。　（第89回一部修正）

元帳勘定残高

現金	¥ 903,000	当座預金	¥ 2,113,000	受取手形	¥ 1,400,000
売掛金	2,378,000	貸倒引当金	8,000	有価証券	1,920,000
繰越商品	281,000	備品	1,200,000	備品減価償却累計額	640,000
支払手形	925,000	買掛金	1,539,000	借入金	800,000
資本金	6,000,000	売上	10,780,000	有価証券売却益	90,000
仕入	7,029,000	給料	2,130,000	発送費	232,000
支払家賃	780,000	保険料	216,000	通信費	91,000
雑費	93,000	支払利息	16,000		

付記事項

① 北九州商店に対する売掛金¥78,000が，当店の当座預金口座に振り込まれていたが，記帳していなかった。

決算整理事項

a．期末商品棚卸高　¥317,000

b．貸倒見積高　受取手形と売掛金の期末残高に対し，それぞれ1％と見積もり，貸倒引当金を設定する。

c．備品減価償却高　定額法による。ただし，残存価額は零（0）耐用年数は15年である。

d．有価証券評価高　有価証券は，売買目的で保有している次の株式であり，時価によって評価する。

　　佐世保商事株式会社　60株　時　価　1株　¥33,000

e．郵便切手未使用高　未使用分¥3,000を貯蔵品勘定により繰り延べる。

f．保険料前払高　保険料のうち¥156,000は，本年6月1日から1年分の保険料として支払ったものであり，前払高を次期に繰り延べる。

g．利息未払高　¥　8,000

損益計算書

福岡商店　令和○年1月1日から令和○年12月31日まで　(単位：円)

費用	金額	収益	金額
売上原価		売上高	
給料		有価証券売却益	
(　　)		(　　)	
(　　)			
発送費			
支払家賃			
保険料			
(　　)			
雑費			
(　　)			
(　　)			

貸借対照表

福岡商店　令和○年12月31日　(単位：円)

資産		金額	負債および純資産	金額
現金			支払手形	
当座預金			買掛金	
受取手形	(　　)		(　　)	
貸倒引当金	(　　)		(　　)	
売掛金	(　　)		資本金	
貸倒引当金	(　　)		(　　)	
(　　)				
(　　)				
貯蔵品				
(　　)				
備品	(　　)			
減価償却累計額	(　　)			

26-5 岡山商店（個人企業　決算年1回　12月31日）の総勘定元帳残高と付記事項および決算整理事項は，次のとおりであった。よって，損益計算書と貸借対照表を完成しなさい。　（第88回一部修正）

元帳勘定残高

現金	¥ 198,000	当座預金	¥ 3,632,000	受取手形	¥ 1,800,000
売掛金	2,600,000	貸倒引当金	2,000	有価証券	1,440,000
繰越商品	2,070,000	備品	2,300,000	備品減価償却累計額	920,000
支払手形	307,000	買掛金	1,543,000	借入金	2,000,000
前受金	60,000	所得税預り金	90,000	資本金	7,451,000
売上	21,701,000	有価証券売却益	52,000	仕入	17,020,000
給料	1,794,000	支払家賃	822,000	保険料	210,000
租税公課	61,000	雑費	80,000	支払利息	99,000

付記事項

① 売掛金¥100,000を現金で回収していたが未処理である。

決算整理事項

a．期末商品棚卸高　¥1,850,000

b．貸倒見積高　受取手形と売掛金の期末残高に対し，それぞれ1％と見積もり，貸倒引当金を設定する。

c．備品減価償却高　定率法による。ただし，償却率は40％とする。

d．有価証券評価高　有価証券は，売買目的で保有している次の株式であり，時価によって評価する。

　倉敷商事株式会社　20株　時　価　1株　¥75,000

e．収入印紙未使用高　未使用分¥5,000を貯蔵品勘定により繰り延べること。

f．保険料前払高　保険料のうち¥138,000は，本年7月1日から1年分の保険料として支払ったものであり，前払高を次期に繰り延べる。

g．利息未払高　¥　9,000

損益計算書

岡山商店　令和○年1月1日から令和○年12月31日まで　(単位：円)

費用	金額	収益	金額
売上原価		売上高	
給料		有価証券売却益	
(　　)		(　　)	
(　　)			
支払家賃			
保険料			
(　　)			
雑費			
(　　)			
(　　)			

貸借対照表

岡山商店　令和○年12月31日　(単位：円)

資産	金額	負債および純資産	金額
現金		支払手形	
当座預金		(　　)	
受取手形 (　　)		借入金	
貸倒引当金 (　　)		(　　)	
売掛金 (　　)		(　　)	
貸倒引当金 (　　)		(　　)	
(　　)		資本金	
(　　)		(　　)	
貯蔵品			
(　　)			
備品 (　　)			
減価償却累計額 (　　)			

26-6 栃木商店（個人企業　決算年1回　12月31日）の総勘定元帳勘定残高と付記事項および決算整理事項は，次のとおりであった。よって，

(1) 総勘定元帳の損益勘定に必要な記入をおこないなさい。

(2) 貸借対照表を完成しなさい。　（第86回一部修正）

元帳勘定残高

現　金	¥ 829,000	当座預金	¥ 2,357,000	電子記録債権	¥ 1,600,000
売掛金	1,900,000	貸倒引当金	9,000	有価証券	1,820,000
繰越商品	1,240,000	備　品	3,750,000	備品減価償却累計額	1,875,000
電子記録債務	971,000	買掛金	1,156,000	借入金	1,500,000
資本金	7,000,000	売　上	16,905,000	受取手数料	123,000
固定資産売却益	67,000	仕　入	12,480,000	給　料	2,142,000
発送費	345,000	支払家賃	756,000	保険料	228,000
通信費	94,000	雑　費	45,000	支払利息	20,000

付記事項

① 得意先宇都宮商店に商品を売り渡し，当店負担の発送費¥16,000を現金で支払ったさい，誤って次のように仕訳をしていたので修正する。

（借）雑　費　16,000　（貸）現　金　16,000

決算整理事項

a．期末商品棚卸高　¥1,520,000

b．貸倒見積高　電子記録債権と売掛金の期末残高に対し，それぞれ1％と見積もり，貸倒引当金を設定する。

c．備品減価償却高　定額法による。ただし，残存価額は零（0）　耐用年数は6年とする。

d．有価証券評価高　有価証券は，売買目的で保有している次の株式であり，時価によって評価する。

日光商事株式会社　35株　時　価　1株　¥55,000

e．郵便切手未使用高　¥　9,000

f．保険料前払高　保険料のうち¥180,000は，本年4月1日からの1年分を支払ったものであり，前払高を次期に繰り延べる。

g．利息未払高　¥　10,000

(1)

総勘定元帳

損　　益　　31

12/31	仕　　入		12/31	売　　上	
〃	給　　料		〃	受取手数料	
〃	発送費		〃	(　　　)	
〃	(　　　)		〃	固定資産売却益	
〃	(　　　)				
〃	支払家賃				
〃	保険料				
〃	通信費				
〃	雑　　費				
〃	支払利息				
〃	(　　　)				

(2)

貸借対照表

栃木商店　　令和○年12月31日　　(単位：円)

資　　産		金　　額	負債および純資産	金　　額
現　　金			電子記録債務	
当座預金			買掛金	
電子記録債権	(　　　)		借入金	
貸倒引当金	(　　　)		(　　　)	
売掛金	(　　　)		資本金	
貸倒引当金	(　　　)		(　　　)	
有価証券				
商　　品				
(　　　)				
(　　　)				
備　　品	(　　　)			
減価償却累計額	(　　　)			

27 本支店間の取引

要点の整理

① 支店会計の独立

企業は規模が大きくなると，支店を設けることがある。この場合，支店が独立した帳簿組織をもち，支店の取引はすべて支店で記帳して決算をおこなう。これを**支店会計の独立**という。

② 本支店間の取引

支店会計が独立している場合，本店と支店との間の取引によって生じる本支店間の債権・債務は本店に**支店勘定**，支店に**本店勘定**を設けて処理する。

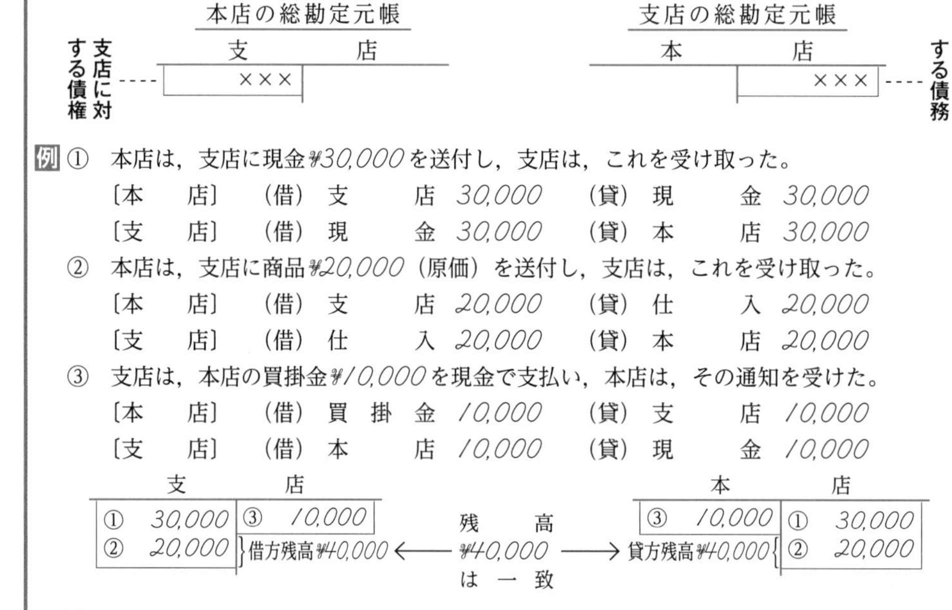

例 ① 本店は，支店に現金¥30,000を送付し，支店は，これを受け取った。

〔本　店〕	（借）	支　　店	30,000	（貸）現　　金	30,000
〔支　店〕	（借）	現　　金	30,000	（貸）本　　店	30,000

② 本店は，支店に商品¥20,000（原価）を送付し，支店は，これを受け取った。

〔本　店〕	（借）	支　　店	20,000	（貸）仕　　入	20,000
〔支　店〕	（借）	仕　　入	20,000	（貸）本　　店	20,000

③ 支店は，本店の買掛金¥10,000を現金で支払い，本店は，その通知を受けた。

〔本　店〕	（借）	買 掛 金	10,000	（貸）支　　店	10,000
〔支　店〕	（借）	本　　店	10,000	（貸）現　　金	10,000

③ 純損益の処理

決算の結果，計算された支店の純損益は，支店では損益勘定から本店勘定へ振り替える。本店では支店の決算報告を受けたとき，支店の純損益を支店勘定に記入するとともに損益勘定に記入し，本店の純損益と合算して，企業全体の純損益を計上する。

例 支店は決算の結果，当期純利益¥20,000を計上し，本店は，この通知を受けた。

〔支　店〕	（借）	損　　益	20,000	（貸）本　　店	20,000
〔本　店〕	（借）	支　　店	20,000	（貸）損　　益	20,000

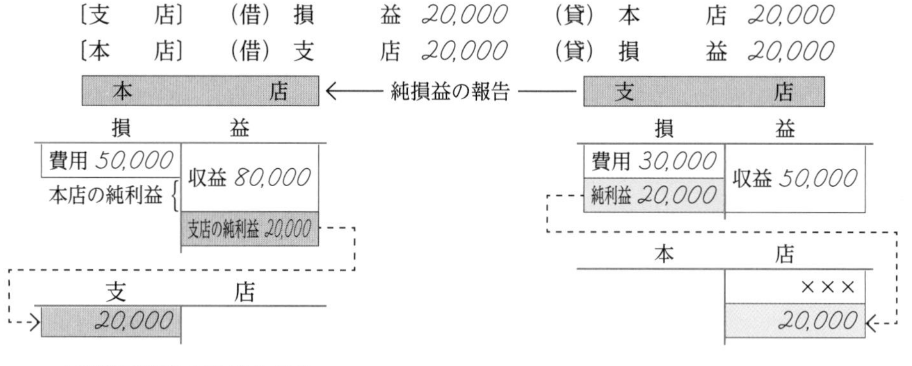

＊当期純損失が生じた場合

支店は決算の結果，当期純損失¥10,000を計上し，本店は，この通知を受けた。

〔支　店〕	（借）	本　　店	10,000	（貸）損　　益	10,000
〔本　店〕	（借）	損　　益	10,000	（貸）支　　店	10,000

基本問題

27-1 次の取引について，本店および支店の仕訳を示しなさい。ただし，商品に関する勘定は3分法によること。なお，支店会計は独立している。

(1) 本店は，支店に現金¥400,000を送付し，支店は，これを受け取った。
(2) 本店は，支店に商品¥300,000（原価）を送付し，支店は，これを受け取った。
(3) 支店は，本店の買掛金¥200,000を小切手を振り出して支払い，本店は，この通知を受けた。

		借　　方	貸　　方
(1)	本　店		
	支　店		
(2)	本　店		
	支　店		
(3)	本　店		
	支　店		

ポイント (1) 本店は支店勘定，支店は本店勘定を設けて処理する。
(2) 商品を原価で送付したので，本店は仕入勘定の貸方に記入する。
(3) 本店の買掛金勘定が減少する。

27-2 次の取引について，本店および支店の仕訳を示しなさい。なお，支店会計は独立している。

(1) 支店は決算の結果，当期純利益¥200,000を計上し，本店は，この通知を受けた。
(2) 本店は，支店出張員の旅費¥60,000を現金で立替払いし，支店は，この通知を受けた。
(3) 支店は決算の結果，当期純損失¥100,000を計上し，本店は，この通知を受けた。

		借　　方	貸　　方
(1)	本　店		
	支　店		
(2)	本　店		
	支　店		
(3)	本　店		
	支　店		

ポイント (1)・(3) 支店では損益勘定から本店勘定に振り替え，本店では支店勘定と損益勘定に記入する。
(2) 支店において旅費が生じる。

練習問題

27-3 次の取引の仕訳を示しなさい。ただし，商品に関する勘定は3分法によること。

(1) 本店は，福岡支店に商品¥500,000（原価）と現金¥300,000を送付し，福岡支店はこれを受け取った。(福岡支店の仕訳)

(2) 鹿児島支店は，本店の売掛金¥360,000を現金で回収した。(鹿児島支店の仕訳)

(3) 熊本支店は，本店の買掛金¥440,000を，本店にかわって現金で支払い，本店はその報告を受けた。(熊本支店の仕訳)

(4) 長崎支店は，本店の従業員の旅費¥80,000を現金で立替払いし，本店はこの報告を受けた。(長崎支店の仕訳)

	借　　　方	貸　　　方
(1)		
(2)		
(3)		
(4)		

検定問題

27-4 次の取引の仕訳を示しなさい。ただし，商品に関する勘定は3分法によること。

(1) 埼玉商会の本店は，支店に送付した商品のうち，原価¥21,000の商品の返送を受けた。(本店の仕訳)
(第82回一部修正)

(2) 関西商会の本店は，支店の得意先に対する売掛金¥280,000を現金で回収し，支店にこの通知をした。(本店の仕訳)
(第84回)

(3) 茨城商会の本店は，通信費¥18,000を現金で支払った。ただし，このうち¥6,000は支店の負担分である。(本店の仕訳)
(第86回一部修正)

(4) 西北商会の本店は，決算の結果，支店が当期純損失¥290,000を計上したとの通知を受けた。(本店の仕訳)
(第88回)

(5) 富山商会の本店は，決算の結果，支店が当期純利益¥240,000を計上したとの通知を受けた。(本店の仕訳)
(第90回一部修正)

	借　　　方	貸　　　方
(1)		
(2)		
(3)		
(4)		
(5)		

28 支店相互間の取引

要点の整理

① 本店集中計算制度

支店が二つ以上設けられている場合，支店相互間の取引の記帳は次のようにおこなう。

① 各支店がそれぞれ本店を相手として取引したように記帳する。

② 本店はこの通知を受けて，各支店と取引したようにそれぞれの支店名をつけた支店勘定に記帳する。

この方法を**本店集中計算制度**という。

例 高松支店は，現金¥20,000を徳島支店に送付し，徳島支店は，これを受け取り，本店は，この通知を受けた。

（注） 点線のように取引があったものとして記帳

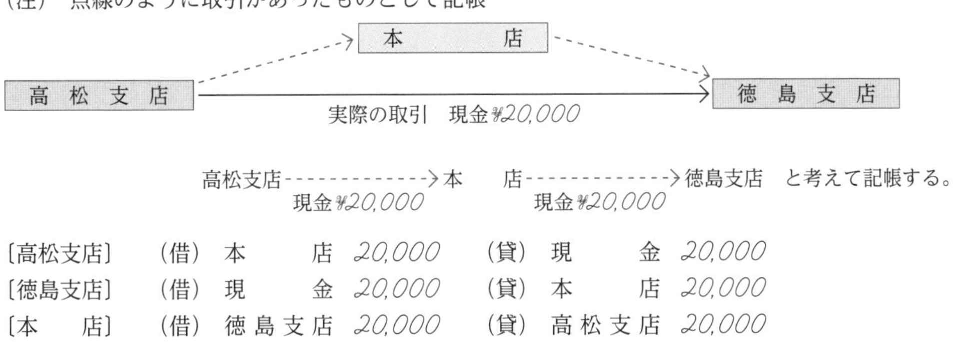

〔高松支店〕　（借）本　　店 20,000　（貸）現　　金 20,000

〔徳島支店〕　（借）現　　金 20,000　（貸）本　　店 20,000

〔本　　店〕　（借）徳島支店 20,000　（貸）高松支店 20,000

基本問題

28-1 次の取引について，各支店および本店の仕訳を示しなさい。ただし，本店集中計算制度を採用している。商品に関する勘定は3分法によること。

(1) 福岡支店は，熊本支店に現金¥200,000を送付し，熊本支店は，これを受け取った。なお，本店は，この通知を受けた。

(2) 長崎支店は，佐賀支店に商品¥350,000（原価）を送付し，佐賀支店は，これを受け取った。なお，本店は，この通知を受けた。

		借　　方	貸　　方
(1)	福岡支店		
	熊本支店		
	本　　店		
(2)	長崎支店		
	佐賀支店		
	本　　店		

ポイント (1) 各支店は本店と取引をしたと考え，相手勘定が本店勘定となる。本店は貸借とも各支店勘定で処理する。 (2) 商品は，原価で送付すれば，仕入勘定の減少となる。

練習問題

28-2 次の取引について，各支店および本店の仕訳を示しなさい。ただし，本店集中計算制度を採用している。

(1) 大分支店は，宮崎支店の買掛金¥200,000を現金で支払い，宮崎支店および本店は，この通知を受けた。

(2) 九州商会長崎支店は，熊本支店の得意先久留米商店に対する売掛金¥250,000を久留米商店振り出しの小切手で受け取り，熊本支店および本店は，この通知を受けた。

		借　　　方	貸　　　方
(1)	大分支店		
	宮崎支店		
	本　　店		
(2)	長崎支店		
	熊本支店		
	本　　店		

28-3 次の取引の仕訳を示しなさい。ただし，本店集中計算制度を採用している。

(1) 関西商会天王寺支店は，堺支店の仕入先に対する買掛金¥180,000を，堺支店にかわって小切手を振り出して支払った。(天王寺支店の仕訳)

(2) 徳島支店は，香川支店の出張員の旅費¥50,000を現金で立替払いし，香川支店および本店は，この通知を受けた。(香川支店の仕訳)

(3) 佐賀支店は，福岡支店から当座振り込みによって，当座預金口座に¥200,000の入金があった旨の通知を取引銀行から受けた。なお，本店もこの通知を受けた。(本店の仕訳)

(4) 高知商会土佐支店は，琴平支店の得意先丸亀商店に対する売掛金¥500,000を丸亀商店振り出しの小切手で受け取った。(土佐支店の仕訳)

	借　　　方	貸　　　方
(1)		
(2)		
(3)		
(4)		

28-4 次の取引の仕訳を示しなさい。ただし，本店集中計算制度を採用している。

(1) 九州商会福岡支店は，佐賀支店の得意先太宰府商店に対する売掛金¥150,000を太宰府商店より現金で受け取り，佐賀支店は，この通知を受けた。(佐賀支店の仕訳)

(2) 四国商会の松山支店は，販売費及び一般管理費¥90,000を小切手を振り出して支払った。ただし，支払額のうち，¥30,000は高松支店の負担分である。(松山支店の仕訳)

(3) 高知商会の本店は，室戸支店から本店の広告料¥80,000と土佐支店の広告料¥70,000を現金で支払ったとの通知を受けた。(本店の仕訳)

	借　　　方	貸　　　方
(1)		
(2)		
(3)		

検定問題

28-5 次の取引の仕訳を示しなさい。

(1) 愛媛商会の松山支店は，現金¥500,000を宇和島支店の当座預金口座に振り込んだ。ただし，本店集中計算制度を採用している。(松山支店の仕訳)　(第81回一部修正)

(2) 富山商会の本店は，高岡支店から，黒部支店の得意先福井商店に対する売掛金¥760,000を，同店振り出しの小切手で回収したとの通知を受けた。ただし，本店集中計算制度を採用している。(本店の仕訳)　(第83回一部修正)

(3) 宮城商会の本店は，白石支店が仙台支店に現金¥180,000を送付したとの通知を受けた。ただし，本店集中計算制度を採用している。(本店の仕訳)　(第85回)

(4) 富山商会の魚津支店は，氷見支店が発送した商品¥180,000（原価）を受け取った。ただし，本店集中計算制度を採用している。(魚津支店の仕訳)　(第87回一部修正)

(5) 岐阜商会の本店は，高山支店が大垣支店の仕入先に対する買掛金¥530,000を現金で支払ったとの通知を受けた。ただし，本店集中計算制度を採用している。(本店の仕訳)　(第89回)

	借　　　方	貸　　　方
(1)		
(2)		
(3)		
(4)		
(5)		

29 合併貸借対照表(本支店の財務諸表の合併)

要点の整理

① 未処理事項の仕訳

本店と支店の家賃・広告料・給料などの費用のなかで，本店か支店のどちらかがまとめて支払ったものについて，一部他店が支払うべきものが含まれていることがある。決算にさいし，本店・支店の決算整理をする前にこれらの未処理事項について仕訳をおこなう必要がある。

例 ① 本店の支払家賃の一部¥80,000を支店分とした。

本店（借）支　　店 80,000　（貸）支払家賃 80,000
支店（借）支払家賃 80,000　（貸）本　　店 80,000

② 本店の広告料の一部¥24,000を支店分とした。

本店（借）支　　店 24,000　（貸）広 告 料 24,000
支店（借）広 告 料 24,000　（貸）本　　店 24,000

③ 支店の従業員の給料の一部¥68,000が本店の負担分であった。

本店（借）給　　料 68,000　（貸）支　　店 68,000
支店（借）本　　店 68,000　（貸）給　　料 68,000

② 本店・支店それぞれの貸借対照表の作成

本店・支店それぞれの決算整理仕訳をおこない，本店の支店勘定残高と支店の本店勘定残高が貸借反対で一致していることを確認して，貸借対照表を作成する。

例 未処理事項の仕訳をおこなう前の本店の支店勘定残高および支店の本店勘定残高が¥30,000のとき，上記①～③の仕訳をおこなったあとの一致額を求めなさい。

支店勘定・本店勘定の一致額 ¥66,000

支　店

借方	貸方
(元帳残高 30,000)	③ 68,000
① 80,000	¥66,000
② 24,000	

本　店

借方	貸方
③ 68,000	(元帳残高 30,000)
¥66,000	① 80,000
	② 24,000

本店貸借対照表
令和○年12月31日

資産		金額	負債・純資産	金額
現金		100,000	買掛金	25,000
売掛金	30,000		借入金	120,000
貸倒引当金	1,000	29,000	資本金	330,000
商品		80,000	当期純利益	20,000
建物		150,000		
備品		70,000		
支店		66,000		
		495,000		495,000

支店貸借対照表
令和○年12月31日

資産		金額	負債・純資産	金額
現金		20,000	買掛金	5,000
売掛金	6,000		借入金	5,000
貸倒引当金	1,000	5,000	本店	66,000
商品		21,000	当期純利益	10,000
備品		40,000		
		86,000		86,000

③ 本支店の財務諸表の合併

企業全体の財政状態を明らかにするため，本店において，本支店合併の貸借対照表を作成する。

例 ① 本支店の財務諸表の合併にさいして，支店勘定と本店勘定の相殺消去仕訳を示しなさい。

（借）本　　店 66,000　（貸）支　　店 66,000

② 合併貸借対照表を作成しなさい。

貸借対照表
令和○年12月31日

資産		金額	負債・純資産	金額
現金		120,000	買掛金	30,000
売掛金	36,000		借入金	125,000
貸倒引当金	2,000	34,000	資本金	330,000
商品		101,000	当期純利益	30,000
建物		150,000		
備品		110,000		
		515,000		515,000

基本問題

29-1 次の取引の仕訳を示しなさい。また，仕訳をおこなったあとの支店勘定残高および本店勘定残高の一致額を示しなさい。仕訳をおこなう前の支店勘定（借方残高）・本店勘定（貸方残高）の金額はともに¥150,000である。

(1) 本支店共通のテナント料（支払家賃）¥27,000を現金で支払ったさい，すべて本店の費用として計上していたが，このうち¥7,000を支店分とした。

(2) 会社全体の借入金に対する支払利息¥36,000を現金で支払ったさい，すべて本店負担としていたが，本店が70%，支店が30%の負担に修正する。

(3) 支店に含まれていた従業員の給料¥360,000（1年分）について，この従業員が決算月までの直近2か月間は本店で働いていたことが判明した。

		借　　方	貸　　方
(1)	本　店		
	支　店		
(2)	本　店		
	支　店		
(3)	本　店		
	支　店		

支店勘定残高と本店勘定残高の一致額	¥

29-2 松山商店（個人企業）の本店・支店の貸借対照表は次のとおりであった。よって，本支店の財務諸表の合併にさいして，

(1) 支店勘定と本店勘定の相殺消去仕訳を示しなさい。

(2) 本支店合併の貸借対照表を完成しなさい。

本店　貸借対照表

松山商店　令和○年12月31日　（単位：円）

現　　金	9,600	買 掛 金	15,700
売 掛 金	17,000	借 入 金	15,000
商　　品	9,400	資 本 金	40,000
建　　物	23,000	当期純利益	5,300
備　　品	9,000		
支　　店	8,000		
	76,000		76,000

支店　貸借対照表

松山商店　令和○年12月31日　（単位：円）

現　　金	2,100	買 掛 金	5,800
売 掛 金	5,600	本　　店	8,000
商　　品	5,400	当期純利益	2,300
備　　品	3,000		
	16,100		16,100

(1)

借　　方	貸　　方

(2)

貸　借　対　照　表

松山商店　令和○年12月31日　（単位：円）

資　　産	金　　額	負債および純資産	金　　額
現　　金		買　掛　金	
売　掛　金		借　入　金	
商　　品		資　本　金	
建　　物		当 期 純 利 益	
備　　品			

練習問題

29-3 中部商店（個人企業）について，以下の資料により，

(1) 本店および支店の仕訳を示しなさい。

(2) (1)の仕訳をおこなったあとの，支店勘定・本店勘定の一致額を計算しなさい。なお，(1)の仕訳をおこなう前の本店における支店勘定の残高（借方残高）と支店における本店勘定の残高（貸方残高）はともに¥320,000である。

(3) 本支店合併の財務諸表作成のための支店勘定と本店勘定の相殺消去仕訳を示しなさい。

資　　料

a．本店が現金で支払った広告料¥70,000のうち30％は支店分であった。

b．支店の従業員の給料¥720,000（半年分）について，この従業員が2か月間は本店で働いていたことが判明したので，その2か月分を本店の給料とした。

c．家賃¥400,000を本店が現金で支払ったさい，すべて本店の費用として計上していたが，このうち半額は支店が支払うべき家賃であった。

(1)

		借　　方	貸　　方
a	本　店		
	支　店		
b	本　店		
	支　店		
c	本　店		
	支　店		

(2)

支店勘定・本店勘定の一致額	¥

(3)

借　　方	貸　　方

30 合併損益計算書（本支店の財務諸表の合併）

要点の整理

① 本店・支店それぞれの損益計算書の作成

合併貸借対照表と同じように，未処理事項について仕訳をおこなったあと，本店・支店それぞれの決算整理仕訳をおこない，本店の支店勘定残高と支店の本店勘定残高が貸借反対で一致していることを確認して，本支店それぞれの損益計算書を作成する。

本支店それぞれの損益計算書を作成したあとは，企業全体の経営成績を明らかにするため本支店合併の損益計算書を合算により作成する。

例 本店・支店それぞれの損益計算書を合算して，合併損益計算書を作成しなさい。

本店損益計算書

令和○年/月/日から令和○年/2月3/日まで

費用	金額	収益	金額
売上原価	120,000	売上高	350,000
給料	70,000		
広告料	36,000		
貸倒引当金繰入	800		
減価償却費	27,200		
支払家賃	75,000		
支払利息	1,000		
当期純利益	20,000		
	350,000		350,000

＋ 合算する

支店損益計算書

令和○年/月/日から令和○年/2月3/日まで

費用	金額	収益	金額
売上原価	39,000	売上高	200,000
給料	45,000		
広告料	24,000		
貸倒引当金繰入	500		
減価償却費	500		
支払家賃	80,000		
支払利息	1,000		
当期純利益	10,000		
	200,000		200,000

損益計算書

令和○年/月/日から令和○年/2月3/日まで

費用	金額	収益	金額
売上原価	159,000	売上高	550,000
給料	115,000		
広告料	60,000		
貸倒引当金繰入	1,300		
減価償却費	27,700		
支払家賃	155,000		
支払利息	2,000		
当期純利益	30,000		
	550,000		550,000

基本問題

30-1 沖縄商店（個人企業）の本店・支店の損益計算書は次のとおりであった。よって，本支店合併の損益計算書を完成しなさい。

本店 損益計算書

沖縄商店 令和○年/月/日から令和○年/2月3/日まで (単位:円)

売上原価	47,000	売上高	62,000
販売費及び一般管理費	9,000		
支払利息	700		
当期純利益	5,300		
	62,000		62,000

支店 損益計算書

沖縄商店 令和○年/月/日から令和○年/2月3/日まで (単位:円)

売上原価	28,000	売上高	35,000
販売費及び一般管理費	4,700		
当期純利益	2,300		
	35,000		35,000

損益計算書

沖縄商店　令和○年/月/日から令和○年/2月3/日まで　(単位：円)

費用	金額	収益	金額
売上原価		売上高	
販売費及び一般管理費			
支払利息			
当期純利益			

30-2 琉球商店（個人企業）の那覇支店の決算整理前残高試算表と未処理事項および決算整理事項は，次のとおりである。よって，

(1) 未処理事項の仕訳を示しなさい。
(2) 支店の決算整理仕訳を示しなさい。
(3) 支店の損益計算書を作成しなさい。

決算整理前残高試算表

那覇支店　令和○年/2月3/日

借方	勘定科目	貸方
663,000	現金	
250,000	売掛金	
	貸倒引当金	3,000
115,000	繰越商品	
220,000	備品	
	買掛金	71,000
	借入金	600,000
	本店	430,000
	売上	920,000
620,000	仕入	
156,000	給料	
2,024,000		2,024,000

未処理事項

1．家賃¥/70,000を現金で支払ったさいに，すべて本店の費用として計上していたが，このうち¥40,000は支店分であった。
2．商店全体の借入金に対する支払利息¥/00,000を現金で支払ったさいに，すべて本店負担としていたが，このうち30％は支店分であった。
3．支店に含まれていた従業員の給料¥/56,000（/年分）について，3か月間は本店で働いていたことが判明したので3か月分を本店分の給料とした。

決算整理事項（支店のみ）

a．期末商品棚卸高　¥140,000
b．貸 倒 見 積 高　売掛金の期末残高に対し2％とする。
c．備品減価償却高　¥ 27,500（直接法によって記帳している）

(1)

		借方	貸方
1	本店		
	支店		
2	本店		
	支店		
3	本店		
	支店		

(2)

	借方	貸方
a		
b		
c		

(3)

支店損益計算書

琉球商店(那覇支店)　令和○年1月1日から令和○年12月31日まで　(単位：円)

費用	金額	収益	金額
売上原価		売上高	
給料			
貸倒引当金繰入			
減価償却費			
支払家賃			
支払利息			
当期純利益			

練習問題

30-3 四国商店の本店および支店の貸借対照表と損益計算書は，次のとおりである。よって，本支店合併後の貸借対照表と損益計算書を作成しなさい。

本店　貸借対照表

四国商店　令和○年12月31日　(単位：円)

資産		金額	負債および純資産	金額
現金		265,800	支払手形	135,000
売掛金	215,000		買掛金	170,000
貸倒引当金	4,300	210,700	借入金	150,000
商品		148,000	資本金	1,500,000
建物		800,000	当期純利益	150,300
備品		260,000		
支店		420,800		
		2,105,300		2,105,300

支店　貸借対照表

四国商店　令和○年12月31日　(単位：円)

資産		金額	負債および純資産	金額
現金		81,000	買掛金	103,700
売掛金	140,000		本店	420,800
貸倒引当金	2,800	137,200		
商品		106,500		
備品		155,000		
当期純損失		44,800		
		524,500		524,500

本店　損益計算書

四国商店　令和○年1月1日から令和○年12月31日まで　(単位:円)

費用	金額	収益	金額
売上原価	1,379,000	売上高	1,886,800
給料	200,000		
貸倒引当金繰入	2,500		
減価償却費	115,000		
支払家賃	25,000		
支払利息	15,000		
当期純利益	150,300		
	1,886,800		1,886,800

支店　損益計算書

四国商店　令和○年1月1日から令和○年12月31日まで　(単位:円)

費用	金額	収益	金額
売上原価	650,500	売上高	722,500
給料	75,000	当期純損失	44,800
貸倒引当金繰入	1,800		
減価償却費	25,000		
支払家賃	10,000		
支払利息	5,000		
	767,300		767,300

貸　借　対　照　表

四国商店　　令和○年12月31日　　(単位：円)

資　産	金　額	負債および純資産	金　額
現　金		支払手形	
売　掛　金 (　　)		買　掛　金	
貸倒引当金 (　　)		借　入　金	
商　品		資　本　金	
建　物		当期純利益	
備　品			

損　益　計　算　書

四国商店　　令和○年1月1日から令和○年12月31日まで　　(単位：円)

費　用	金　額	収　益	金　額
売上原価		売　上　高	
給　料			
貸倒引当金繰入			
減価償却費			
支払家賃			
支払利息			
当期純利益			

30-4 徳島商店（個人企業）の本店および支店の決算整理前残高試算表と未処理事項および決算整理事項は，次のとおりである。よって，

(1) 未処理事項の仕訳をおこなったあとの支店勘定と本店勘定の一致額を求めなさい。

(2) 合併貸借対照表および合併損益計算書を作成しなさい。

決算整理前残高試算表

徳島商店　　令和○年12月31日

借方科目	本店	支店	貸方科目	本店	支店
現金	990,000	663,000	買掛金	580,000	40,000
売掛金	460,000	250,000	借入金	900,000	600,000
繰越商品	210,000	115,000	貸倒引当金	5,000	3,000
建物	475,000	—	資本金	1,000,000	—
備品	150,000	75,000	本店	—	430,000
支店	430,000	—	売上	1,830,000	775,000
仕入	1,150,000	620,000			
給料	225,000	125,000			
支払家賃	150,000	—			
支払利息	75,000	—			
	4,315,000	1,848,000		4,315,000	1,848,000

未処理事項

1．家賃¥150,000を現金で支払ったさいに，すべて本店の費用として計上していたが，このうち¥35,000は支店分であった。

2．商店全体の借入金¥1,500,000に対する支払利息¥75,000を現金で支払ったさいに，すべて本店負担としていたが，このうち40％は支店分であった。

3．支店に含まれていた従業員の給料¥60,000（1年分）について，この従業員が3か月間は本店で働いていたことが判明したので3か月分を本店分とした。

決算整理事項

a．期末商品棚卸高　本店¥180,000　支店¥125,000

b．貸倒見積高　本店・支店とも売掛金の期末残高に対し2％とする。

c．減価償却高　建物　本店¥25,000

備品　本店¥50,000　支店¥15,000

（直接法によって記帳している）

(1)

支店勘定・本店勘定の一致額	¥

(2)

貸借対照表

徳島商店　令和○年12月31日　(単位：円)

資産		金額	負債および純資産	金額
現金			買掛金	
売掛金（　）			借入金	
貸倒引当金（　）			資本金	
商品			当期純利益	
建物				
備品				

損益計算書

徳島商店　令和○年1月1日から令和○年12月31日まで　(単位：円)

費用	金額	収益	金額
売上原価		売上高	
給料			
貸倒引当金繰入			
減価償却費			
支払家賃			
支払利息			
当期純利益			

31 3伝票の集計と転記

要点の整理

① 仕訳集計表の作成

3伝票は次の手順で集計する。

① 入金伝票の金額を合計し，現金勘定の借方に記入する。
② 出金伝票の金額を合計し，現金勘定の貸方に記入する。
③ 出金伝票と振替伝票（借方）の同じ科目の金額を合計し，その科目の借方に記入する。
④ 入金伝票と振替伝票（貸方）の同じ科目の金額を合計し，その科目の貸方に記入する。

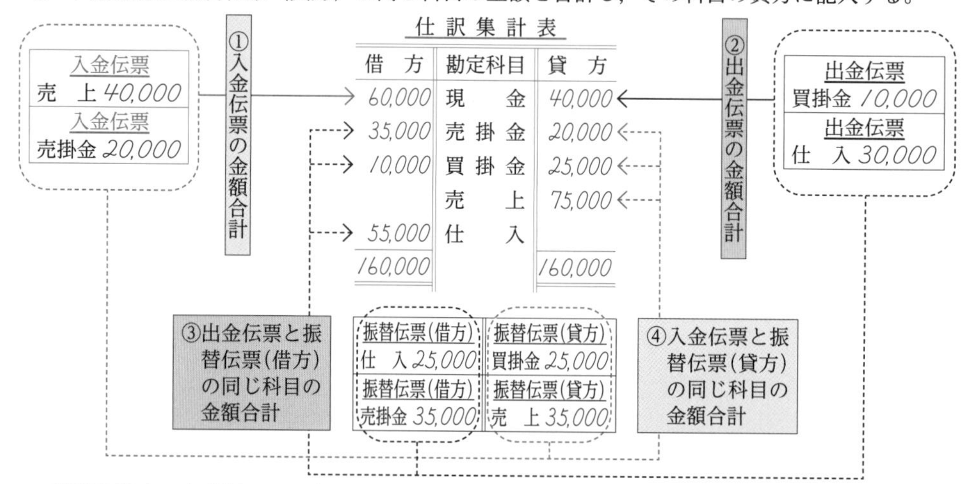

※仕訳集計表の合計額は，入金伝票・出金伝票・振替伝票のすべての金額を合計した額と一致する。

② 元帳への転記

仕訳集計表の借方からその勘定の借方に，仕訳集計表の貸方からその勘定の貸方に転記する。転記後，仕訳集計表の元丁欄に勘定口座の番号を記入する。また，売掛金元帳，買掛金元帳には，各伝票から個別に記入する。

基本問題

31-1 次の伝票を集計して，仕訳集計表に記入しなさい。

入金伝票 No.1	
当座預金	30,000

出金伝票 No.1	
販売費及び一般管理費	20,000

入金伝票 No.2	
売掛金	50,000

出金伝票 No.2	
買掛金	80,000

振替伝票(借方) No.1		振替伝票(貸方) No.1	
売掛金	70,000	売上	70,000

振替伝票(借方) No.2		振替伝票(貸方) No.2	
仕入	50,000	買掛金	50,000

振替伝票(借方) No.3		振替伝票(貸方) No.3	
買掛金	40,000	当座預金	40,000

振替伝票(借方) No.4		振替伝票(貸方) No.4	
当座預金	80,000	売掛金	80,000

仕訳集計表

借方	元丁	勘定科目	元丁	貸方
		現金		
		当座預金		
		売掛金		
		買掛金		
		売上		
		仕入		
		販売費及び一般管理費		

練習問題

31-2 東京商店では3伝票制を採用し，仕入・売上の各取引については，すべていったん全額を掛け取引として処理する方法で起票している。よって，

(1) /月7日の略式の伝票から仕訳集計表（日計表）を作成しなさい。
(2) 仕訳集計表（日計表）から現金勘定・買掛金勘定・売上勘定に転記しなさい。
(3) 各伝票から買掛金元帳に記入しなさい。

入金伝票	
売掛金(品川商店)	85,000
当座預金	50,000
受取手数料	40,000
当座預金	10,000

出金伝票	
買掛金(杉並商店)	42,000
消耗品費	53,000
雑費	20,000

振替伝票(借方)		振替伝票(貸方)	
当座預金	200,000	売掛金(台東商店)	200,000
支払手形	120,000	当座預金	120,000
仕入	142,000	買掛金(杉並商店)	142,000
売掛金(品川商店)	425,000	売上	425,000
買掛金(練馬商店)	23,000	仕入(返品)	23,000
売上(返品)	15,000	売掛金(中央商店)	15,000
売掛金(足立商店)	378,000	売上	378,000
仕入	178,000	買掛金(目黒商店)	178,000
買掛金(目黒商店)	178,000	支払手形	178,000

(1) 仕訳集計表

令和○年/月7日

借方	元丁	勘定科目	元丁	貸方
		現金		
		当座預金		
		売掛金		
		支払手形		
		買掛金		
		売上		
		受取手数料		
		仕入		
		消耗品費		
		雑費		

(2) 総勘定元帳

現金 1

借方			貸方
1/1	前期繰越	513,000	

買掛金 6

借方	貸方		
	1/1	前期繰越	513,000

売上 16

借方	貸方

(3) 買掛金元帳

目黒商店 1

借方	貸方		
	1/1	前月繰越	170,000

杉並商店 2

借方	貸方		
	1/1	前月繰越	215,000

練馬商店 3

借方	貸方		
	1/1	前月繰越	128,000

31-3 越谷商店の下記の伝票を集計し，1月12日の仕訳集計表（日計表）を作成して，総勘定元帳の現金勘定に転記しなさい。

ただし，i　下記の取引について，必要な伝票に記入したうえで集計すること。

ii　総勘定元帳の記入は，日付と金額を示せばよい。

取　　引

1月12日　川口商店に商品¥30,000を売り渡し，代金は自治体発行の商品券を受け取った。

〃日　春日部商店に商品¥120,000を注文し，内金として¥50,000を現金で支払った。

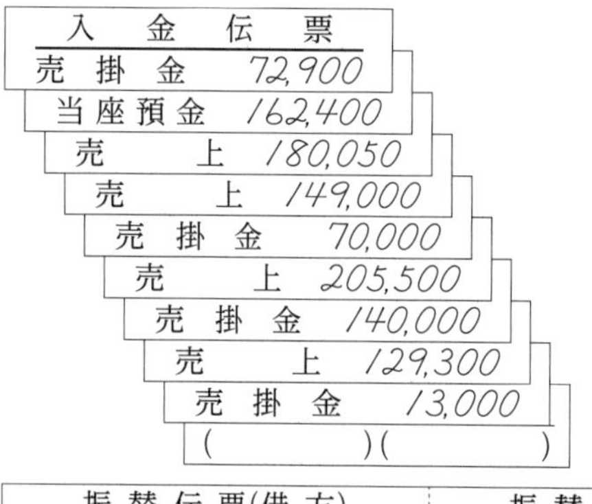

入金伝票

科目	金額
売掛金	72,900
当座預金	162,400
売上	180,050
売上	149,000
売掛金	70,000
売上	205,500
売掛金	140,000
売上	129,300
売掛金	13,000
(　　)	(　　)

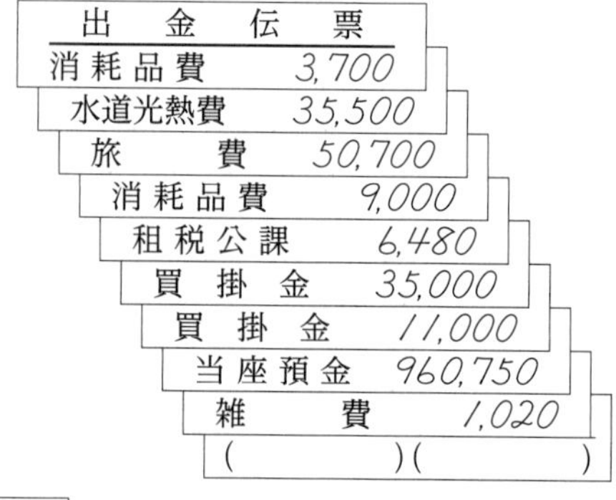

出金伝票

科目	金額
消耗品費	3,700
水道光熱費	35,500
旅費	50,700
消耗品費	9,000
租税公課	6,480
買掛金	35,000
買掛金	11,000
当座預金	960,750
雑費	1,020
(　　)	(　　)

振替伝票(借方)		振替伝票(貸方)	
仕入	185,500	買掛金	185,500
広告料	40,000	当座預金	40,000
買掛金	270,000	当座預金	270,000
広告料	60,000	当座預金	60,000
買掛金	89,000	当座預金	89,000
仕入	207,800	買掛金	207,800
支払利息	200	当座預金	200
買掛金	120,000	当座預金	120,000
仕入	177,900	買掛金	177,900
(　　)	(　　)	(　　)	(　　)

仕　訳　集　計　表

令和○年1月12日

借　方	元丁	勘定科目	元丁	貸　方
		現金		
		当座預金		
		売掛金		
		受取商品券		
		前払金		
		買掛金		
		売上		
		仕入		
		広告料		
		旅費		
		租税公課		
		消耗品費		
		水道光熱費		
		雑費		
		支払利息		

総　勘　定　元　帳

現　　金　　1

3,750,000	1,326,000

31-4 静岡商店の下記の伝票を集計し，6月1日の仕訳集計表（日計表）を作成しなさい。また，売掛金元帳に記入しなさい。なお，仕入・売上の各取引については，すべていったん全額を掛け取引として処理する方法で起票している。

ただし，i　下記の取引について，必要な伝票に記入したうえで集計すること。

ii　売掛金元帳の記入は，日付と金額を示せばよい。

取　　引

6月1日　大磯商店から商品¥240,000を仕入れ，代金のうち¥180,000は同店あての約束手形#2を振り出し，残額は現金で支払った。

〃日　三島商店から商品¥350,000の注文を受け，内金として¥50,000を同店振り出しの小切手で受け取った。

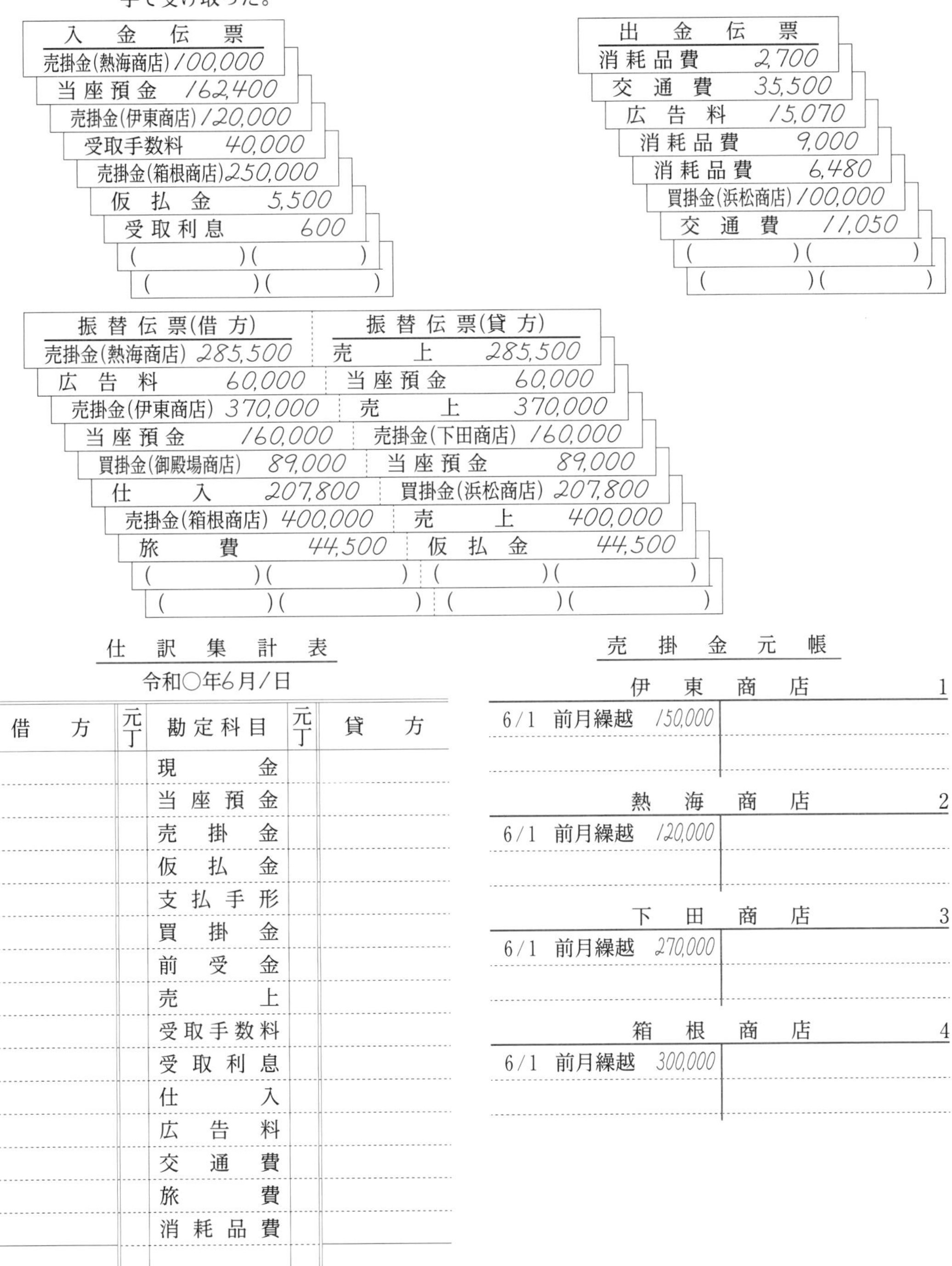

入金伝票

科目	金額
売掛金(熱海商店)	100,000
当座預金	162,400
売掛金(伊東商店)	120,000
受取手数料	40,000
売掛金(箱根商店)	250,000
仮払金	5,500
受取利息	600
(　　)	(　　)
(　　)	(　　)

出金伝票

科目	金額
消耗品費	2,700
交通費	35,500
広告料	15,070
消耗品費	9,000
消耗品費	6,480
買掛金(浜松商店)	100,000
交通費	11,050
(　　)	(　　)
(　　)	(　　)

振替伝票

振替伝票(借方)	金額	振替伝票(貸方)	金額
売掛金(熱海商店)	285,500	売上	285,500
広告料	60,000	当座預金	60,000
売掛金(伊東商店)	370,000	売上	370,000
当座預金	160,000	売掛金(下田商店)	160,000
買掛金(御殿場商店)	89,000	当座預金	89,000
仕入	207,800	買掛金(浜松商店)	207,800
売掛金(箱根商店)	400,000	売上	400,000
旅費	44,500	仮払金	44,500
(　　)	(　　)	(　　)	(　　)
(　　)	(　　)	(　　)	(　　)

仕訳集計表

令和○年6月1日

借方	元丁	勘定科目	元丁	貸方
		現金		
		当座預金		
		売掛金		
		仮払金		
		支払手形		
		買掛金		
		前受金		
		売上		
		受取手数料		
		受取利息		
		仕入		
		広告料		
		交通費		
		旅費		
		消耗品費		

売掛金元帳

伊東商店　1

日付	摘要	借方	貸方
6/1	前月繰越	150,000	

熱海商店　2

日付	摘要	借方	貸方
6/1	前月繰越	120,000	

下田商店　3

日付	摘要	借方	貸方
6/1	前月繰越	270,000	

箱根商店　4

日付	摘要	借方	貸方
6/1	前月繰越	300,000	

31-5 九州商店の下記の伝票を集計し，1月8日の仕訳集計表（日計表）を作成して，総勘定元帳の売上勘定に転記しなさい。

ただし，i　下記の取引について，必要な伝票に記入したうえで集計すること。

ii　総勘定元帳の記入は，日付と金額を示せばよい。

取　引

1月8日　山口商店から商品¥290,000を仕入れ，代金のうち¥200,000は約束手形＃38を振り出して支払い，残額は現金で支払った。

〃日　長門商店から，商品売買の仲介手数料¥3,600を現金で受け取った。

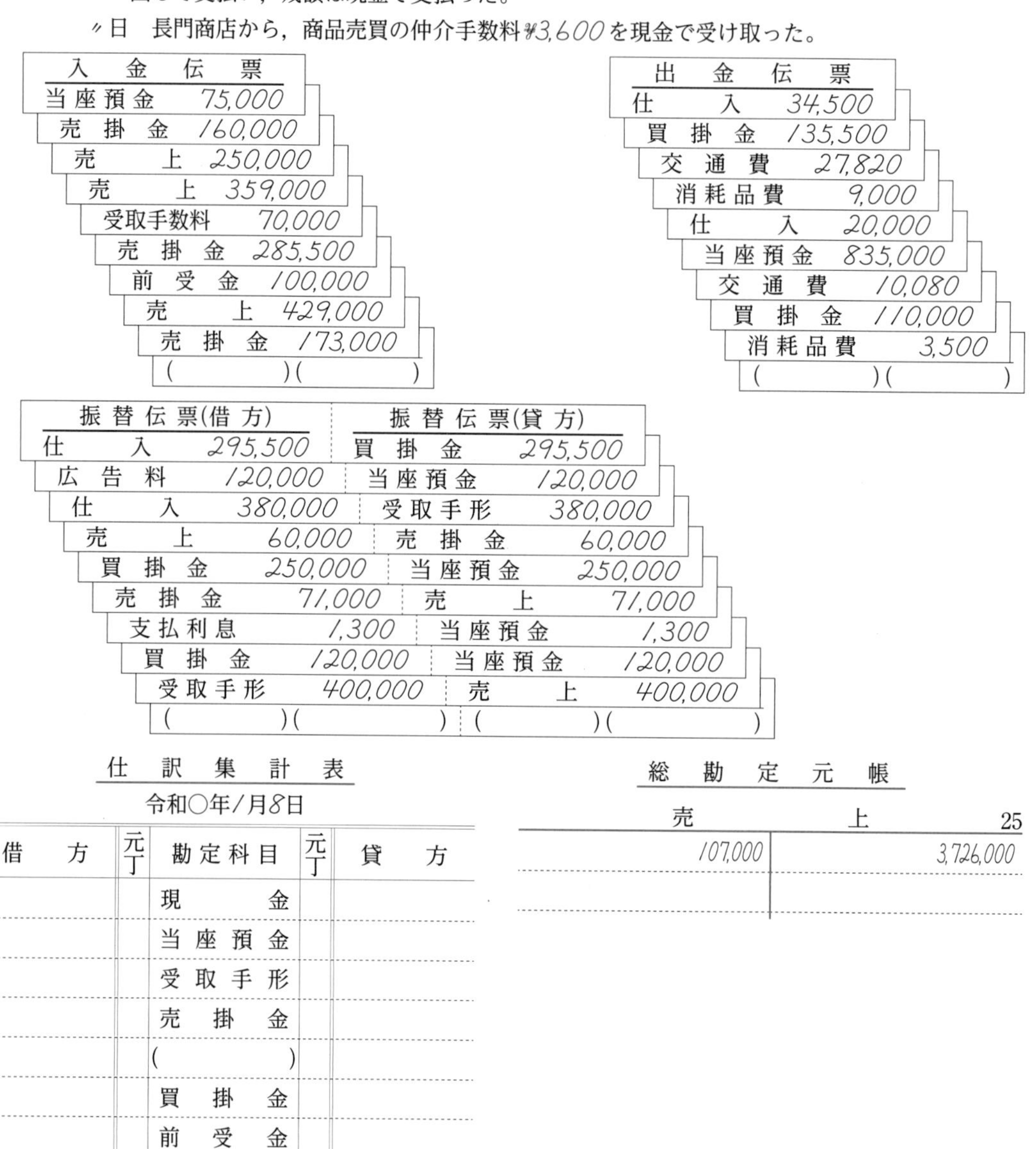

入金伝票

勘定科目	金額
当座預金	75,000
売掛金	160,000
売上	250,000
売上	359,000
受取手数料	70,000
売掛金	285,500
前受金	100,000
売上	429,000
売掛金	173,000
(　　)	(　　)

出金伝票

勘定科目	金額
仕入	34,500
買掛金	135,500
交通費	27,820
消耗品費	9,000
仕入	20,000
当座預金	835,000
交通費	10,080
買掛金	110,000
消耗品費	3,500
(　　)	(　　)

振替伝票(借方)		振替伝票(貸方)	
仕入	295,500	買掛金	295,500
広告料	120,000	当座預金	120,000
仕入	380,000	受取手形	380,000
売上	60,000	売掛金	60,000
買掛金	250,000	当座預金	250,000
売掛金	71,000	売上	71,000
支払利息	1,300	当座預金	1,300
買掛金	120,000	当座預金	120,000
受取手形	400,000	売上	400,000
(　　)	(　　)	(　　)	(　　)

仕訳集計表

令和○年1月8日

借　方	元丁	勘定科目	元丁	貸　方
		現金		
		当座預金		
		受取手形		
		売掛金		
		(　　)		
		買掛金		
		前受金		
		売上		
		受取手数料		
		仕入		
		広告料		
		交通費		
		消耗品費		
		支払利息		

総勘定元帳

売　上　　25

借方	貸方
107,000	3,726,000

31-6 長崎商店の下記の伝票を集計し，4月1日の仕訳集計表（日計表）を作成しなさい。また，買掛金元帳に記入しなさい。なお，仕入・売上の各取引については，すべていったん全額を掛け取引として処理する方法で起票している。

ただし，i　下記の取引について，必要な伝票に記入したうえで集計すること。

　　　　ii　買掛金元帳の記入は，日付と金額を示せばよい。

取　　引

4月1日　別府商店に商品¥570,000を売り渡し，代金はさきに受け取っていた内金¥100,000を差し引き，残額は掛けとした。

〃日　出張中の従業員から送金小切手¥250,000が送られてきたが，その内容は不明である。

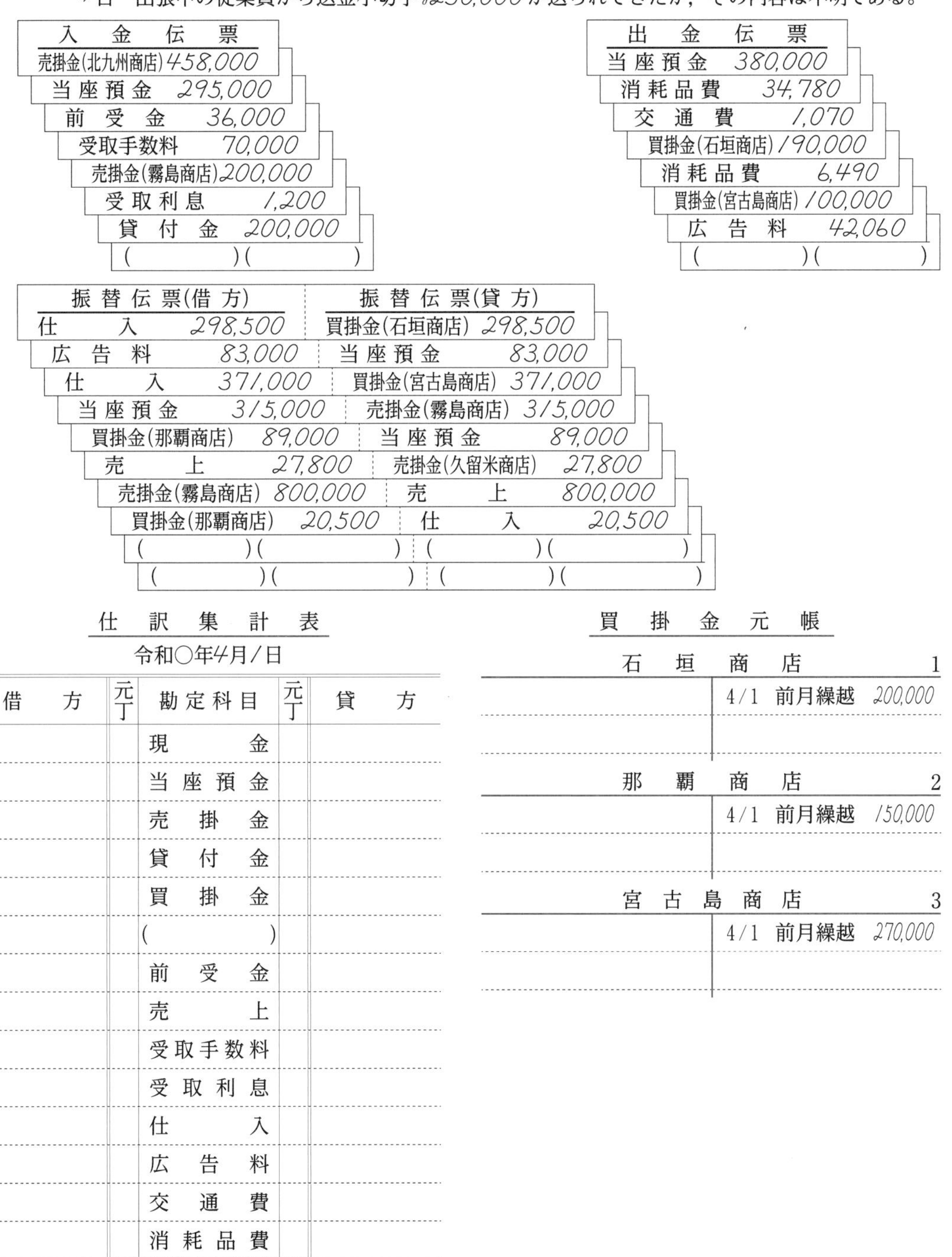

入金伝票

科目	金額
売掛金(北九州商店)	458,000
当座預金	295,000
前受金	36,000
受取手数料	70,000
売掛金(霧島商店)	200,000
受取利息	1,200
貸付金	200,000
(　　　)	(　　　)

出金伝票

科目	金額
当座預金	380,000
消耗品費	34,780
交通費	1,070
買掛金(石垣商店)	190,000
消耗品費	6,490
買掛金(宮古島商店)	100,000
広告料	42,060
(　　　)	(　　　)

振替伝票(借方)／振替伝票(貸方)

借方科目	金額	貸方科目	金額
仕入	298,500	買掛金(石垣商店)	298,500
広告料	83,000	当座預金	83,000
仕入	371,000	買掛金(宮古島商店)	371,000
当座預金	315,000	売掛金(霧島商店)	315,000
買掛金(那覇商店)	89,000	当座預金	89,000
売上	27,800	売掛金(久留米商店)	27,800
売掛金(霧島商店)	800,000	売上	800,000
買掛金(那覇商店)	20,500	仕入	20,500
(　　　)	(　　　)	(　　　)	(　　　)
(　　　)	(　　　)	(　　　)	(　　　)

仕訳集計表

令和○年4月1日

借　方	元丁	勘定科目	元丁	貸　方
		現金		
		当座預金		
		売掛金		
		貸付金		
		買掛金		
		(　　　)		
		前受金		
		売上		
		受取手数料		
		受取利息		
		仕入		
		広告料		
		交通費		
		消耗品費		

買掛金元帳

石垣商店　1

借方	貸方
	4/1 前月繰越 200,000

那覇商店　2

借方	貸方
	4/1 前月繰越 150,000

宮古島商店　3

借方	貸方
	4/1 前月繰越 270,000

32 固定資産の売却・訂正仕訳

要点の整理

① 固定資産の売却

備品・建物などの固定資産を売却したときは，その固定資産の帳簿価額と売却価額との差額を，**固定資産売却益(損)勘定**で処理する。

固定資産の売却額のほうが帳簿価額より高いときは，その差額を固定資産売却益勘定（収益）の貸方に記入し，売却額のほうが低いときは，その差額を固定資産売却損勘定（費用）の借方に記入する。

減価償却を間接法で記帳しているときは，固定資産の取得原価からその固定資産の減価償却累計額を差し引いて帳簿価額を求める。

例 取得原価¥200,000，減価償却累計額¥72,000の備品を¥100,000で売却し，代金は現金で受け取った。

(借)	備品減価償却累計額	72,000	(貸)	備　品	200,000
	現　金	100,000			
	固定資産売却損	28,000			

（注） 減価償却を間接法で記帳しているときは，固定資産の取得原価とその固定資産の減価償却累計額を同時に減少させる。そのためには，それぞれの勘定の貸借反対の側に記入すればよい。

② 訂正仕訳

仕訳の誤りを後日発見したときは，正しい記帳にするため，次のような仕訳をする。

訂正仕訳　① 誤った仕訳と貸借反対の仕訳をする（前の誤りの仕訳を消滅させるため）。
　　　　　② 正しい仕訳をする。

例 さきに，商品¥150,000を掛けで売り渡したとき，誤って現金で売り渡したように記帳してあったので，これを訂正した。

誤った仕訳	(借)	現　金	150,000	(貸)	売　上	150,000
訂正仕訳 ①	(借)	売　上	150,000	(貸)	現　金	150,000
(解　答) ②	(借)	売掛金	150,000	(貸)	売　上	150,000

または，上記仕訳の同じ勘定科目の借方と貸方の金額を相殺して次のように仕訳してもよい。

訂正仕訳(解　答)	(借)	売掛金	150,000	(貸)	現　金	150,000

例 掛けで仕入れた商品の一部¥42,000を返品したとき，誤って貸借反対に仕訳をしてあったので，これを訂正した。

誤った仕訳	(借)	仕　入	42,000	(貸)	買掛金	42,000
訂正仕訳 ①	(借)	買掛金	42,000	(貸)	仕　入	42,000
(解　答) ②	(借)	買掛金	42,000	(貸)	仕　入	42,000

または，上記仕訳の同じ勘定科目の借方どうし，または貸方どうしの金額を合わせて，次のように仕訳してもよい。

訂正仕訳(解　答)	(借)	買掛金	84,000	(貸)	仕　入	84,000

基本問題

32-1 次の取引の仕訳を示しなさい。

備品（取得原価¥300,000）を¥50,000で売却し，代金は現金で受け取った。なお，この備品に対する減価償却累計額は¥135,000である。

借　方	貸　方

ポイント 減価償却を間接法で記帳しているので，帳簿価額は取得原価－減価償却累計額で求める。

32-2 次の取引の仕訳を示しなさい。

いままで使用していた小型トラック（取得原価¥600,000）を¥280,000で売却し，代金は月末に受け取ることにした。なお，この車両に対する減価償却累計額は¥360,000である。

借　　方	貸　　方

ポイント 間接法によって仕訳をする。本問では，現在の帳簿価額（取得原価－減価償却累計額）より売却価額のほうが高いので，その差額は固定資産売却益勘定で処理する。

32-3 次の取引の仕訳を示しなさい。

取得原価¥500,000の事務用コピー機を¥200,000で売却し，代金は当店あての約束手形で受け取った。なお，このコピー機に対する減価償却累計額は¥270,000で，間接法によって記帳している。

借　　方	貸　　方

ポイント 本問では，現在の帳簿価額（取得原価－減価償却累計額）より売却価額のほうが低いので，その差額は固定資産売却損勘定で処理する。

32-4 次の取引の仕訳を示しなさい。

(1)　さきに，現金¥2,000が不足していることを発見したとき，誤って次のような仕訳をしていたので，本日，これを訂正した。

（借）現　　金　2,000　　（貸）現金過不足　2,000

(2)　さきに，買掛金の支払いとして記帳してあった現金¥120,000は，商品注文に対する内金の支払いであることがわかり，本日，これを訂正した。

	借　　方	貸　　方
(1)		
(2)		

ポイント 誤った仕訳と反対の仕訳をして，前の仕訳を消滅させ，そのうえで正しい仕訳をする。

練習問題

32-5 次の一連の取引の仕訳を示しなさい。

(1)　事務用パーソナルコンピュータ¥500,000を購入し，代金は約束手形を振り出して支払った。

(2)　上記のコンピュータを¥15,000で売却し，代金は現金で受け取った。なお，この備品に対する減価償却累計額は¥450,000である。

	借　　方	貸　　方
(1)		
(2)		

32-6 兵庫商店（決算年／回）の営業用自動車に関する仕訳を示しなさい。

(1) 第／年目の期首に営業用自動車¥/,200,000を購入し，代金のうち¥400,000は小切手を振り出して支払い，残額は/0か月の分割払いとした。

(2) 第／年目の決算にあたり，減価償却費を定額法によって計上した。ただし，この営業用自動車の耐用年数は5年　残存価額は零（0）とし，間接法によっている。

(3) 第5年目の初頭に，上記の営業用自動車を¥230,000で売却し，代金は20日後に受け取ることにした。

	借　方	貸　方
(1)		
(2)		
(3)		

32-7 次の取引の仕訳を示しなさい。

取得原価¥2,000,000の建物を¥/,200,000で売却し，代金は小切手で受け取った。なお，この建物の帳簿価額は¥/,/00,000であり，減価償却高は間接法で記帳している。

借　方	貸　方

32-8 次の取引の仕訳を示しなさい。ただし，商品に関する勘定は3分法によること。

(1) さきに，現金不足額¥/,800を現金過不足勘定で処理していたが，消耗品費¥9,000を現金で支払ったとき，誤って¥7,200と記入していたことがわかったので，本日，これを訂正した。

(2) 破損した金庫を修繕し，修繕費¥/0,000を現金で支払ったときに，備品勘定で処理していたことがわかったので，本日，これを訂正した。

(3) 笠岡商店に掛けで売り渡した商品のうち¥30,000の返品を受けたとき，誤って商品¥30,000を掛けで仕入れたように記帳していたことがわかったので，本日，これを訂正した。

(4) さきに，得意先日南商店から送金小切手¥540,000を受け取ったさい，全額を売掛金の回収として処理していたが，このうち¥/40,000は商品の注文に対する内金であることがわかったので，本日，これを訂正した。

	借　方	貸　方
(1)		
(2)		
(3)		
(4)		

検定問題

32-9 次の取引の仕訳を示しなさい。

(1) 和歌山商会は，取得原価¥500,000の商品陳列用ケースを¥80,000で売却し，代金は月末に受け取ることにした。なお，この商品陳列用ケースに対する減価償却累計額は¥400,000であり，これまでの減価償却高は間接法で記帳している。（第90回）

(2) 山形商店は，期首に取得原価¥620,000の備品を¥205,000で売却し，代金は小切手で受け取り，ただちに当座預金に預け入れた。なお，この備品の売却時における帳簿価額は¥155,000であり，これまでの減価償却高は間接法で記帳している。（第91回）

(3) 鳥取商会は，取得原価¥1,200,000の商品陳列用ケースを¥400,000で売却し，代金は当店あての約束手形で受け取った。なお，この商品陳列用ケースに対する減価償却累計額は¥720,000であり，これまでの減価償却高は間接法で記帳している。（第88回一部修正）

	借　　　方	貸　　　方
(1)		
(2)		
(3)		

32-10 次の取引の仕訳を示しなさい。ただし，商品に関する勘定は3分法によること。

(1) 古川商店から，掛けで仕入れた商品の一部¥50,000を返品したとき，誤って商品¥50,000を掛けで売り渡したように処理していたことがわかったので，本日，これを訂正した。（第32回）

(2) 得意先宇都宮商店に商品を売り渡し，当店負担の発送費¥14,000を現金で支払ったさい，誤って次のように仕訳をしていたので修正する。（第86回一部修正）

（借）雑　　費 14,000　（貸）現　　金 14,000

(3) 得意先北陸商店から商品の注文を受け，内金¥200,000を受け取っていたが，得意先中部商店に対する売掛金の回収額として処理していたので，これを修正する。（第83回）

(4) 当期首に購入した備品B ¥300,000を消耗品費勘定で処理していたので，これを修正する。

（第82回）

	借　　　方	貸　　　方
(1)		
(2)		
(3)		
(4)		

33 計算問題

要点の整理

1 資産・負債・資本・収益・費用の関係（個人企業）

① 資産・負債・資本　期首資産－期首負債＝期首資本
期末資産－期末負債＝期末資本 ←― 同じ金額

② 収益・費用　収　益－費　用＝当期純利益（マイナスは純損失）

③ 期首・期末資本と純利益　期首資本＋当期純利益＋追加元入額－引出金＝期末資本←
（純損失はマイナスする）

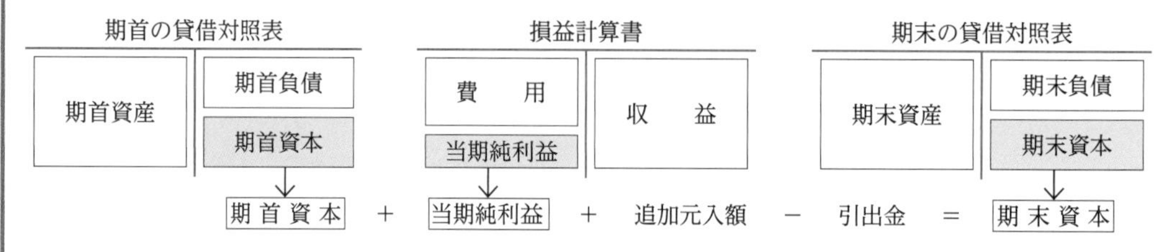

例 東京商店（個人企業）の次の資料から期末の備品の金額を計算しなさい。

資　料

a. 資産および負債

	（期　首）	（期　末）
現金預金	¥2,800	¥3,600
備品	1,200	
買掛金	920	1,500

b. 期中の収益・費用

売上高	¥5,000
売上原価	3,500
販売費	420
一般管理費	560

c. 期中の追加元入額 ¥300

d. 期中の引出金 ¥100

期末の備品	¥ 1,700

〈考え方〉

資料の金額を上の関係図に入れ，解答順序を考える。本例の場合は次のようになる。

① 期首の資産・負債から，期首資本を求める。（¥2,800＋¥1,200）－¥920＝¥3,080

② 期中の収益・費用から，当期純利益を求める。¥5,000－（¥3,500＋¥420＋¥560）＝¥520

③ ①②とc.d.を「期首・期末資本と純利益」の関係式に入れて，期末資本を求める。
¥3,080＋¥520＋¥300－¥100＝¥3,800　※計算問題ではこの関係が重要である。

④ 期末負債と期末資本を合計して，期末資産を求める。¥1,500＋¥3,800＝¥5,300

⑤ 期末資産から期末の現金預金を差し引いて，期末の備品を求める。
¥5,300－¥3,600＝¥1,700

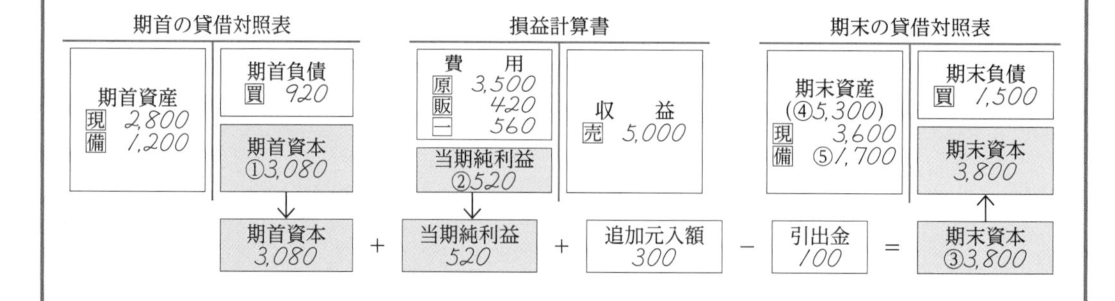

② 勘定や表に記入された金額の意味（個人企業）

資料が勘定や試算表によって与えられた場合，その勘定や試算表に記入されている金額の意味を理解していなければならない。主なものは次のとおりである。

① 損益勘定

損　益

	日付	摘要	金額	日付	摘要	金額
売上原価→	12/31	仕入	4,173,000	12/31	売上	6,420,000
当期純利益→	〃	資本金*	600,000			
			6,420,000			6,420,000

* 株式会社では「繰越利益剰余金」となる。

② 資本金勘定

資　本　金

	日付	摘要	金額	日付	摘要	金額	
引出金→	12/31	引出金	30,000	1/1	前期繰越	1,500,000	←期首資本
期末資本→	〃	次期繰越	2,170,000	6/30	現金	100,000	←追加元入額
				12/31	損益	600,000	←当期純利益
			2,200,000			2,200,000	

③ 繰越試算表

繰越試算表

	借方	勘定科目	貸方	
	560,000	現金		
	1,200,000	売掛金		
期末の商品→	780,000	繰越商品		
		資本金	2,170,000	←期末資本
	4,850,000		4,850,000	

③ 売上原価・売上総利益の計算

① 期首商品棚卸高＋純仕入高－期末商品棚卸高＝売上原価

② 純売上高－売上原価＝売上総利益

基本問題

33-1 和歌山商店（個人企業）の下記の資料によって，次の金額を計算しなさい。

(1) 当期純利益　　(2) 期末資本　　(3) 期首の買掛金

資　料

a．資産および負債

	(期首)	(期末)
現金預金	¥287,000	¥335,000
売掛金	734,000	921,000
商品	235,000	264,000
買掛金	□	380,000

b．期間中の収益・費用

売上高	¥4,324,000	売上原価	¥3,227,000
販売費及び一般管理費	875,000	支払利息	6,000

c．期間中の引出金 ¥150,000

(1)	当期純利益 ¥	(2)	期末資本 ¥	(3)	期首の買掛金 ¥

ポイント (1) 資料bから，当期純利益＝収益－費用　(3) まず期首資本を算出する。期首資本＝期末資本＋引出金－純利益　次に，期首資産－期首資本＝期首負債→期首買掛金　を算出。

練習問題

33-2 神奈川商店（個人企業）の下記の資料と繰越試算表によって，次の金額を計算しなさい。

a．仕　入　高　　b．期首負債

資　料

i　期首の資産総額　¥2,511,000
　（うち商品　¥630,000）
ii　期間中の収益および費用
　売上高　¥9,370,000
　受取手数料　50,000
　売上原価　7,476,000
　販売費及び一般管理費　1,418,000
　支払利息　12,000
iii　期間中の追加元入額　¥ 150,000
iv　期間中の引出金　¥ 90,000

繰越試算表
令和○年12月31日

借　方	勘定科目	貸　方
730,000	現　金	
1,470,000	売掛金	
650,000	繰越商品	
320,000	備　品	
	買掛金	925,000
	借入金	480,000
	資本金	1,765,000
3,170,000		3,170,000

a	仕　入　高　¥	b	期首負債　¥

33-3 新潟商店（個人企業）の下記の資本金勘定と資料によって，次の金額を計算しなさい。

a．売上原価　　b．期首資本

資　本　金

12/31	引出金	20,000	1/1	前期繰越	(　　)
〃	次期繰越	(　　)	6/30	現　金	140,000
			12/31	損　益	(　　)
		(　　)			(　　)

資　料

i　期間中の収益および費用
　売上高　¥9,427,000
　受取手数料　53,000
　売上原価　[　　]
　販売費及び一般管理費　1,930,000
ii　当期純利益　¥ 570,000
iii　期末の資産総額　¥3,820,000
iv　期末の負債総額　¥1,430,000

a	売上原価　¥	b	期首資本　¥

33-4 兵庫商店（個人企業）の下記の損益勘定と資料によって，次の金額を計算しなさい。

a．仕　入　高　　b．期首資産

損　益

12/31	仕　入	2,100,000	12/31	売　上	3,160,000
〃	給　料	450,000			
〃	減価償却費	130,000			
〃	雑　費	17,000			
〃	資本金	463,000			
		3,160,000			3,160,000

資　料

i　期首の資産総額　¥[　　]
　（うち商品　¥450,000）
ii　期首の負債総額　¥ 860,000
iii　期末の資産総額　¥2,830,000
　（うち商品　¥420,000）
iv　期末の負債総額　¥ 970,000
v　期間中の追加元入額　¥ 120,000

a	仕　入　高　¥	b	期首資産　¥

検定問題

33-5 栃木商店（個人企業）の下記の繰越試算表と資料によって，次の金額を計算しなさい。（第78回）

a．仕　入　高　　b．期間中の追加元入額

繰越試算表
令和○年12月31日

借方	勘定科目	貸方
490,000	現金	
840,000	売掛金	
370,000	繰越商品	
260,000	備品	
	買掛金	320,000
	借入金	200,000
	資本金	1,440,000
1,960,000		1,960,000

資料
i 期首の資産総額 ¥1,740,000
（うち商品 ¥280,000）
ii 期首の負債総額 ¥ 450,000
iii 期間中の収益および費用
売上高 ¥6,140,000
売上原価 5,219,000
給料 615,000
減価償却費 130,000
支払利息 6,000
iv 期間中の追加元入額 ¥□
v 期間中の引出金 ¥ 80,000

a	仕入高 ¥	b	期間中の追加元入額 ¥

33-6 島根商店（個人企業　決算年1回　12月31日）における，下記の勘定と資料によって，次の金額を計算しなさい。（第85回）

a．仕　入　高　　b．期末の負債総額

繰越商品

日付	摘要	金額	日付	摘要	金額
1/1	前期繰越	1,640,000	12/31	仕入	1,640,000
12/31	仕入	1,580,000	〃	次期繰越	1,580,000
		3,220,000			3,220,000

資本金

日付	摘要	金額	日付	摘要	金額
12/31	引出金	180,000	1/1	前期繰越	3,820,000
〃	次期繰越	（　）	7/1	現金	140,000
			12/31	損益	（　）
		（　）			（　）

資料
i 期間中の収益および費用
売上高 ¥7,420,000
受取手数料 36,000
売上原価 4,950,000
給料 2,130,000
減価償却費 183,000
ii 期末の資産総額 ¥6,722,000

a	仕入高 ¥	b	期末の負債総額 ¥

33-7 九州商店（個人企業）の下記の損益勘定と資料によって，次の金額を計算しなさい。（第77回）

a．仕　入　高　　b．期首の負債総額

損益

日付	摘要	金額	日付	摘要	金額
12/31	仕入	3,923,000	12/31	売上	5,230,000
〃	給料	840,000			
〃	減価償却費	133,000			
〃	雑費	40,000			
〃	資本金	294,000			
		5,230,000			5,230,000

資料
i 期首の資産総額 ¥4,050,000
（うち商品 ¥290,000）
ii 期首の負債総額 ¥□
iii 期末の資産総額 ¥4,120,000
（うち商品 ¥312,000）
iv 期末の負債総額 ¥ 880,000
v 期間中の追加元入額 ¥ 200,000
vi 期間中の引出金 ¥ 175,000

a	仕入高 ¥	b	期首の負債総額 ¥

33-8 近畿商店（個人企業）の下記の勘定と資料によって，次の金額を計算しなさい。（第68回）

a．仕　入　高　　b．期首の買掛金

損　　益

12/31	仕　入	5,200,000	12/31	売　上	6,420,000
〃	給　料	840,000			
〃	減価償却費	70,000			
〃	雑　費	38,000			
〃	資本金	(　　)			
		6,420,000			6,420,000

資　本　金

12/31	引出金	30,000	1/1	前期繰越	(　　)
〃	次期繰越	1,692,000	6/30	現　金	100,000
			12/31	(　　)	(　　)
		1,722,000			1,722,000

資　料

資産および負債

	（期　首）	（期　末）
現　金	¥370,000	¥585,000
売掛金	540,000	727,000
商　品	480,000	□
備　品	560,000	490,000
買掛金	□	610,000

a	仕　入　高　¥	b	期首の買掛金　¥

33-9 山口商店（個人企業）の下記の資料によって，次の金額を計算しなさい。（第71回）

a．売上原価　　b．売掛金の貸し倒れ高

資　料

i　売掛金および商品

	（期　首）	（期　末）
売掛金	¥ 450,000	¥ 409,000
商　品	280,000	290,000

ii　売掛金の回収高　¥3,950,000（現　金 ¥3,140,000　約束手形 ¥ 810,000）

iii　売掛金の貸し倒れ高　¥□

iv　期間中の売上高　¥5,030,000（掛　け ¥3,930,000　現　金 ¥1,100,000）

v　期間中の仕入高　¥3,900,000（掛　け ¥2,270,000　現　金 ¥1,630,000）

a	売上原価　¥	b	売掛金の貸し倒れ高　¥

33-10 中国商店（個人企業）の下記の繰越試算表と資料によって，次の金額を計算しなさい。（第80回）

a．期首の負債総額　　b．期末の売掛金

繰越試算表

令和○年12月31日

借　方	勘定科目	貸　方
1,415,000	現　金	
(　　)	売掛金	
(　　)	繰越商品	
600,000	備　品	
	買掛金	832,000
	借入金	700,000
	資本金	1,802,000
3,334,000		3,334,000

資　料

i　期首の資産

現　金	¥1,078,000
売掛金	892,000
商　品	540,000
備　品	750,000

ii　期間中の掛売上高　¥8,760,000

iii　期間中の売掛金回収額　¥8,913,000

iv　期間中の追加元入額　¥ 70,000

v　期間中の引出金　¥ 190,000

vi　当期純利益　¥ 405,000

a	期首の負債総額　¥	b	期末の売掛金　¥

33-11 熊本商店（個人企業）の下記の仕訳帳と資料によって，期間中の次の金額を計算しなさい。

（第69回一部修正）

a．仕　入　高　　b．引　出　金

仕　訳　帳

令和○年		摘　要		元丁	借　方	貸　方
		決算仕訳				
12	31	売　上			4,850,000	
			損　益			4,850,000
	〃	損　益		省	(　　)	
			仕　入			(　　)
			給　料			720,000
			減価償却費			80,000
			雑　費	略		46,000
	〃	損　益			290,000	
			資本金			290,000

資　料

i　期首の資産総額　¥1,950,000
（うち商品　¥450,000）
ii　期首の負債総額　¥ 690,000
iii　期末の資産総額　¥2,465,000
（うち商品　¥530,000）
iv　期末の負債総額　¥ 870,000
v　期間中の追加元入額　¥ 130,000
vi　期間中の引出金　¥□

a	仕　入　高　¥	b	引　出　金　¥

33-12 長崎商店（個人企業）の下記の仕訳帳と資料によって，次の金額を計算しなさい。（第89回一部修正）

a．仕訳帳の（ア）の金額　　b．仕　入　高　　c．期首の負債総額

仕　訳　帳

令和○年		摘　要		元丁	借　方	貸　方
		決算仕訳				
12	31	売　上			6,324,000	
			損　益			6,324,000
	〃	損　益		省	(　　)	
			仕　入			4,517,000
			給　料			948,000
			減価償却費			375,000
			雑　費	略		(　ア　)
	〃	損　益			461,000	
			資本金			461,000

資　料

i　期首の資産総額　¥2,830,000
（うち商品　¥520,000）
ii　期末の資産総額　¥2,960,000
（うち商品　¥490,000）
iii　期末の負債総額　¥1,250,000
iv　期間中の追加元入額　¥ 100,000
v　期間中の引出金　¥ 140,000

a	¥	b	¥	c	¥

34 株式会社の設立・開業・株式の発行

要点の整理

① 株式会社の設立と開業

株式会社は，発起人が作成した定款(ていかん)にもとづいて株式を発行し，出資者（株主）から資金を調達して設立される。株式会社の資本金は，原則として株主となる者が会社に対して払い込みまたは給付をした財産の全額であり，**資本金勘定**で処理する。例外として払込金額の$\frac{1}{2}$以内の金額を資本金勘定に計上しないことが認められている。この部分の金額は，**資本準備金勘定**に計上する。

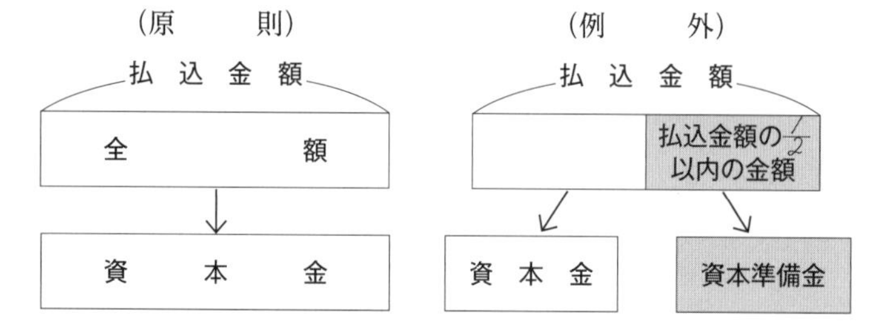

例 九州商事株式会社は，設立にさいし，株式200株を1株¥50,000で発行し，その全額の引き受け・払い込みを受け，払込金は当座預金とした。

（借）当座預金 10,000,000　（貸）資本金 10,000,000

例 四国商事株式会社は，設立にさいし，株式200株を1株¥50,000で発行し，その全額の引き受け・払い込みを受け，払込金は当座預金とした。ただし，払込金額のうち，1株につき¥20,000は資本金に計上しないことにした。

（借）当座預金 10,000,000　（貸）資本金 6,000,000
　　　　　　　　　　　　　　　　資本準備金 4,000,000

資　本　金……(¥50,000－¥20,000)×200株＝¥6,000,000
資本準備金……¥20,000×200株＝¥4,000,000

また，定款作成費や設立登記費用など，発起人が株式会社の設立準備のために立て替えていた諸費用は，**創立費勘定**で処理する。さらに，会社設立後，営業開始（開業）までにかかった費用は**開業費勘定**で処理する。

例 那覇商事株式会社は，設立手続きを終了し，設立のために支出した諸費用¥200,000を小切手を振り出して支払った。

（借）創立費 200,000　（貸）当座預金 200,000

例 福岡商事株式会社は，開業準備のための諸費用¥100,000を小切手を振り出して支払った。

（借）開業費 100,000　（貸）当座預金 100,000

② 株式の発行

株式会社の設立後，企業規模拡大などのために，あらたに株式を発行するなどして資本金を増やすことができる。この場合の処理は設立のときと同じである。なお，株式をあらたに発行するためにかかった費用は，**株式交付費勘定**で処理する。

例 博多商事株式会社は，あらたに株式を発行するための諸費用¥60,000を小切手を振り出して支払った。

（借）株式交付費 60,000　（貸）当座預金 60,000

基本問題

34-1 次の取引の仕訳を示しなさい。

(1) 松山商事株式会社は，設立にさいし，株式200株を1株につき¥50,000で発行し，全額の引き受け・払い込みを受け，払込金は当座預金とした。

(2) 愛媛商事株式会社は，あらたに株式300株を1株につき¥60,000で発行し，全額の引き受け・払い込みを受け，払込金は当座預金とした。

(3) 徳島商事株式会社は，設立にあたり，株式600株を1株につき¥55,000で発行し，全額の引き受け・払い込みを受け，払込金は当座預金とした。ただし，1株につき¥5,000は資本金に計上しないことにした。

(4) 高松商事株式会社は，あらたに株式200株を1株につき¥75,000で発行し，全額の引き受け・払い込みを受け，払込金は当座預金とした。ただし，1株の払込金額のうち¥25,000は資本金に計上しないことにした。

	借　　　方	貸　　　方
(1)		
(2)		
(3)		
(4)		

ポイント (1)(2)は，払込金の全額を資本金として計上する原則処理である。(3)(4)は，払込金の一部を資本金に計上しない例外処理である。

34-2 次の取引の仕訳を示しなさい。

(1) 高知商事株式会社は，設立にさいし，株式250株を1株につき¥60,000で発行し，全額の引き受け・払い込みを受け，払込金は当座預金とした。ただし，1株の払込金額のうち¥20,000は資本金に計上しないことにした。

(2) 池田商事株式会社は，あらたに株式300株を1株につき¥70,000で発行し，全額の引き受け・払い込みを受け，払込金は当座預金とした。ただし，1株の払込金額のうち¥10,000を資本金に計上しないことにした。

(3) 別府商事株式会社は，あらたに株式200株を1株につき¥80,000で発行し，全額の引き受け・払い込みを受け，払込金は当座預金とした。ただし，1株につき¥30,000を資本金に計上しないことにした。

	借　　　方	貸　　　方
(1)		
(2)		
(3)		

ポイント 資本金に計上しない部分の金額は資本準備金に計上する。

34-3 次の取引の仕訳を示しなさい。

(1) 大分商事株式会社は，設立にあたり発起人が立て替えた諸費用¥200,000を小切手を振り出して支払った。

(2) 宮崎商事株式会社は会社設立後，営業にいたるまでの開業準備のための諸費用¥150,000を小切手を振り出して支払った。

(3) 鹿児島商事株式会社は，あらたに株式を発行するための諸費用¥600,000を小切手を振り出して支払った。

	借　　方	貸　　方
(1)		
(2)		
(3)		

ポイント (1) 会社設立までの諸費用は，創立費勘定で処理する。
(2) 会社設立後，開業までの諸費用は，開業費勘定で処理する。
(3) あらたな株式発行の諸費用は，株式交付費勘定で処理する。

34-4 次の取引の仕訳を示しなさい。

(1) 高知商事株式会社は，設立にさいし，株式200株を，1株につき¥50,000で発行し，全額の引き受け・払い込みを受け，払込金を当座預金とした。

(2) 愛媛商事株式会社は，あらたに株式100株を1株につき¥90,000で発行し，全額の引き受け・払い込みを受け，払込金は当座預金とした。ただし，1株の払込金額のうち¥40,000を資本金に計上しないことにした。

(3) 香川商事株式会社は，設立にさいし，株式300株を1株につき¥60,000で発行し，全額の引き受け・払い込みを受け，払込金は当座預金とした。

(4) 徳島商事株式会社は，あらたに株式100株を1株につき¥100,000で発行し，全額の引き受け・払い込みを受け，払込金は当座預金とした。ただし，1株の払込金額のうち2分の1は資本金に計上しないことにした。

	借　　方	貸　　方
(1)		
(2)		
(3)		
(4)		

練習問題

34-5 次の取引の仕訳を示しなさい。

(1) 九州商事株式会社は，設立にさいし，株式200株を1株につき¥75,000で発行し，全額の引き受け・払い込みを受け，払込金は当座預金とした。なお，1株につき¥25,000を資本金に計上しないことにした。また，この株式の発行に要した諸費用¥750,000を小切手を振り出して支払った。

(2) 佐賀商事株式会社は，設立にあたり，発起人が立替払いした定款の作成費などの諸費用¥700,000を小切手を振り出して支払った。

(3) 熊本商事株式会社は，開業準備のための広告費用など，諸費用¥350,000を小切手を振り出して支払った。

(4) 大分商事株式会社は，あらたに株式300株を¥70,000で発行し，全額の引き受け・払い込みを受け，払込金は当座預金とした。なお，1株につき¥20,000を資本金に計上しないことにした。また，この株式の発行に要した諸費用¥900,000を小切手を振り出して支払った。

(5) 福岡商事株式会社は，設立にあたり，株式1,250株を1株につき¥60,000で発行し，全額の引き受け・払い込みを受け，払込金は当座預金とした。ただし，1株の払込金額のうち¥30,000を資本金に計上しないことにした。また，この株式の発行に要した諸費用¥500,000を小切手を振り出して支払った。

	借　　方	貸　　方
(1)		
(2)		
(3)		
(4)		
(5)		

34-6 次の取引の仕訳を示しなさい。

(1) 長崎商事株式会社は，あらたに株式400株を1株につき¥80,000で発行し，全額の引き受け・払い込みを受け，払込金は当座預金とした。ただし，1株の払込金額のうち¥40,000は資本金に計上しないことにした。なお，この株式の発行に要した諸費用¥450,000は小切手を振り出して支払った。

(2) 宮崎商事株式会社は，会社設立後，開業準備のために事務所を借り，その諸費用¥200,000を現金で支払った。

(3) 沖縄商事株式会社は，設立にさいし，株式300株を1株につき¥140,000で発行し，全額の引き受け・払い込みを受け，払込金は当座預金とした。ただし，1株の払込金額のうち¥70,000は資本金に計上しないことにした。なお，この株式の発行に要した諸費用¥860,000は，小切手を振り出して支払った。

(4) 福岡商事株式会社は，事業拡張のため，あらたに株式を発行することにし，そのための諸費用¥600,000を小切手を振り出して支払った。

(5) 鹿児島商事株式会社は，事業拡張のため，あらたに株式200株を1株につき¥100,000で発行し，全額の引き受け・払い込みを受け，払込金は当座預金とした。ただし，1株の払込金額のうち¥50,000は資本金に計上しないことにした。なお，この株式の発行に要した諸費用¥360,000は小切手を振り出して支払った。

(6) 佐賀商事株式会社は，設立にさいし，株式300株を1株につき¥70,000で発行し，全額の引き受け・払い込みを受け，払込金は当座預金とした。ただし，1株の払込金額のうち¥30,000は資本金に計上しないことにした。なお，この株式の発行に要した諸費用¥560,000は小切手を振り出して支払った。

	借　　方	貸　　方
(1)		
(2)		
(3)		
(4)		
(5)		
(6)		

検定問題

34-7 次の取引の仕訳を示しなさい。

(1) 鹿児島商事株式会社は，設立にさいし，株式600株を1株につき¥85,000で発行し，全額の引き受け・払い込みを受け，払込金は当座預金とした。ただし，1株の払込金額のうち¥35,000は資本金に計上しないことにした。なお，設立に要した諸費用¥460,000は小切手を振り出して支払った。（第81回）

(2) 山梨商事株式会社は，事業規模拡大のため，あらたに株式400株を1株につき¥130,000で発行し，全額の引き受け・払い込みを受け，払込金は当座預金とした。ただし，1株の払込金額のうち¥50,000は資本金に計上しないことにした。なお，この株式の発行に要した諸費用¥460,000は小切手を振り出して支払った。（第83回）

(3) 岩手産業株式会社は，設立にさいし，株式400株を1株につき¥90,000で発行し，全額の引き受け・払い込みを受け，払込金は当座預金とした。ただし，1株の払込金額のうち¥40,000は資本金に計上しないことにした。なお，設立に要した諸費用¥370,000は小切手を振り出して支払った。（第85回）

(4) 熊本商事株式会社は，設立にさいし，株式300株を1株につき¥80,000で発行し，全額の引き受け・払い込みを受け，払込金は当座預金とした。なお，設立に要した諸費用¥470,000は小切手を振り出して支払った。（第89回）

(5) 新潟商事株式会社は，企業規模拡大のために発行した株式の発行費用¥760,000を小切手を振り出して支払った。（第87回）

(6) 大阪商事株式会社は，企業規模拡大のため，あらたに株式500株を1株につき¥70,000で発行し，全額の引き受け，払い込みを受け，払込金は当座預金とした。ただし，1株の払込金額のうち¥30,000は資本金に計上しないことにした。なお，この株式の発行に要した諸費用¥480,000は小切手を振り出して支払った。（第90回）

	借　方	貸　方
(1)		
(2)		
(3)		
(4)		
(5)		
(6)		

35 剰余金の処分

要点の整理

① 純利益の計上

個人企業では，損益勘定で算出した当期純利益は資本金勘定の貸方に振り替えた。これに対して株式会社では，当期純利益を**繰越利益剰余金勘定**の貸方に振り替えて，次期に繰り越す。また，純損失が生じた場合は，繰越利益剰余金勘定の借方に振り替える。

例 東北商事株式会社は，決算の結果，当期純利益¥30,000を計上した。

(借) 損　　益 30,000　(貸) 繰越利益剰余金 30,000

損益

借方	貸方
費　用	収　益
純利益 30,000	

繰越利益剰余金

借方	貸方
	純利益 30,000

② 剰余金の処分

剰余金とは，会社法により株主に配当することが認められている繰越利益剰余金や任意積立金などをいう。剰余金は，原則として株主総会の決議によって処分することができる。剰余金の処分には，配当のほか，繰越利益剰余金の任意積立金への振り替えや損失の処理（繰越利益剰余金勘定の借方残高のてん補）などが含まれる。処分額は，繰越利益剰余金勘定から該当する勘定の貸方に振り替えられる。

例 株主総会において，繰越利益剰余金¥30,000について，次のとおり剰余金の処分が決定された。

配 当 金 ¥23,000　利益準備金 ¥2,300　新築積立金 ¥4,000

(借) 繰越利益剰余金 29,300　(貸) 未払配当金 23,000
　　　　　　　　　　　　　　　　利益準備金 2,300
　　　　　　　　　　　　　　　　新築積立金 4,000

繰越利益剰余金

借方	貸方
未払配当金 23,000	前期繰越 30,000
利益準備金 2,300	
新築積立金 4,000	

未払配当金

借方	貸方
	23,000

新築積立金

借方	貸方
	4,000

利益準備金

借方	貸方
	2,300

例 配当金¥23,000を小切手を振り出して支払った。

(借) 未払配当金 23,000　(貸) 当座預金 23,000

また，繰越利益剰余金勘定の借方残高（損失の累積額）をてん補する場合には，別途積立金などを取り崩しておこなう。

例 株主総会において，繰越利益剰余金勘定の借方残高¥3,000をてん補するため，別途積立金¥3,000を取り崩した。

(借) 別途積立金 3,000　(貸) 繰越利益剰余金 3,000

繰越利益剰余金

借方	貸方
借方残高 3,000	てん補 3,000

別途積立金

借方	貸方
取り崩し 3,000	

基本問題

35-1 次の一連の取引の仕訳を示しなさい。

(1) 岩手商事株式会社は，決算の結果，当期純利益¥2,000,000を計上した。

(2) 株主総会において，繰越利益剰余金を次のとおり配当および処分することを決議した。なお，繰越利益剰余金の残高は¥2,000,000である。

配　当　金　¥1,200,000　　　利益準備金　¥120,000
新築積立金　¥　300,000

(3) 配当金¥1,200,000を小切手を振り出して支払った。

(4) 決算の結果，当期純利益¥3,000,000を計上した。

	借　　　　方	貸　　　　方
(1)		
(2)		
(3)		
(4)		

ポイント (1) 損益勘定から繰越利益剰余金勘定の貸方に振り替える。

35-2 次の一連の取引の仕訳を示しなさい。

(1) 秋田商事株式会社(発行済株式数500株)は，決算の結果，当期純利益¥3,200,000を計上した。

(2) 繰越利益剰余金について，株主総会で次のとおり配当および処分することを決議した。

配　当　金　1株につき¥5,000　　　利益準備金　¥250,000
新築積立金　¥300,000

	借　　　　方	貸　　　　方
(1)		
(2)		

ポイント (2) 配当金は，¥5,000×500(株)で計算する。

35-3 次の一連の取引の仕訳を示しなさい。

(1) 宮城商事株式会社は，決算の結果，当期純損失¥550,000を計上した。

(2) 株主総会において，繰越利益剰余金勘定の借方残高¥550,000を別途積立金¥550,000を取り崩しててん補した。

(3) 宮城商事株式会社は，決算の結果，当期純利益¥400,000を計上した。

	借　方	貸　方
(1)		
(2)		
(3)		

ポイント (1) 当期純損失の計上仕訳は，借方に繰越利益剰余金がくる。

35-4 次の取引の仕訳を示しなさい。

(1) 福島商事株式会社は，決算の結果，当期純利益¥1,840,000を計上した。

(2) 山形商事株式会社は，決算の結果，当期純損失¥260,000を計上した。

(3) 青森物産株式会社は，株主総会において繰越利益剰余金勘定の借方残高¥1,500,000を次の積立金を取り崩しててん補することを決議した。

新築積立金　¥1,000,000　　別途積立金　¥500,000

(4) 盛岡物産株式会社は，株主総会において，繰越利益剰余金勘定の借方残高¥1,700,000を別途積立金¥1,700,000を取り崩しててん補することを決議した。

	借　方	貸　方
(1)		
(2)		
(3)		
(4)		

練習問題

35-5 次の一連の取引の仕訳を示しなさい。

(1) 仙台商事株式会社（発行済株式数1,000株）は，決算の結果，当期純利益¥4,600,000を計上した。

(2) 株主総会において，繰越利益剰余金を次のとおり配当および処分することを決議した。

配　当　金　1株につき¥2,000　　利益準備金　¥200,000
別途積立金　¥1,900,000

(3) 株主総会で決議した配当金を小切手を振り出して支払った。

(4) 決算の結果，当期純利益¥4,900,000を計上した。

	借　　方	貸　　方
(1)		
(2)		
(3)		
(4)		

35-6 次の(1)の取引の仕訳を示し，(2)の問いに答えなさい。

(1) ア．郡山商事株式会社は，第17期決算の結果，当期純損失¥850,000を計上した。ただし，繰越利益剰余金勘定の貸方残高が¥350,000ある。

イ．上記の郡山商事株式会社は，株主総会において繰越利益剰余金勘定の借方残高¥500,000のうち¥400,000について，別途積立金を取り崩して，てん補することを決議した。

ウ．上記の郡山商事株式会社の第18期決算の結果，当期純利益¥300,000を計上した。

(2) 第18期決算終了後の繰越利益剰余金勘定の残高を求めなさい。

		借　　方	貸　　方
(1)	ア		
	イ		
	ウ		

(2)	(　　)方残高　¥

35-7 次の取引の仕訳を示しなさい。

(1) 大阪商事株式会社（発行済株式数2,000株）は，株主総会において繰越利益剰余金を，次のとおり配当および処分することを決議した。

配　当　金　1株につき¥1,000　　　利益準備金　¥200,000

別途積立金　¥600,000

(2) 奈良商事株式会社（発行済株式数1,000株）は，株主総会において繰越利益剰余金を，次のとおり配当および処分することを決議した。

配　当　金　1株につき¥2,000　　　利益準備金　¥200,000

新築積立金　¥400,000

(3) 京都商事株式会社は，第9期決算の結果，当期純損失¥485,000を計上した。

(4) 兵庫商事株式会社は，株主総会において，繰越利益剰余金勘定の借方残高¥380,000を別途積立金¥380,000を取り崩しててん補することを決議した。

(5) 和歌山商事株式会社（発行済株式数500株）は，決算の結果，当期純利益¥3,000,000を計上した。

	借　　方	貸　　方
(1)		
(2)		
(3)		
(4)		
(5)		

35-8 次の一連の取引の仕訳を示し，総勘定元帳に転記しなさい。

○1年3月31日　熊本産業株式会社は，第1期決算の結果，当期純利益¥1,340,000を計上した。

○1年6月28日　株主総会の結果，繰越利益剰余金¥1,200,000について，次のとおり処分が決定された。

配　当　金　¥750,000　　利益準備金　¥ 75,000
新築積立金　¥200,000　　別途積立金　¥175,000

○1年7月 1日　配当金¥750,000を小切手を振り出して支払った。

○2年3月31日　第2期決算の結果，当期純利益¥1,530,000を計上した。

	借　　方	貸　　方
○1/3/31		
○1/6/28		
○1/7/ 1		
○2/3/31		

繰越利益剰余金

3/31	次期繰越	1,340,000	3/31	損　益	1,340,000
6/28	未払配当金	(　　)	4/1	前期繰越	1,340,000
〃	利益準備金	(　　)	3/31	(　　)	(　　)
〃	新築積立金	(　　)			
〃	別途積立金	(　　)			
3/31	次期繰越	(　　)			
		(　　)			(　　)

未払配当金

7/1	(　　)	(　　)	6/28	(　　)	(　　)

利益準備金

3/31	次期繰越	(　　)	6/28	(　　)	(　　)

検定問題

35-9 次の取引の仕訳を示しなさい。

(1) 九州産業株式会社は，決算の結果，当期純利益¥2,210,000を計上した。（第89回）

(2) 北西商事株式会社は，決算の結果，当期純損失¥837,000を計上した。（第87回）

(3) 岡山商事株式会社（発行済株式数5,800株）は，株主総会において，繰越利益剰余金を次のとおり配当および処分することを決議した。ただし，繰越利益剰余金勘定の貸方残高は¥4,700,000である。（第91回一部修正）

配 当 金 1株につき¥350 利益準備金 ¥203,000 別途積立金 ¥1,890,000

(4) 山形産業株式会社は，決算の結果，当期純利益¥2,700,000を計上した。（第85回）

(5) 沖縄商事株式会社（発行済株式総数6,300株）は，株主総会において，繰越利益剰余金を次のとおり配当および処分することを決議した。ただし，繰越利益剰余金勘定の貸方残高は¥4,500,000である。（第88回一部修正）

配 当 金 1株につき¥300 利益準備金 ¥189,000 別途積立金 ¥1,700,000

(6) 香川物産株式会社（発行済株式数3,400株）は，株主総会において，繰越利益剰余金を次のとおり配当および処分することを決議した。ただし，繰越利益剰余金勘定の貸方残高は¥2,875,000である。（第86回一部修正）

配 当 金 1株につき¥500 利益準備金 ¥170,000 別途積立金 ¥260,000

(7) 東海物産株式会社（発行済株式数2,900株）は，株主総会において，繰越利益剰余金を次のとおり配当および処分することを決議した。ただし，繰越利益剰余金勘定の貸方残高は¥3,045,000である。（第83回一部修正）

配 当 金 1株につき¥700 利益準備金 ¥203,000 新築積立金 ¥400,000

	借 方	貸 方
(1)		
(2)		
(3)		
(4)		
(5)		
(6)		
(7)		

36 株式会社の税金

要点の整理

① 株式会社の税金

株式会社に課せられるおもな税金には，法人税，住民税，事業税，固定資産税などがある。

② 法人税・住民税・事業税の記帳

法人税・住民税及び事業税は，申告・納付の方法が同じであるので，**法人税等**として，まとめて記帳する。

(1) 中間申告・納付の記帳

株式会社は，期首から6か月経過後，2か月以内に中間申告をおこなう。中間申告では，前年度の法人税等の2分の1，または中間決算をおこなって法人税等の額を計算して申告納付する。中間申告において，法人税等を納付したときは，**仮払法人税等勘定**の借方に記入する。

例 法人税・住民税及び事業税の中間申告をおこない，前年度の法人税・住民税及び事業税の合計額¥1,000,000の2分の1を現金で納付した。

(借) 仮払法人税等 500,000 (貸) 現　　金 500,000

(2) 決算日の記帳

決算日に当期の法人税等を計上したときは，**法人税等勘定**の借方に記入する。また，中間申告による納付額を仮払法人税等勘定の貸方に，法人税等の額と中間納付額との差額（未納額）を**未払法人税等勘定**の貸方に記入する。

例 決算にさいし，当期の法人税・住民税及び事業税の合計額¥1,200,000を計上した。

(借) 法人税等 1,200,000 (貸) 仮払法人税等 500,000
　　　　　　　　　　　　　　未払法人税等 700,000

(3) 確定申告・納付の記帳

決算日の翌日から原則として2か月以内に確定申告をおこない，未払法人税等を納付する。

例 法人税・住民税及び事業税の確定申告をおこない，決算で計上した法人税等の額から中間申告納付額を差し引いた¥700,000を現金で納付した。

(借) 未払法人税等 700,000 (貸) 現　　金 700,000

③ 固定資産税の記帳

個人企業の場合と同様に，納付したときに租税公課勘定に記入する方法と，納税通知書を受け取ったときに全額を租税公課勘定の借方と未払税金勘定の貸方に記入する方法がある。

基本問題

36-1 次の一連の取引の仕訳を示しなさい。

(1) 佐世保商事株式会社（決算年1回）は法人税・住民税及び事業税の中間申告をおこない，前年度の法人税等¥600,000の2分の1を現金で納付した。

(2) 決算にあたり，当期の法人税・住民税及び事業税の合計額¥700,000を計上した。

(3) 確定申告をおこない，中間申告で納付した法人税・住民税及び事業税額を差し引き，残額¥400,000を現金で納付した。

	借　　方	貸　　方
(1)		
(2)		
(3)		

練習問題

36-2 次の取引の仕訳を示しなさい。

(1) 松山商事株式会社は，決算にあたり，当期の法人税・住民税及び事業税の合計額¥740,000を計上した。ただし，中間申告で法人税・住民税及び事業税額¥400,000を納付している。

(2) 高松商事株式会社は，確定申告をおこない，法人税額¥250,000と住民税額¥100,000，事業税額¥50,000を現金で納付した。ただし，決算日に未払法人税等¥400,000が計上してある。

(3) 山口商事株式会社は，本社ビルの固定資産税¥285,000の納税通知書を受け取り，全額を租税公課勘定に計上した。

	借　　　方	貸　　　方
(1)		
(2)		
(3)		

36-3 東北商事株式会社（決算年1回　12月31日）の次の一連の取引の仕訳を示し，下記の各勘定に転記して，締め切りなさい。ただし，開始記入はしなくてよい。

2月25日　法人税･住民税及び事業税の確定申告をおこない，小切手を振り出して納付した。ただし，未払法人税等勘定の残高が¥310,000ある。

6月28日　中間申告をおこない，前年度の法人税・住民税及び事業税の合計額¥560,000の2分の1を小切手を振り出して納付した。

12月31日　決算にあたり，当期の法人税・住民税及び事業税¥540,000を計上した。

	借　　　方	貸　　　方
2/25		
6/28		
12/31		

仮払法人税等

未払法人税等

	1/1 前期繰越 310,000

検定問題

36-4 次の取引の仕訳を示しなさい。

(1) 岩手商事株式会社（決算年1回）は，中間申告をおこない，前年度の法人税・住民税及び事業税の合計額¥3,580,000の2分の1を小切手を振り出して納付した。 （第91回）

(2) 石川商事株式会社（決算年1回）は，決算にあたり，当期の法人税・住民税及び事業税の合計額¥2,950,000を計上した。ただし，中間申告のさい¥1,210,000を納付しており，仮払法人税等勘定で処理している。 （第90回）

(3) 鹿児島商事株式会社は，法人税・住民税及び事業税の確定申告をおこない，決算で計上した法人税等¥3,000,000から中間申告のさいに納付した¥1,800,000を差し引いた額を現金で納付した。 （第89回）

(4) 青森商事株式会社（決算年1回）は，中間申告をおこない，前年度の法人税・住民税及び事業税の合計額¥2,130,000の2分の1を小切手を振り出して納付した。 （第88回）

	借　　　方	貸　　　方
(1)		
(2)		
(3)		
(4)		

37 仕訳の問題

37-1 次の取引の仕訳を示しなさい。ただし，勘定科目は，次のなかからもっとも適当なものを使用すること。

現金	当座預金	受取手形	不渡手形	売掛金
クレジット売掛金	仮払消費税	備品	備品減価償却累計額	車両運搬具
営業外受取手形	支払手形	買掛金	未払金	未払消費税
前受金	営業外支払手形	仮受消費税	売上	受取手数料
固定資産売却益	仕入	支払手数料	固定資産売却損	

(1) 商品¥80,000を仕入れ，代金はその消費税¥8,000とともに掛けとした。
(2) 上記(1)の商品を¥100,000で売り渡し，代金はその消費税¥10,000とともに掛けとした。
(3) 決算にあたり，上記(1)(2)について消費税の未払額を計上した。
(4) 営業用の小型トラック1台¥980,000を買い入れ，代金のうち¥500,000は約束手形を振り出して支払い，残額は月末に支払うこととした。
(5) 青森商店は，当期首に備品¥800,000（減価償却累計額¥600,000）を北東商店に¥100,000で売却し，代金は北東商店振り出しの約束手形で受け取った。
(6) 青森商店は，上記(5)で受け取った約束手形¥100,000が不渡りとなったので，北東商店に償還請求した。なお，この手続きのために要した諸費用¥3,000は現金で支払った。
(7) 商品¥200,000をクレジットカード払いの条件で販売した。なお，クレジット会社への手数料（販売代金の2％）を計上した。
(8) クレジット会社から，手数料を差し引いた商品販売の手取額が当社の当座預金口座に入金された。なお，販売時の商品代金は¥200,000であり，手数料は販売代金の2％であった。

	借　　　方	貸　　　方
(1)		
(2)		
(3)		
(4)		
(5)		
(6)		
(7)		
(8)		

37-2 次の取引の仕訳を示しなさい。ただし，勘定科目は，次のなかからもっとも適当なものを使用すること。

現金	当座預金	受取手形	不渡手形	売掛金
貸倒引当金	未収入金	受取商品券	前払金	備品
備品減価償却累計額	仮払法人税等	買掛金	前受金	未払法人税等
繰越利益剰余金	売上	雑益	固定資産売却益	仕入
貸倒損失	固定資産売却損	支店	本店	損益

(1) 秋田商店は，不用となった雑誌を売却し，代金¥8,000は月末に受け取ることにした。

(2) 西南商店から，商品代金として受け取っていた当店あての約束手形¥300,000が不渡りとなり，償還請求の諸費用¥4,600とあわせて請求していたが，本日，西南商店が倒産し，手形の回収が不能となったので，貸し倒れとして処理した。ただし，貸倒引当金の残額は¥220,000である。

(3) 茨城商店の本店は，決算の結果，支店が当期純利益¥680,000を計上したとの通知を受けた。(本店の仕訳)

(4) 山口商店に，商品の注文に対する内金として，小切手¥350,000を振り出したときに，誤って，買掛代金の支払いとして記帳していたので，本日，これを訂正した。

(5) 取得原価¥1,500,000の備品を¥620,000で売却し，代金は月末に受け取ることにした。なお，この備品の売却時における帳簿価額は¥675,000であり，これまでの減価償却高は間接法で記帳している。

(6) 福島商店へ商品¥30,000を販売し，代金は自治体発行の商品券で受け取った。

(7) 新潟商事株式会社（決算年1回）は，中間申告をおこない，前年度の法人税・住民税及び事業税の合計額¥2,260,000の2分の1を小切手を振り出して納付した。

	借方	貸方
(1)		
(2)		
(3)		
(4)		
(5)		
(6)		
(7)		

37-3 次の取引の仕訳を示しなさい。ただし，勘定科目は，次のなかからもっとも適当なものを使用すること。

現金	当座預金	受取手形	電子記録債権	不渡手形
売掛金	支払手形	電子記録債務	買掛金	所得税預り金
資本金	資本準備金	利益準備金	繰越利益剰余金	売上
受取利息	固定資産売却益	創立費	支払利息	旭川支店
帯広支店	本店	損益		

(1) 北海道商店の旭川支店は，現金¥250,000を帯広支店の当座預金口座に振り込んだ。ただし，本店集中計算制度を採用している。(旭川支店の仕訳)

(2) かねて，商品代金として山梨商店から裏書譲渡されていた約束手形が不渡りとなり，手形金額¥540,000と償還請求の諸費用¥4,000をあわせて償還請求していたが，本日，請求金額と期日以後の利息¥3,800を現金で受け取った。

(3) さきに，神奈川商店から商品代金として受け取っていた同店振り出し，当店あての約束手形について，支払期日の延期の申し出があり，これを承諾した。よって，支払期日の延期にともなう利息¥2,800を加えた新しい手形¥246,800を受け取り，旧手形と交換した。

(4) 静岡産業株式会社は，決算の結果，当期純利益¥3,260,000を計上した。

(5) 長野商事株式会社は，設立にさいし，株式500株を1株につき¥75,000で発行し，全額の引き受け・払い込みを受け，払込金は当座預金とした。ただし，1株の払込金額のうち¥25,000は資本金に計上しないことにした。なお，設立に要した諸費用¥320,000は小切手を振り出して支払った。

(6) 宮城商店は，所得税の源泉徴収額¥80,000を所轄の税務署に現金で納付した。

(7) 岡山商店に対する買掛金¥320,000について，取引銀行を通じて電子債権記録機関に債務の発生記録を請求した。

(8) 三重商店に対する売掛金¥130,000について，電子債権記録機関から取引銀行を通じて電子記録債権の発生記録の通知を受けた。

	借方	貸方
(1)		
(2)		
(3)		
(4)		
(5)		
(6)		
(7)		
(8)		

37-4 次の取引の仕訳を示しなさい。ただし，勘定科目は，次のなかからもっとも適当なものを使用すること。

現金	当座預金	受取手形	不渡手形	売掛金
未収家賃	仮払法人税等	支払手形	未払法人税等	繰越利益剰余金
受取家賃	広告料	開業費	株式交付費	支払家賃
支店	本店	損益		

(1) 群馬商事株式会社（決算年1回 3月31日）は，中間申告をおこない，前年度の法人税，住民税及び事業税の合計額¥4,250,000の2分の1を，小切手を振り出して納付した。

(2) 京都商店から商品代金として裏書譲渡されていた南西商店振り出しの約束手形¥560,000が不渡りとなったので，京都商店に償還請求した。なお，償還請求に要した諸費用¥1,800を現金で支払った。

(3) 三重商事株式会社は，決算の結果，当期純損失¥320,000を計上した。

(4) 栃木商事株式会社は，法人税，住民税及び事業税の確定申告をおこない，決算で計上した法人税等¥980,000から中間申告のさいに納付した¥450,000を差し引いた額を現金で納付した。

(5) 兵庫商事株式会社は，会社設立後，開業準備のために直接要した諸費用¥3,300,000を小切手を振り出して支払った。

(6) 岡山商会の本店は，広告料¥270,000を支払ったさい，全額を本店の広告料として処理していたが，このうち¥60,000は支店の負担分であることが判明したので，本日，これを訂正した。（本店の仕訳）

(7) 静岡商店（個人企業）は，前期末の決算において，家賃の未収高を次のとおり未収家賃勘定に振り替えていたが，当期首にあたり，この未収高を再振替した。

未　収　家　賃

12/31	受取家賃	350,000	12/31	次期繰越	350,000
1/1	前期繰越	350,000			

	借　方	貸　方
(1)		
(2)		
(3)		
(4)		
(5)		
(6)		
(7)		

37-5 次の取引の仕訳を示しなさい。ただし，勘定科目は，次のなかからもっとも適当なものを使用すること。

現　　金	当座預金	受取手形	電子記録債権	売掛金
仮払法人税等	支払手形	電子記録債務	買掛金	未払法人税等
未払配当金	資本金	資本準備金	利益準備金	別途積立金
繰越利益剰余金	受取利息	仕　　入	株式交付費	租税公課
支払利息	支　　店	本　　店	法人税等	

(1) さきに，買掛金支払いのために振り出した高知商店あての約束手形¥700,000について，支払期日の延期を申し出て，同店の承諾を得た。よって新しい手形を振り出して旧手形と交換した。なお，支払期日の延期にともなう利息¥4,000は現金で支払った。

(2) 静岡商事株式会社は，決算の結果，計上した当期純利益にもとづいて法人税，住民税及び事業税の合計額¥3,260,000を計上した。ただし，中間申告のさいに¥1,600,000を納付している。

(3) 島根商会の本店は，支店に送付した商品のうち，原価¥22,000の商品の返送を受けた。（本店の仕訳）

(4) 香川物産株式会社は，株主総会において，繰越利益剰余金を次のとおり配当および処分することを決議した。ただし，繰越利益剰余金勘定の貸方残高は¥4,780,000である。

配当金　¥3,700,000　　利益準備金　¥370,000　　別途積立金　¥380,000

(5) 愛媛産業株式会社は，法人税・住民税及び事業税の確定申告をおこない，決算で計上した法人税等の額から中間申告のさいに納付した額を差し引いた¥620,000を現金で納付した。

(6) 発生記録の通知を受けていた電子記録債権¥150,000の支払期日が到来し，当座預金口座に振り込まれた。

(7) 発生記録の通知を受けていた電子記録債務¥240,000の支払期日が到来し，当座預金口座から引き落とされた。

(8) 買掛金¥123,000の支払いのため，電子債権記録機関に取引銀行を通じて電子記録債権の譲渡記録をおこなった。

	借　　　方	貸　　　方
(1)		
(2)		
(3)		
(4)		
(5)		
(6)		
(7)		
(8)		

37-6 次の取引の仕訳を示しなさい。ただし，勘定科目は，次のなかからもっとも適当なものを使用すること。

現金	当座預金	受取手形	電子記録債権	売掛金
受取商品券	仮払法人税等	車両運搬具	支払手形	電子記録債務
手形借入金	営業外支払手形	未払金	未払法人税等	資本金
資本準備金	利益準備金	繰越利益剰余金	受取利息	広告料
創立費	株式交付費	支払利息	電子記録債権売却損	下関支店
呉支店	本店	法人税等		

(1) 徳島商事株式会社は，営業用自動車1台¥2,300,000を買い入れ，代金のうち¥2,000,000は約束手形を振り出して支払い，残額は月末払いとした。

(2) さきに，取引銀行あてに約束手形を振り出して借り入れていた¥4,300,000について，支払期日の延期を申し込み，承諾を得た。よって，新しい約束手形を振り出して旧手形と交換した。なお，支払期日の延期にともなう利息¥12,000は現金で支払った。

(3) 山口商会の本店は，下関支店から本店の広告料¥65,000と呉支店の広告料¥48,000を現金で支払ったとの通知を受けた。ただし，本店集中計算制度を採用している。(本店の仕訳)

(4) 福岡商事株式会社は，事業拡張のため，あらたに株式500株を1株につき¥140,000で発行し，全額の引き受け・払い込みを受け，払込金は当座預金とした。ただし，1株の払込金額のうち¥70,000は資本金に計上しないことにした。なお，株式の発行に要した諸費用¥860,000は小切手を振り出して支払った。

(5) 佐賀商事株式会社は，決算にあたり，当期の法人税・住民税及び事業税の合計額¥1,360,000を計上した。ただし，中間申告のさい¥570,000を納付している。

(6) 岐阜商店は，商品券を精算するため，当店が保有している他店発行の商品券¥180,000と同額の現金とを交換した。

(7) 電子記録債権¥500,000を取引銀行で割り引くために電子債権記録機関に譲渡記録の請求をおこない，割引料¥4,000が差し引かれた残額が当座預金口座に振り込まれた。

	借方	貸方
(1)		
(2)		
(3)		
(4)		
(5)		
(6)		
(7)		

38 計算の問題

38-1 兵庫商事株式会社（決算年1回　3月31日）の下記の勘定と資料によって，次の金額を計算しなさい。

a．仕　入　高　　b．繰越利益剰余金勘定の次期繰越高（アの金額）

損　益

日付	摘要	金額	日付	摘要	金額
3/31	仕入	2,138,000	3/31	売上	3,589,000
〃	給料	250,000			
〃	減価償却費	130,000			
〃	雑費	12,000			
〃	法人税等	424,000			
〃	繰越利益剰余金	635,000			
		3,589,000			3,589,000

資　料

i　期首商品棚卸高　￥760,000
ii　期末商品棚卸高　￥620,000

繰越利益剰余金

日付	摘要	金額	日付	摘要	金額
6/27	未払配当金	570,000	4/1	前期繰越	890,000
〃	利益準備金	57,000	3/31	損益	(　　　)
〃	別途積立金	61,000			
3/31	次期繰越	(　ア　)			
		(　　　)			(　　　)

a	仕　入　高	￥
b	繰越利益剰余金勘定の次期繰越高（アの金額）	￥

38-2 京都商店（個人企業　決算年1回　12月31日）の決算日における次の受取地代勘定の（①）と（②）に入る金額と（③）に入る勘定科目を記入しなさい。ただし，地代は，毎年同じ金額を3月末と9月末に翌月以降の6か月分として受け取っている。

受　取　地　代

日付	摘要	金額	日付	摘要	金額
12/31	前受地代	(　②　)	1/1	前受地代	240,000
〃	(　③　)	(　　　)	3/31	当座預金	(　①　)
			9/30	当座預金	(　　　)
		(　　　)			(　　　)

①	￥	②	￥	③	

38-3 大阪商店（個人企業）の下記の資本金勘定と資料によって，次の金額を計算しなさい。

a．売　上　原　価　　b．資本金勘定の期首残高（アの金額）

資　本　金

日付	摘要	金額	日付	摘要	金額
12/31	引出金	10,000	1/1	前期繰越	(　ア　)
〃	次期繰越	(　　　)	6/30	現金	70,000
			12/31	損益	(　　　)
		(　　　)			(　　　)

資　料

i　期間中の収益および費用
　売上高　￥4,714,000
　受取手数料　26,000
　売上原価　□
　給料　965,000
ii　当期純利益　￥285,000
iii　期末の資産総額　￥1,920,000
iv　期末の負債総額　￥715,000

a	b
￥	￥

38-4 和歌山商店（個人企業）の下記の仕訳帳と資料によって，期間中の次の金額を計算しなさい。

a. 仕　入　高　　b. 引　出　金

仕　訳　帳

令和○年		摘　要		元丁	借　方	貸　方
		決算仕訳				
12	31	売　上			5,320,000	
			損　益			5,320,000
	〃	損　益		省	（　　）	
			仕　入			（　　）
			給　料			830,000
			減価償却費			82,000
			雑　費	略		48,000
	〃	損　益			360,000	
			資本金			360,000

資　料

i　期首の資産総額　¥2,070,000
　（うち商品　¥461,000）
ii　期首の負債総額　¥680,000
iii　期末の資産総額　¥2,576,000
　（うち商品　¥518,000）
iv　期末の負債総額　¥770,000
v　期間中の追加元入額　¥150,000
vi　期間中の引出金　¥［　　］

a	仕　入　高　¥	b	引　出　金　¥

38-5 奈良商店（個人企業）の下記の繰越試算表と資料によって，次の金額を計算しなさい。

a. 仕　入　高　　b. 期末の借入金

繰越試算表

令和○年12月31日

借　方	勘定科目	貸　方
670,000	現　金	
1,320,000	売掛金	
510,000	繰越商品	
776,000	備　品	
	買掛金	535,000
	借入金	（　　）
	資本金	（　　）
3,276,000		3,276,000

資　料

i　期首の資産総額　¥2,980,000
　（うち商品　¥530,000）
ii　期首の負債総額　¥1,390,000
iii　期間中の収益および費用
　売上高　¥9,240,000
　売上原価　6,435,000
　広告料　2,100,000
　支払利息　18,000
iv　期間中の追加元入額　¥220,000
v　期間中の引出金　¥37,000

a	仕　入　高　¥	b	期末の借入金　¥

38-6 三重商事株式会社（決算年1回　12月31日）の次の勘定と資料によって，（ ① ）に入る勘定科目と（ ② ）に入る金額を記入しなさい。

仮払法人税等

8/26	（　　）	（　　）	12/31	（ ① ）	（　　）

未払法人税等

2/24	当座預金	（　　）	1/1	前期繰越	420,000
12/31	次期繰越	（　　）	12/31	（　　）	（ ② ）
		（　　）			（　　）

法人税等

12/31	（　　）	（　　）	12/31	（　　）	（　　）

資　料

i　2月末までに，確定申告をおこなっている。
ii　8月末までに，前期の法人税・住民税及び事業税額の2分の1を中間申告している。
iii　税金の納付は，小切手を振り出しておこなっている。
iv　法人税・住民税及び事業税の計上額
　前期　¥800,000
　当期　¥850,000

①		②	¥

38-7 滋賀商店（個人企業）の下記の損益勘定と資料によって，次の金額を計算しなさい。

a．仕　入　高　　b．期首資産

損　　益

12/31	仕　入	2,580,000	12/31	売　上	3,870,000
〃	給　料	465,000			
〃	減価償却費	327,000			
〃	雑　費	21,000			
〃	資本金	477,000			
		3,870,000			3,870,000

資　料

i　期首の資産総額　¥□
　　（うち商品　¥490,000）
ii　期首の負債総額　¥ 880,000
iii　期末の資産総額　¥2,960,000
　　（うち商品　¥430,000）
iv　期末の負債総額　¥1,020,000
v　期間中の追加元入額　¥ 183,000

a	仕　入　高　¥	b	期首資産　¥

38-8 福井商店（個人企業　決算年1回　12月31日）における，下記の各勘定の（ ① ）と（ ② ）に入る金額と，（ ③ ）に入る勘定科目を記入しなさい。

ただし，備品および建物の減価償却は次のとおりである。

i　備品　取得原価　¥1,000,000　　償却率　20％　定率法による。

ii　建物　取得原価　¥6,000,000　　残存価額　零（0）　耐用年数　30年　定額法による。

なお，備品は期首にすべて売却し，代金¥650,000を全額，現金で受け取っている。

備　　品

1/1	前期繰越	1,000,000	1/1	諸　口	1,000,000

備品減価償却累計額

1/1	諸　口	360,000	1/1	前期繰越	360,000

建　　物

1/1	前期繰越	6,000,000	12/31	次期繰越	6,000,000

建物減価償却累計額

12/31	次期繰越	(　　)	1/1	前期繰越	1,400,000
			12/31	減価償却費	(①)
		(　　)			(　　)

固定資産売却(　　)

12/31	(③)	(　　)	1/1	諸　口	(②)

①	¥	②	¥	③	

38-9 岐阜商店（個人企業　決算年1回　12月31日）における，下記の勘定と資料によって，次の金額を計算しなさい。

a．仕　入　高　　b．期末の負債総額

繰越商品

1/1	前期繰越	820,000	12/31	仕　入	820,000
12/31	仕　入	790,000	〃	次期繰越	790,000
		1,610,000			1,610,000

資　本　金

12/31	引出金	90,000	1/1	前期繰越	1,910,000
〃	次期繰越	(　　)	7/1	現　金	70,000
			12/31	損　益	(　　)
		(　　)			(　　)

資　料

i　期間中の収益および費用

売上高	¥3,710,000
受取手数料	18,000
売上原価	2,475,000
給　料	1,065,000
減価償却費	91,000

ii　期末の資産総額　¥3,361,000

a	仕　入　高　¥	b	期末の負債総額　¥

39 英語表記の問題

39-1 次の用語を英語にした場合，もっとも適当な語を語群のなかから選び，その番号を記入しなさい。

ア．簿　　記　　　イ．資　　産　　　ウ．精 算 表

<語群>

1．work sheet　　2．liabilities　　3．assets
4．closing books　　5．bookkeeping　　6．balance sheet

ア	イ	ウ

39-2 次の用語を英語にした場合，もっとも適当な語を語群のなかから選び，その番号を記入しなさい。

ア．決　　算　　　イ．収　　益　　　ウ．貸借対照表

<語群>

1．work sheet　　2．revenues　　3．assets
4．closing books　　5．bookkeeping　　6．balance sheet

ア	イ	ウ

39-3 次の用語を英語にした場合，もっとも適当な語を語群のなかから選び，その番号を記入しなさい。

ア．試 算 表　　　イ．資　　本　　　ウ．損益計算書

<語群>

1．work sheet　　2．capital　　3．assets
4．profit and loss statement　　5．trial balance　　6．balance sheet

ア	イ	ウ

40 本支店会計の問題

40-1 次の岡山商店の取引について，本店と各支店の仕訳を示しなさい。ただし，勘定科目は，次のなかからもっとも適当なものを使用すること。なお，岡山商店は，本店集中計算制度を採用している。

現金	受取手形	売掛金	支払手形
買掛金	本店	山口支店	島根支店

a．山口支店は，島根支店に現金¥300,000を送り，島根支店はこれを受け取った。本店はこの通知を受けた。

b．島根支店は，山口支店の仕入先に対する買掛金¥400,000を立替払いするために，かねて商品代金として受け取っていた広島商店振り出しの約束手形¥400,000を裏書譲渡した。本店と山口支店はこの通知を受けた。

		借方	貸方
a	本店		
	山口支店		
	島根支店		
b	本店		
	山口支店		
	島根支店		

40-2 次の四国商店の取引について，本店と各支店の仕訳を示しなさい。ただし，勘定科目は，次のなかからもっとも適当なものを使用すること。なお，四国商店は，本店集中計算制度を採用している。

現金	受取手形	売掛金	支払手形
買掛金	本店	愛媛支店	高知支店

a．愛媛支店は，高知支店の買掛金¥500,000を現金で支払い，高知支店および本店は，この通知を受けた。

b．愛媛支店は，高知支店の得意先淡路商店に対する売掛金¥200,000を淡路商店振り出しの小切手で受け取り，高知支店および本店はこの通知を受けた。

		借方	貸方
a	本店		
	愛媛支店		
	高知支店		
b	本店		
	愛媛支店		
	高知支店		

40-3 支店会計が独立している石川商店（個人企業　決算年1回　12月31日）に関する下記の資料によって，次の金額を計算しなさい。

a．支店勘定残高と本店勘定残高の一致額　　b．本支店合併後の買掛金

資　料

i　12月30日における元帳勘定残高（一部）

	本　店	支　店
買掛金	¥ 540,000	¥ 370,000
支　店	742,000（借方）	―――
本　店	―――	689,000（貸方）

ii　12月31日における本支店間の取引

① 本店は，支店の広告料¥36,000を現金で立て替え払いした。
支店は，その報告を受けた。

② 本店は，支店の買掛金¥41,000を現金で支払った。
支店は，その報告を受けた。

③ 支店は，本店が12月29日に支店へ送付していた商品¥53,000（原価）を受け取った。

iii　12月31日における本支店間以外の取引

① 支店は，支店の仕入先，富山商店から商品¥210,000を仕入れ，代金は1月31日に支払うこととした。

a	支店勘定残高と本店勘定残高の一致額 ¥	b	本支店合併後の買掛金 ¥

40-4 支店会計が独立している長野商店（個人企業　決算年1回　12月31日）における下記の資料によって，次の金額を計算しなさい。

a．支店勘定残高と本店勘定残高の一致額　　b．本支店合併後の現金

資　料

i　12月30日における元帳勘定残高（一部）

	本　店	支　店
現　金	¥ 427,000	¥ 148,000
支　店	749,000（借方）	―――
本　店	―――	681,000（貸方）

ii　12月31日における本支店の取引

① 本店は，支店の買掛金¥64,000を現金で支払った。
支店は，その報告を受けた。

② 本店は，広告料¥50,000（うち支店負担分¥30,000）を現金で支払った。
支店は，その報告を受けた。

③ 本店は，支店が12月29日に送付していた送金小切手¥27,000と商品¥41,000（原価）を受け取った。

a	支店勘定残高と本店勘定残高の一致額 ¥	b	本支店合併後の現金 ¥

40-5 支店会計が独立している新潟商店（個人企業　決算年１回　12月31日）の下記の資料によって，次の金額を計算しなさい。

a．支店勘定残高と本店勘定残高の一致額　　b．当期の売上原価

資　　料

i　12月30日における元帳勘定残高（一部）

	本店	支店
繰越商品	¥ 122,000	¥ 69,000
買掛金	540,000	370,000
支店	548,000（借方）	―――
本店	―――	520,000（貸方）
仕入	793,000	500,000

ii　12月31日における本支店間の取引

①　本店は，支店の買掛金¥240,000を現金で支払った。支店はその報告を受けた。

②　支店は，本店が12月29日に送付していた商品¥28,000（原価）を受け取った。

iii　決算整理事項（一部）

期末商品棚卸高　本店 ¥78,000　支店 ¥64,000（資料ii②の商品も含まれている）

a	支店勘定残高と本店勘定残高の一致額 ¥	b	当期の売上原価 ¥

40-6 支店会計が独立している山形商店（個人企業）の下記の資料と本支店合併後の貸借対照表によって，次の金額を計算しなさい。

a．支店勘定残高と本店勘定残高の一致額　　b．本支店合併後の当期純利益（アの金額）

資　　料

i　12月30日における元帳勘定残高（一部）

	本店	支店
現金	¥ 490,000	¥ 384,000
当座預金	1,468,000	1,087,000
買掛金	930,000	575,000
支店	629,000（借方）	―――
本店	―――	544,000（貸方）

ii　12月31日における本支店の取引

①　本店は，支店の買掛金¥62,000を現金で支払った。
支店は，その報告を受けた。

②　本店は，支店の広告料¥120,000を小切手を振り出して立て替え払いした。
支店は，その報告を受けた。

③　本店は，支店が12月29日に送付していた商品¥85,000（原価）を受け取った。

［本支店合併後の貸借対照表］

貸借対照表

山形商店　令和○年12月31日　（単位：円）

資産	金額	負債・純資産	金額
現金	（　　）	支払手形	1,620,000
当座預金	（　　）	買掛金	（　　）
売掛金	2,260,000	資本金	6,000,000
商品	1,466,000	当期純利益	（　ア　）
備品	2,920,000		
	（　　）		（　　）

a	支店勘定残高と本店勘定残高の一致額 ¥	b	本支店合併後の当期純利益（アの金額） ¥

41 伝票の問題

41-1 千葉商店の下記の伝票を集計し，/月//日の仕訳集計表（日計表）を作成し，総勘定元帳の現金勘定に転記しなさい。

ただし，i　下記の取引について，必要な伝票に記入したうえで集計すること。

ii　総勘定元帳の記入は，日付と金額を示せばよい。

取　　引

/月//日　浦安商店に商品¥20,000を売り渡し，代金は自治体発行の商品券を受け取った。

〃 日　過日，備品を購入し後払いとなっていた代金¥30,000を現金で支払った。

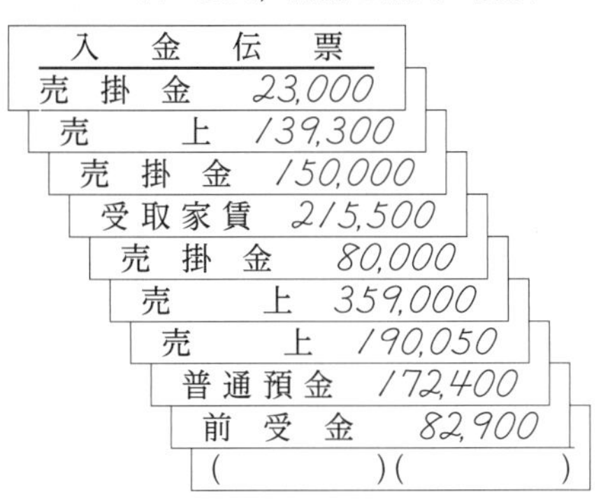

入金伝票	
売掛金	23,000
売上	139,300
売掛金	150,000
受取家賃	215,500
売掛金	80,000
売上	359,000
売上	190,050
普通預金	172,400
前受金	82,900
(　　)	(　　)

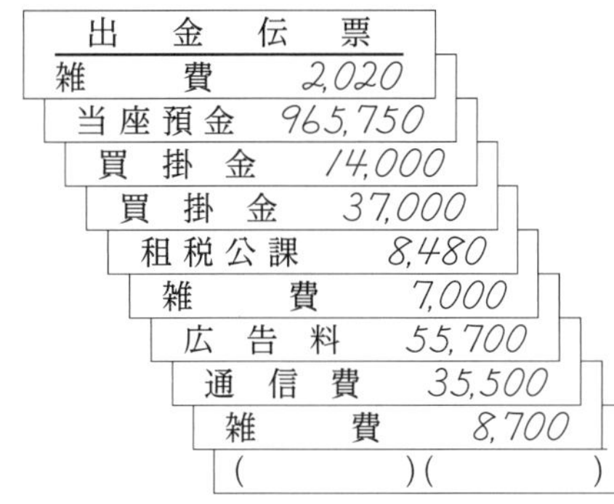

出金伝票	
雑費	2,020
当座預金	965,750
買掛金	14,000
買掛金	37,000
租税公課	8,480
雑費	7,000
広告料	55,700
通信費	35,500
雑費	8,700
(　　)	(　　)

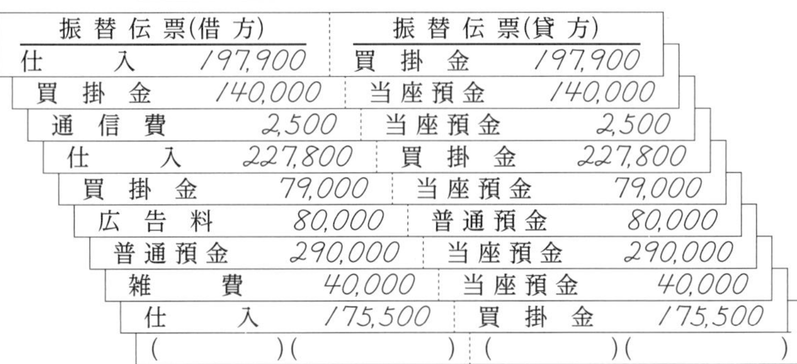

振替伝票(借方)		振替伝票(貸方)	
仕入	197,900	買掛金	197,900
買掛金	140,000	当座預金	140,000
通信費	2,500	当座預金	2,500
仕入	227,800	買掛金	227,800
買掛金	79,000	当座預金	79,000
広告料	80,000	普通預金	80,000
普通預金	290,000	当座預金	290,000
雑費	40,000	当座預金	40,000
仕入	175,500	買掛金	175,500
(　　)	(　　)	(　　)	(　　)

仕　訳　集　計　表

令和○年/月//日

借　方	元丁	勘定科目	元丁	貸　方
		現金		
		当座預金		
		普通預金		
		売掛金		
		受取商品券		
		買掛金		
		未払金		
		前受金		
		売上		
		受取家賃		
		仕入		
		広告料		
		通信費		
		租税公課		
		雑費		

総　勘　定　元　帳

現　　金　　1

3,890,000	1,642,000

41-2 東京商店の下記の伝票を集計し，1月23日の仕訳集計表（日計表）を作成し，総勘定元帳の現金勘定に転記しなさい。

ただし，i　下記の取引について，必要な伝票に記入したうえで集計すること。

ii　総勘定元帳の記入は，日付と金額を示せばよい。

取　引

1月23日　浅草商店に商品¥9,000を売り渡し，代金は同店振り出しの小切手を受け取った。

〃日　原宿商店に商品¥100,000を注文し，内金として¥20,000を現金で支払った。

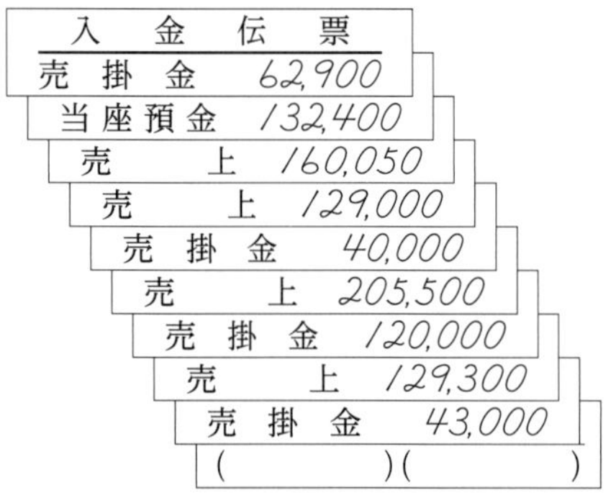

入金伝票	
売掛金	62,900
当座預金	132,400
売上	160,050
売上	129,000
売掛金	40,000
売上	205,500
売掛金	120,000
売上	129,300
売掛金	43,000
(　　)	(　　)

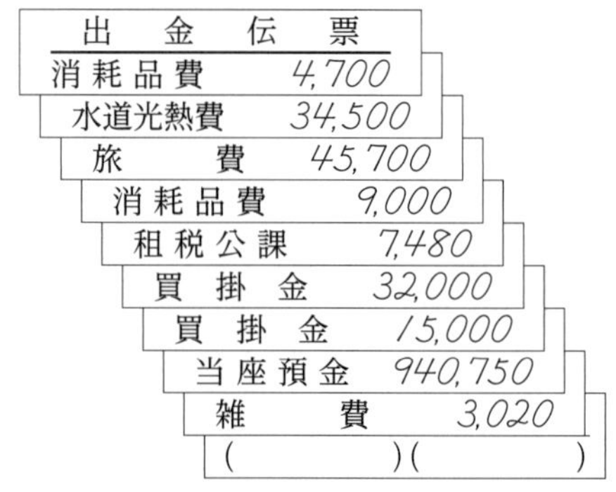

出金伝票	
消耗品費	4,700
水道光熱費	34,500
旅費	45,700
消耗品費	9,000
租税公課	7,480
買掛金	32,000
買掛金	15,000
当座預金	940,750
雑費	3,020
(　　)	(　　)

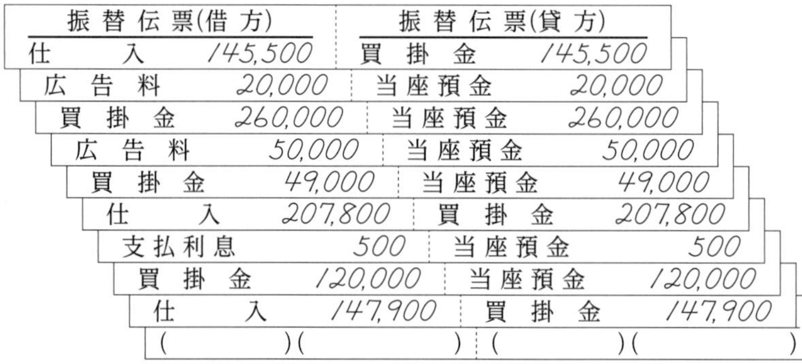

振替伝票(借方)		振替伝票(貸方)	
仕入	145,500	買掛金	145,500
広告料	20,000	当座預金	20,000
買掛金	260,000	当座預金	260,000
広告料	50,000	当座預金	50,000
買掛金	49,000	当座預金	49,000
仕入	207,800	買掛金	207,800
支払利息	500	当座預金	500
買掛金	120,000	当座預金	120,000
仕入	147,900	買掛金	147,900
(　　)	(　　)	(　　)	(　　)

仕　訳　集　計　表

令和○年1月23日

借　方	元丁	勘定科目	元丁	貸　方
		現金		
		当座預金		
		売掛金		
		前払金		
		買掛金		
		売上		
		仕入		
		広告料		
		旅費		
		租税公課		
		消耗品費		
		水道光熱費		
		雑費		
		支払利息		

総　勘　定　元　帳

現　金　1

借方	貸方
3,760,000	1,334,000

41-3 埼玉商店の下記の伝票を集計し，7月11日の仕訳集計表（日計表）を作成し，売掛金元帳に記入しなさい。なお，仕入・売上の各取引については，すべていったん全額を掛け取引として処理する方法で起票している。

ただし，i　下記の取引について，必要な伝票に記入したうえで集計すること。

ii　売掛金元帳の記入は，日付と金額を示せばよい。

取　　引

7月11日　秩父商店から商品¥380,000を仕入れ，代金のうち¥280,000は同店あての約束手形#2を振り出し，残額は現金で支払った。

〃日　熊谷商店から商品¥450,000の注文を受け，内金として¥50,000を同店振り出しの小切手で受け取った。

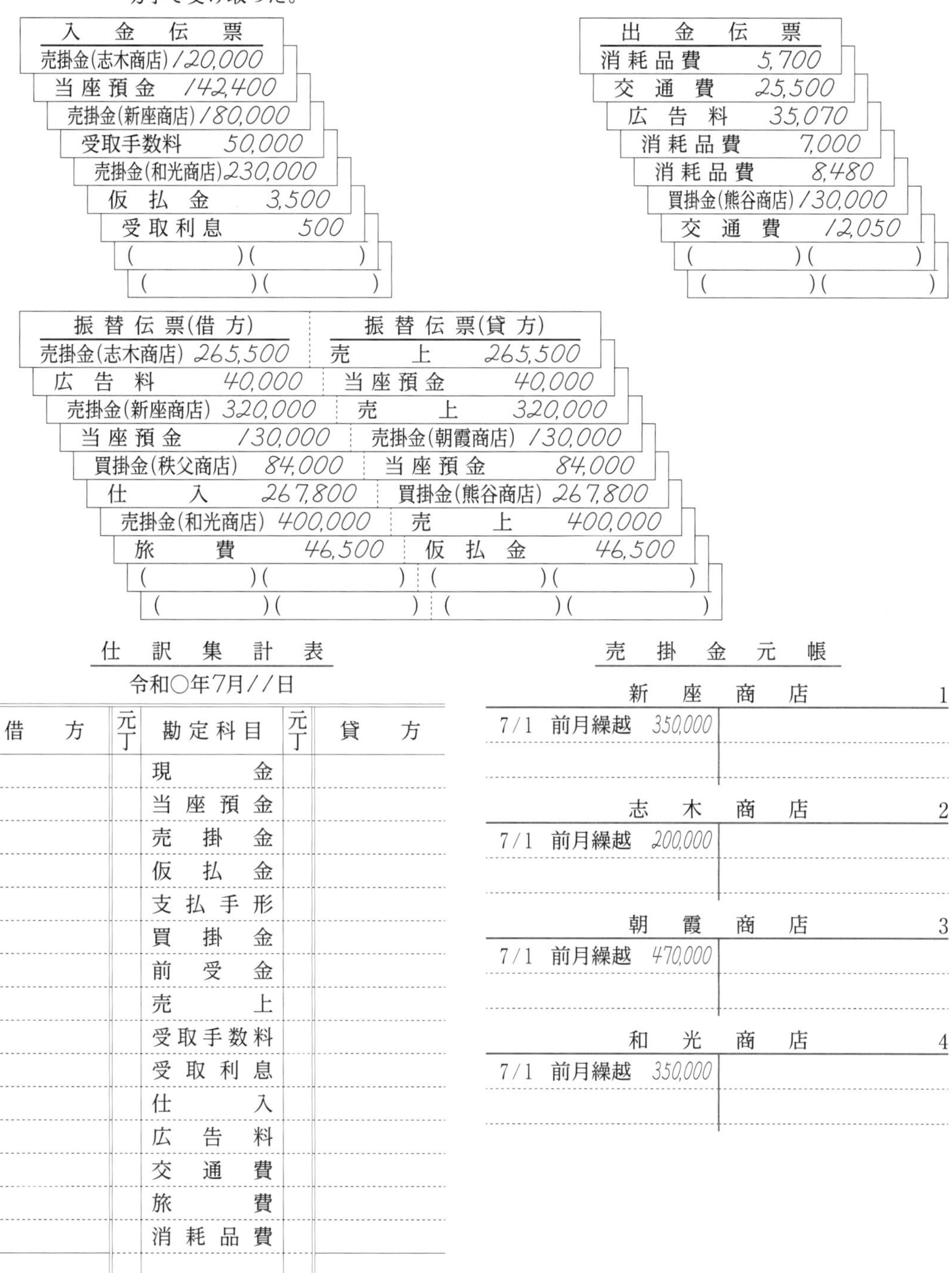

入　金　伝　票

科目	金額
売掛金(志木商店)	120,000
当座預金	142,400
売掛金(新座商店)	180,000
受取手数料	50,000
売掛金(和光商店)	230,000
仮払金	3,500
受取利息	500
(　　)	(　　)
(　　)	(　　)

出　金　伝　票

科目	金額
消耗品費	5,700
交通費	25,500
広告料	35,070
消耗品費	7,000
消耗品費	8,480
買掛金(熊谷商店)	130,000
交通費	12,050
(　　)	(　　)
(　　)	(　　)

振替伝票(借方)　｜　振替伝票(貸方)

借方科目	金額	貸方科目	金額
売掛金(志木商店)	265,500	売上	265,500
広告料	40,000	当座預金	40,000
売掛金(新座商店)	320,000	売上	320,000
当座預金	130,000	売掛金(朝霞商店)	130,000
買掛金(秩父商店)	84,000	当座預金	84,000
仕入	267,800	買掛金(熊谷商店)	267,800
売掛金(和光商店)	400,000	売上	400,000
旅費	46,500	仮払金	46,500
(　　)	(　　)	(　　)	(　　)
(　　)	(　　)	(　　)	(　　)

仕　訳　集　計　表

令和○年7月11日

借　方	元丁	勘定科目	元丁	貸　方
		現金		
		当座預金		
		売掛金		
		仮払金		
		支払手形		
		買掛金		
		前受金		
		売上		
		受取手数料		
		受取利息		
		仕入		
		広告料		
		交通費		
		旅費		
		消耗品費		

売　掛　金　元　帳

新　座　商　店　1

借方	貸方
7/1　前月繰越　350,000	

志　木　商　店　2

借方	貸方
7/1　前月繰越　200,000	

朝　霞　商　店　3

借方	貸方
7/1　前月繰越　470,000	

和　光　商　店　4

借方	貸方
7/1　前月繰越　350,000	

41-4 神奈川商店の下記の伝票を集計し，6月16日の仕訳集計表（日計表）を作成しなさい。また，買掛金元帳に記入しなさい。なお，仕入・売上の各取引については，すべていったん全額を掛け取引として処理する方法で起票している。

ただし，i　下記の取引について，必要な伝票に記入したうえで集計すること。

ii　買掛金元帳の記入は，日付と金額を示せばよい。

取　　引

6月16日　商品陳列ケース，事務用机など備品¥700,000を購入し，代金は現金で支払った。

〃日　相模原商店に商品¥640,000を売り渡し，代金のうち¥340,000は同店振り出しの約束手形で受け取り，残額は現金で受け取った。

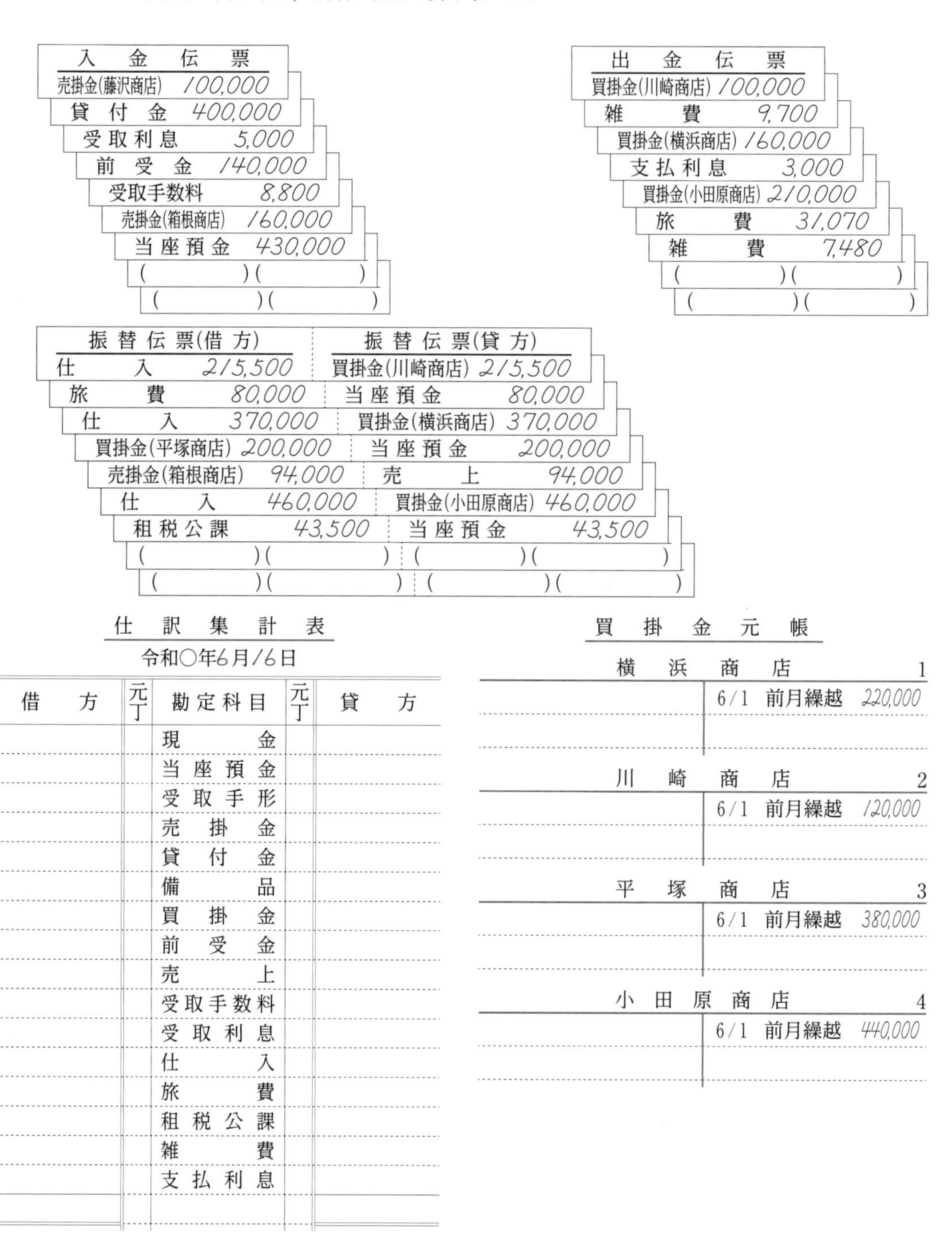

入　金　伝　票

科目	金額
売掛金(藤沢商店)	100,000
貸付金	400,000
受取利息	5,000
前受金	140,000
受取手数料	8,800
売掛金(箱根商店)	160,000
当座預金	430,000
(　　)	(　　)
(　　)	(　　)

出　金　伝　票

科目	金額
買掛金(川崎商店)	100,000
雑費	9,700
買掛金(横浜商店)	160,000
支払利息	3,000
買掛金(小田原商店)	210,000
旅費	31,070
雑費	7,480
(　　)	(　　)
(　　)	(　　)

振替伝票(借方)		振替伝票(貸方)	
仕入	215,500	買掛金(川崎商店)	215,500
旅費	80,000	当座預金	80,000
仕入	370,000	買掛金(横浜商店)	370,000
買掛金(平塚商店)	200,000	当座預金	200,000
売掛金(箱根商店)	94,000	売上	94,000
仕入	460,000	買掛金(小田原商店)	460,000
租税公課	43,500	当座預金	43,500
(　　)	(　　)	(　　)	(　　)
(　　)	(　　)	(　　)	(　　)

仕　訳　集　計　表

令和○年6月16日

借　方	元丁	勘定科目	元丁	貸　方
		現金		
		当座預金		
		受取手形		
		売掛金		
		貸付金		
		備品		
		買掛金		
		前受金		
		売上		
		受取手数料		
		受取利息		
		仕入		
		旅費		
		租税公課		
		雑費		
		支払利息		

買　掛　金　元　帳

横　浜　商　店　1

借方	貸方
	6/1　前月繰越　220,000

川　崎　商　店　2

借方	貸方
	6/1　前月繰越　120,000

平　塚　商　店　3

借方	貸方
	6/1　前月繰越　380,000

小　田　原　商　店　4

借方	貸方
	6/1　前月繰越　440,000

41-5 山梨商店の下記の伝票を集計し，11月19日の仕訳集計表（日計表）を作成し，総勘定元帳の現金勘定に転記しなさい。なお，伝票内の（　　　）は各自推定すること。

ただし，i　下記の取引について，必要な伝票に記入したうえで集計すること。

ii　総勘定元帳の記入は，日付と金額を示せばよい。

取　　引

11月19日　甲府商店に商品¥80,000を売り渡し，代金は同店振り出しの小切手で受け取った。

〃　　大月商店に商品¥200,000を注文し，内金として¥40,000を現金で支払った。

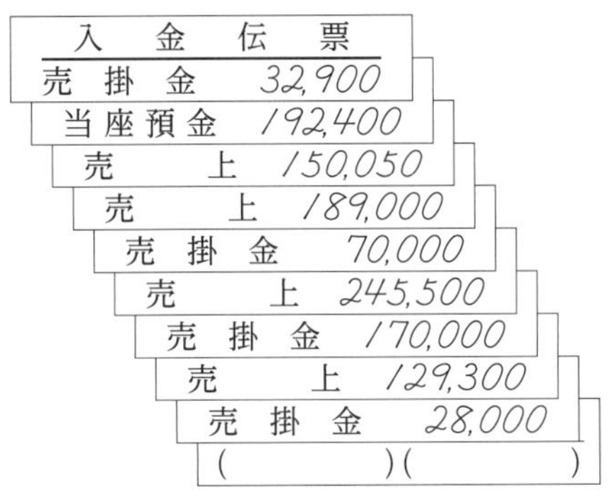

入金伝票

科目	金額
売掛金	32,900
当座預金	192,400
売上	150,050
売上	189,000
売掛金	70,000
売上	245,500
売掛金	170,000
売上	129,300
売掛金	28,000
(　　　)	(　　　)

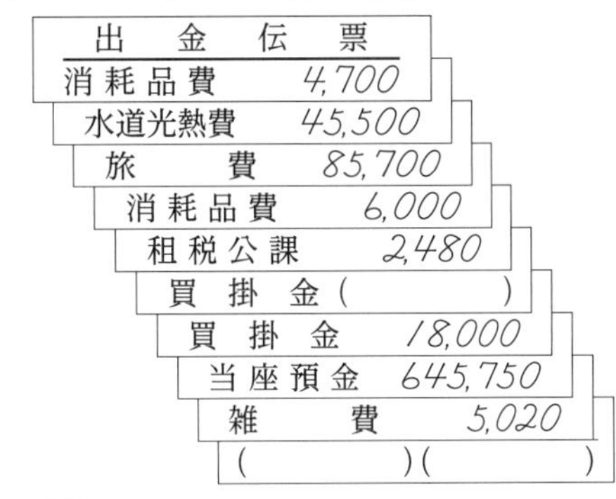

出金伝票

科目	金額
消耗品費	4,700
水道光熱費	45,500
旅費	85,700
消耗品費	6,000
租税公課	2,480
買掛金	(　　　)
買掛金	18,000
当座預金	645,750
雑費	5,020
(　　　)	(　　　)

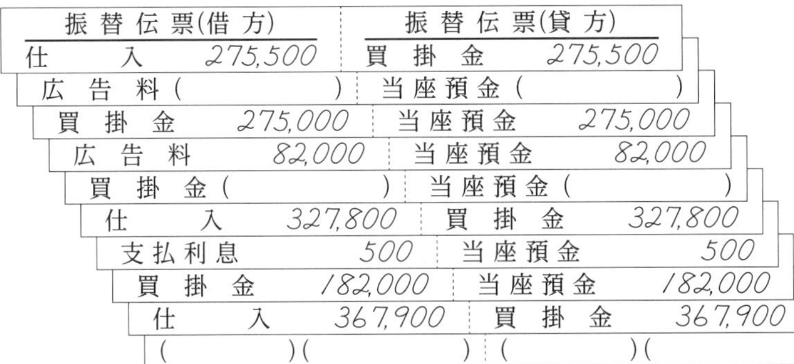

振替伝票(借方)		振替伝票(貸方)	
仕入	275,500	買掛金	275,500
広告料	(　　　)	当座預金	(　　　)
買掛金	275,000	当座預金	275,000
広告料	82,000	当座預金	82,000
買掛金	(　　　)	当座預金	(　　　)
仕入	327,800	買掛金	327,800
支払利息	500	当座預金	500
買掛金	182,000	当座預金	182,000
仕入	367,900	買掛金	367,900
(　　　)	(　　　)	(　　　)	(　　　)

仕　訳　集　計　表

令和○年11月19日

借　方	元丁	勘定科目	元丁	貸　方
		現金		
		当座預金		824,900
		売掛金		
		前払金		
547,000		買掛金		
		売上		
		仕入		
130,000		広告料		
		旅費		
		租税公課		
		消耗品費		
		水道光熱費		
		雑費		
		支払利息		

総　勘　定　元　帳

現　金　1

借方	貸方
3,970,000	1,268,000

42 帳簿の問題

42-1 次の宮崎商店の取引を各帳簿に記入しなさい。

ただし，i　総勘定元帳，売掛金元帳および買掛金元帳への記入は，日付と金額を示せばよい。

ii　商品有高帳は，先入先出法により記帳している。

iii　当座預金出納帳と商品有高帳は，月末に締め切ること。

取　　引

1月12日　福岡商店から次の商品を仕入れ，代金は掛けとした。

A　品　100枚　@¥5,280
B　品　100〃　〃〃3,190

14日　長崎商店に次の商品を販売し，代金は掛けとした。

A　品　120枚　@¥7,920
B　品　30〃　〃〃4,070

16日　佐賀商店から次の商品を仕入れ，代金は先に支払った内金¥539,000を差し引き，残額は掛けとした。

A　品　200枚　@¥5,390

18日　大分商店に次の商品を販売し，代金は掛けとした。

C　品　180枚　@¥7,150

21日　福岡商店に対する買掛金¥327,800の支払いとして，小切手#18を振り出した。

23日　長崎商店に対する売掛金¥891,000が，当店の当座預金口座に振り込まれたとの通知を受けた。

25日　佐賀商店に対する買掛金の支払いとして，次の約束手形を振り出した。

金　額　¥676,500　手形番号　11　振出日　1/25
支払期日　3/25　支払場所　宮崎銀行本店

27日　大分商店から売掛金の一部について，次の同店振り出しの約束手形で受け取った。

金　額　¥875,600　手形番号　5　振出日　1/27
支払期日　4/27　支払場所　大分銀行本店

29日　福岡商店あてに振り出した約束手形#10　¥1,243,000が満期となり，当店の当座預金口座から支払われたむねの通知を取引銀行から受けた。

総　勘　定　元　帳

現　金　1

1/1　360,500	1/9　100,000

当座預金　2

1/1　3,502,300	

受取手形　5

売掛金　6

1/1　2,233,000	

前払金　8

1/1　539,000	

支払手形　17

	1/4　1,243,000

買掛金　18

	1/1　1,690,700

売　上　24

仕　入　30

1/4　1,243,000	

当座預金出納帳

1

令和○年		摘要	預入	引出	借または貸	残高
1	1	前月繰越	3,502,300		借	3,502,300

受取手形記入帳

令和○年		摘要	金額	手形種類	手形番号	支払人	振出人	振出日		満期日		支払場所	てん末		
													月	日	摘要

支払手形記入帳

令和○年		摘要	金額	手形種類	手形番号	受取人	振出人	振出日		満期日		支払場所	てん末		
													月	日	摘要
1	4	仕入れ	1,243,000	約手	10	福岡商店	当店	1	4	1	29	宮崎銀行本店			

売掛金元帳

大分商店 2

1/1 875,600	

買掛金元帳

福岡商店 1

	1/1 639,100

商品有高帳

(先入先出法) (品名) A品 (単位：枚)

令和○年		摘要	受入			払出			残高		
			数量	単価	金額	数量	単価	金額	数量	単価	金額
1	1	前月繰越	100	5,170	517,000				100	5,170	517,000

42-2 次の四国商店の取引を各帳簿に記入しなさい。

ただし，i 総勘定元帳，売掛金元帳および買掛金元帳への記入は，日付と金額を示せばよい。

ii 商品有高帳は，移動平均法により記帳している。

iii 当座預金出納帳と売上帳・商品有高帳は，月末に締め切ること。

取　　引

/月/2日 香川商店から次の商品を仕入れ，代金は掛けとした。

X 品 /00枚 @¥2,280
Y 品 /00〃 〃〃3,/90

/4日 徳島商店に次の商品を販売し，代金は掛けとした。

X 品 /50枚 @¥4,070
Y 品 30〃 〃〃5,920

/6日 愛媛商店から次の商品を仕入れ，代金は掛けとした。

X 品 200枚 @¥2,365

/8日 高知商店に次の商品を販売し，代金は先に受け取った内金¥239,000を差し引き，残額は掛けとした。

Z 品 /80枚 @¥6,/50

20日 高知商店に売り渡した上記商品のうち，一部が次のとおり返品された。

Z 品 /0枚 @¥6,/50

2/日 香川商店に対する買掛金¥2/0,000の支払いとして，小切手＃/5を振り出した。

23日 徳島商店に対する売掛金¥790,000が，当店の当座預金口座に振り込まれたとの通知を受けた。

27日 高知商店から売掛金の一部について，同店振り出しの約束手形＃/3 ¥870,000で受け取った。

29日 香川商店あてに振り出した約束手形＃9 ¥920,000が満期となり，当店の当座預金口座から支払われたむねの通知を取引銀行から受けた。

総　勘　定　元　帳

現　　金　1

1/1	240,500	1/9	80,000

当座預金　2

1/1	/,500,000		

受取手形　5

売　掛　金　6

1/1	2,233,000		

支払手形　17

		1/4	920,000

買　掛　金　18

		1/1	/,690,700

前　受　金　20

		1/1	239,000

売　　上　24

仕　　入　30

1/4	920,000		

当 座 預 金 出 納 帳

1

令和○年		摘要	預入	引出	借または貸	残高
1	1	前月繰越	1,500,000		借	1,500,000

売 上 帳

1

令和○年		摘要	内訳	金額

売 掛 金 元 帳

高 知 商 店 2

1/1	875,600	

買 掛 金 元 帳

香 川 商 店 1

	1/1	639,100

商 品 有 高 帳

(移動平均法) (品 名) X 品 (単位：枚)

令和○年		摘要	受入			払出			残高		
			数量	単価	金額	数量	単価	金額	数量	単価	金額
1	1	前月繰越	100	2,000	200,000				100	2,000	200,000

42-3 次の鳥取商店の取引を各帳簿に記入しなさい。

ただし，ｉ　総勘定元帳，売掛金元帳および買掛金元帳への記入は，日付と金額を示せばよい。

ⅱ　当座預金出納帳と仕入帳は，月末に締め切ること。

取　　引

1月10日　山口商店から次の商品を仕入れ，代金は掛けとした。

L　品　100個　@¥3,280
M　品　50〃　〃〃4,620

12日　山口商店から仕入れた上記商品の一部について，次のとおり返品した。

L　品　10個　@¥3,280

17日　島根商店から次の商品を仕入れ，代金は先に支払った内金¥150,000を差し引き，残額は掛けとした。

L　品　120個　@¥3,100

18日　岡山商店に次の商品を販売し，代金は掛けとした。

M　品　160個　@¥7,250

21日　1月6日に商品代金として受け取っていた福岡商店振り出しの約束手形＃3について，取引銀行で割り引き，割引料¥3,500を差し引かれた手取金は当座預金とした。

22日　広島商店に対する売掛金¥933,000が，当店の当座預金口座に振り込まれたとの通知を受けた。

25日　山口商店に対する買掛金の支払いとして，次の約束手形を振り出した。

金　額　¥400,000　手形番号　21　振出日　1/25
支払期日　3/25　支払場所　山陰銀行本店

27日　岡山商店から売掛金の一部について，次の同店振り出しの約束手形で受け取った。

金　額　¥300,000　手形番号　7　振出日　1/27
支払期日　4/27　支払場所　山陽銀行本店

30日　山口商店あてに振り出した約束手形＃20　¥870,000が満期となり，当店の当座預金口座から支払われたむねの通知を取引銀行から受けた。

総　勘　定　元　帳

現　金　1

1/1	345,600		

当座預金　2

1/1	1,353,300		

受取手形　5

1/6	550,000		

売掛金　6

1/1	1,233,000		

前払金　8

1/1	150,000		

支払手形　17

		1/4	870,000

買掛金　18

1/4	870,000	1/1	1,300,000

売　上　24

		1/6	550,000

仕　入　30

手形売却損　38

当座預金出納帳

1

令和○年		摘要	預入	引出	借または貸	残高
1	1	前月繰越	1,353,300		借	1,353,300

仕入帳

令和○年		摘要	内訳	金額

受取手形記入帳

令和○年		摘要	金額	手形種類	手形番号	支払人	振出人	振出日		満期日		支払場所	てん末		
													月	日	摘要
1	6	売り上げ	550,000	約手	3	福岡商店	福岡商店	1	6	3	6	博多銀行本店			

支払手形記入帳

令和○年		摘要	金額	手形種類	手形番号	受取人	振出人	振出日		満期日		支払場所	てん末		
													月	日	摘要
1	4	買掛金支払い	870,000	約手	20	山口商店	当店	1	4	1	30	山陰銀行本店			

売掛金元帳

岡山商店　2

1/1	300,000		

買掛金元帳

山口商店　1

		1/1	500,700

42-4 次の大阪商店の取引を各帳簿に記入しなさい。

ただし，i　総勘定元帳，売掛金元帳および買掛金元帳への記入は，日付と金額を示せばよい。

ii　商品有高帳は，先入先出法により記帳している。

iii　当座預金出納帳と仕入帳・商品有高帳は，月末に締め切ること。

取　　引

1月11日　三重商店から次の商品を仕入れ，代金は掛けとした。

D　品　120箱　@¥6,150

E　品　150〃　〃〃4,200

12日　三重商店から仕入れた上記商品の一部について，次のとおり返品した。

E　品　20箱　@¥4,200

15日　兵庫商店に次の商品を販売し，代金は先に受け取った内金¥600,000を差し引き，残額は掛けとした。

D　品　140箱　@¥9,800

17日　滋賀商店から次の商品を仕入れ，代金のうち¥500,000は約束手形＃11を振り出して支払い，残額は掛けとした。なお，引取運賃¥4,000は現金で支払った。

D　品　200箱　@¥6,250

18日　奈良商店に次の商品を販売し，代金は掛けとした。

F　品　160箱　@¥8,500

20日　三重商店に対する買掛金¥400,000の支払いとして，小切手＃16を振り出した。

23日　奈良商店に対する売掛金¥900,000が，当店の当座預金口座に振り込まれたとの通知を受けた。

27日　兵庫商店から受け取っていた約束手形＃14　¥700,000が本日満期となり，当店の当座預金口座に振り込まれたむねの通知を取引銀行から受けた。

31日　三重商店あてに振り出した約束手形＃10　¥790,000が満期となり，当店の当座預金口座から支払われたむねの通知を取引銀行から受けた。

総　勘　定　元　帳

現　金　1

借方	貸方
1/1　630,000	

当座預金　2

借方	貸方
1/1　3,400,000	

受取手形　5

借方	貸方
1/1　700,000	

売掛金　6

借方	貸方
1/1　3,400,000	

支払手形　17

借方	貸方
	1/1　790,000

買掛金　18

借方	貸方
	1/1　600,000

前受金　21

借方	貸方
	1/1　600,000

売　上　24

借方	貸方

仕　入　30

借方	貸方

当座預金出納帳

1

令和〇年		摘要	預入	引出	借または貸	残高
1	1	前月繰越	3,400,000		借	3,400,000

仕入帳

1

令和〇年		摘要	内訳	金額

売掛金元帳

奈良商店　2

1/1　900,000	

買掛金元帳

三重商店　1

	1/1　400,000

商品有高帳

(先入先出法)　(品名)　D　品　(単位：箱)

令和〇年		摘要	受入			払出			残高		
			数量	単価	金額	数量	単価	金額	数量	単価	金額
1	1	前月繰越	40	6,000	240,000				40	6,000	240,000

42-5 次の新潟商店の取引を各帳簿に記入しなさい。

ただし，i　総勘定元帳，売掛金元帳および買掛金元帳への記入は，日付と金額を示せばよい。
　　　　ii　商品有高帳は，移動平均法により記帳している。
　　　　iii　当座預金出納帳と商品有高帳は，月末に締め切ること。

取　　引

1月12日　富山商店から次の商品を仕入れ，代金は掛けとした。
　　　　G　品　200袋　@¥ 8,250

15日　石川商店に次の商品を販売し，代金は同店振り出しの小切手で受け取り，ただちに当座預金に預け入れた。
　　　　G　品　150袋　@¥12,000

17日　福井商店から次の商品を仕入れ，代金は先に支払った内金¥830,000を差し引き，残額は掛けとした。
　　　　G　品　400袋　@¥ 8,080
　　　　H　品　80〃　〃〃 6,100

18日　岐阜商店に次の商品を販売し，代金は掛けとした。なお，発送費¥6,000は中部運送店に小切手#19を振り出して支払った。
　　　　I　品　150袋　@¥10,000

21日　富山商店に対する買掛金¥810,000の支払いとして，小切手#20を振り出した。

23日　長野商店に次の商品を売り渡し，代金は掛けとした。
　　　　G　品　320袋　@¥11,500

25日　福井商店に対する買掛金の支払いとして，次の約束手形を振り出した。
　　　　金　額　¥160,000　　手形番号　18　　振出日　1/25
　　　　支払期日　3/25　　支払場所　新潟銀行本店

27日　岐阜商店から売掛金の一部について，次の同店振り出しの約束手形で受け取った。
　　　　金　額　¥660,000　　手形番号　11　　振出日　1/27
　　　　支払期日　4/27　　支払場所　岐阜銀行本店

29日　富山商店あてに振り出した約束手形#17　¥543,000が満期となり，当店の当座預金口座から支払われたむねの通知を取引銀行から受けた。

総　勘　定　元　帳

現　金　1

借方	貸方
1/1　410,000	

当座預金　2

借方	貸方
1/1　690,000	

受取手形　5

借方	貸方

売掛金　6

借方	貸方
1/1　1,400,000	

前払金　8

借方	貸方
1/1　830,000	

支払手形　17

借方	貸方
	1/4　543,000

買掛金　18

借方	貸方
	1/1　970,000

売　上　24

借方	貸方

仕　入　30

借方	貸方
1/4　543,000	

発送費　35

借方	貸方

当座預金出納帳

1

令和○年		摘要	預入	引出	借または貸	残高
1	1	前月繰越	690,000		借	690,000

受取手形記入帳

令和○年		摘要	金額	手形種類	手形番号	支払人	振出人	振出日		満期日		支払場所	てん末		
													月	日	摘要

支払手形記入帳

令和○年		摘要	金額	手形種類	手形番号	受取人	振出人	振出日		満期日		支払場所	てん末		
													月	日	摘要
1	4	仕入れ	543,000	約手	17	富山商店	当店	1	4	1	29	新潟銀行本店			

売掛金元帳

岐阜商店　2

借方		貸方	
1/1	660,000		

買掛金元帳

富山商店　1

借方		貸方	
		1/1	810,000

商品有高帳

(移動平均法)　(品名)　G品　(単位：袋)

令和○年		摘要	受入			払出			残高		
			数量	単価	金額	数量	単価	金額	数量	単価	金額
1	1	前月繰越	50	8,400	420,000				50	8,400	420,000

42-6 次の岩手商店の取引を各帳簿に記入しなさい。

ただし，i　総勘定元帳，売掛金元帳および買掛金元帳への記入は，日付と金額を示せばよい。

ii　商品有高帳は，先入先出法により記帳している。

iii　当座預金出納帳と商品有高帳は，月末に締め切ること。

iv　当店は取引銀行と借越限度額を¥800,000とする当座借越契約を結んでいる。

取　　引

1月10日　福島商店から次の商品を仕入れ，代金は掛けとした。

J　品　140セット　@¥ 7,450

15日　秋田商店に次の商品を販売し，代金は掛けとした。

J　品　100セット　@¥10,500

17日　宮城商店から次の商品を仕入れ，代金は先に支払った内金¥700,000を差し引き，残額は掛けとした。

J　品　180セット　@¥ 7,550

21日　福島商店に対する買掛金の支払いとして，1月6日に北海道商店から受け取っていた約束手形#5　¥450,000を裏書譲渡した。

23日　宮城商店に商品を注文し，その内金として¥830,000を小切手#19を振り出して支払った。

24日　宮城商店に対する買掛金の支払いとして，次の約束手形を振り出した。

金　額　¥789,000　手形番号　15　振出日　1/24

支払期日　3/24　支払場所　岩手銀行本店

25日　秋田商店から売掛金の一部について，次の同店振り出しの約束手形で受け取った。

金　額　¥654,000　手形番号　8　振出日　1/25

支払期日　4/25　支払場所　秋田銀行本店

27日　山形商店に次の商品を販売し，代金は同店振り出しの小切手で受け取り，ただちに当座預金に預け入れた。

J　品　120セット　@¥ 9,800

K　品　50セット　@¥ 7,600

30日　福島商店あてに振り出した約束手形#14　¥765,000が満期となり，当店の当座預金口座から支払われたむねの通知を取引銀行から受けた。

総　勘　定　元　帳

現　金　1

1/1　560,000	

当座預金　2

1/1　770,000	

受取手形　5

1/6　450,000	

売掛金　6

1/1　1,530,000	

前払金　8

1/1　700,000	

支払手形　17

	1/4　765,000

買掛金　18

	1/1　1,619,000

売　上　24

	1/6　450,000

仕　入　30

1/4　765,000	

当座預金出納帳

1

令和○年		摘要	預入	引出	借または貸	残高
1	1	前月繰越	770,000		借	770,000

受取手形記入帳

令和○年		摘要	金額	手形種類	手形番号	支払人	振出人	振出日		満期日		支払場所	てん末		
													月	日	摘要
1	6	売り上げ	450,000	約手	5	北海道商店	北海道商店	1	6	3	6	札幌銀行本店			

支払手形記入帳

令和○年		摘要	金額	手形種類	手形番号	受取人	振出人	振出日		満期日		支払場所	てん末		
													月	日	摘要
1	4	仕入れ	765,000	約手	14	福島商店	当店	1	4	1	30	岩手銀行本店			

売掛金元帳

秋田商店　2

借方		貸方	
1/1	654,000		

買掛金元帳

福島商店　1

借方		貸方	
		1/1	830,000

商品有高帳

(先入先出法)　(品名)　J品　(単位：セット)

令和○年		摘要	受入			払出			残高		
			数量	単価	金額	数量	単価	金額	数量	単価	金額
1	1	前月繰越	40	7,200	288,000				40	7,200	288,000

43 決算の問題

43-1 石狩商店（個人企業　決算年1回　12月31日）の総勘定元帳勘定残高と付記事項および決算整理事項は，次のとおりであった。よって，
(1) 付記事項の仕訳を示しなさい。
(2) 損益計算書に記載する受取地代の金額を求めなさい。
(3) 貸借対照表を完成しなさい。

元帳勘定残高

現　　金	¥ 253,000	当座預金	¥ 1,000,000	受取手形	¥ 860,000
売 掛 金	1,840,000	貸倒引当金	29,000	有価証券	1,740,000
繰越商品	925,000	貸 付 金	360,000	備　　品	1,600,000
備品減価償却累計額	400,000	土　　地	1,500,000	支払手形	980,000
買 掛 金	1,914,000	資 本 金	6,000,000	売　　上	7,924,000
受取地代	48,000	受取利息	5,000	仕　　入	5,720,000
給　　料	877,000	支払家賃	360,000	保 険 料	53,000
租税公課	126,000	雑　　費	86,000		

付記事項

① 仙台商店に対する売掛金の回収として，同店振り出しの約束手形¥90,000を受け取っていたが，記帳していなかった。

決算整理事項

a．期末商品棚卸高　¥934,000
b．貸倒見積高　受取手形と売掛金の期末残高に対し，それぞれ2％と見積もり，貸倒引当金を設定する。
c．備品減価償却高　定率法により，毎期の償却率を25％とする。
d．有価証券評価高　有価証券は，売買目的で保有する次の株式であり，時価によって評価する。
　　札幌商事株式会社　30株　　時　価　1株　¥56,000
e．地代前受高　受取地代の¥48,000は，本年5月からの1年分の地代であり，前受高を繰り延べる。
f．収入印紙未使用高　¥40,000
g．利息未収高　¥15,000

(1)

借　　方	貸　　方

(2)

¥

(3)

貸借対照表

石狩商店　　令和○年12月31日

資産		金額	負債および純資産	金額
現金			支払手形	
当座預金			買掛金	
受取手形	(　　)		(　　)	
貸倒引当金	(　　)		資本金	
売掛金	(　　)		(　　)	
貸倒引当金	(　　)			
有価証券				
商品				
(　　)				
貸付金				
(　　)				
備品	(　　)			
減価償却累計額	(　　)			
土地				

43-2 近畿商店（個人企業　決算年1回　12月31日）の総勘定元帳勘定残高と付記事項および決算整理事項は，次のとおりであった。よって，
(1) 保険料勘定と前払保険料勘定に必要な記入をおこない，締め切りなさい。なお，勘定記入は日付・相手科目・金額を示すこと。
(2) 損益計算書を完成しなさい。

元帳勘定残高

現金	¥ 912,000	当座預金	¥ 3,270,000	受取手形	¥ 1,800,000
売掛金	2,300,000	貸倒引当金	82,000	有価証券	1,900,000
繰越商品	1,350,000	備品	2,160,000	備品減価償却累計額	810,000
支払手形	1,400,000	買掛金	1,340,000	前受金	120,000
借入金	1,000,000	所得税預り金	97,000	資本金	8,000,000
売上	15,780,000	受取手数料	138,000	仕入	11,850,000
給料	2,370,000	支払家賃	672,000	保険料	60,000
通信費	64,000	雑費	28,000	支払利息	31,000

付記事項

① 千葉商店あてに振り出した約束手形¥120,000が支払期日となり，当店の当座預金から支払われていたが，記帳していなかった。

決算整理事項

a．期末商品棚卸高　¥1,620,000
b．貸倒見積高　受取手形と売掛金の期末残高に対し，それぞれ3%と見積もり，貸倒引当金を設定する。
c．備品減価償却高　定額法による。ただし，残存価額は零（0）　耐用年数は8年とする。
d．有価証券評価高　有価証券は，売買目的で保有する次の株式であり，時価によって評価する。
　和歌山商事株式会社　20株　時価　1株　¥73,000
e．保険料前払高　保険料¥60,000は，本年6月1日に1年分を支払ったものであり，前払高を次期に繰り延べる。
f．利息未払高　利息¥23,000を当期の費用として見越し計上する。
g．郵便切手未使用高　¥　18,000

(1)

保険料

6/1 現　金 60,000	

前払保険料

(2)

損益計算書

近畿商店　　令和○年/月/日から令和○年12月31日まで

費用	金額	収益	金額
売上原価		売上高	
給料		受取手数料	
(　　)			
(　　)			
支払家賃			
保険料			
通信費			
雑費			
支払利息			
(　　)			
(　　)			

43-3 根室商店（個人企業　決算年1回　12月31日）の総勘定元帳勘定残高と決算整理事項は，次のとおりであった。よって，

(1) 決算整理仕訳を示しなさい。ただし，繰り延べおよび見越しの勘定を用いること。

(2) 精算表を完成しなさい。

元帳勘定残高

現　　金	¥ 431,000	当座預金	¥ 2,440,000	受取手形	¥ 1,550,000
売掛金	1,950,000	貸倒引当金	38,000	有価証券	670,000
繰越商品	1,230,000	備　　品	2,100,000	備品減価償却累計額	420,000
支払手形	1,400,000	買掛金	1,910,000	借入金	1,000,000
従業員預り金	100,000	資本金	5,000,000	売　　上	11,850,000
受取手数料	94,000	仕　　入	8,950,000	給　　料	1,792,000
支払家賃	500,000	保険料	48,000	消耗品費	87,000
雑　　費	40,000	支払利息	24,000		

決算整理事項

a．期末商品棚卸高　¥1,340,000

b．貸倒見積高　受取手形と売掛金の期末残高に対し，それぞれ2％と見積もり，貸倒引当金を設定する。

c．備品減価償却高　備品について，次のとおり定額法によって減価償却をおこなう。
　取得原価　¥1,680,000　残存価額　零（0）　耐用年数　8年
　取得原価　¥ 420,000　残存価額　零（0）　耐用年数　7年

d．有価証券評価高　有価証券は，売買目的で保有する次の株式であり，時価によって評価する。
　北海道商事株式会社　10株　時価　1株　¥70,000

e．保険料前払高　保険料の¥48,000は，本年4月1日に1年分を支払ったものであり，前払高を次期に繰り延べる。

f．家賃未払高　家賃¥100,000を当期の費用として見越し計上する。

g．未収手数料　¥ 28,000

(1)

	借　　方	貸　　方
a		
b		
c		
d		
e		
f		
g		

(2)

精　算　表

令和○年12月31日

勘定科目	残高試算表		整理記入		損益計算書		貸借対照表	
	借方	貸方	借方	貸方	借方	貸方	借方	貸方
現金								
当座預金								
受取手形								
売掛金								
貸倒引当金								
有価証券								
繰越商品								
備品								
備品減価償却累計額								
支払手形								
買掛金								
借入金								
従業員預り金								
資本金								
売上								
受取手数料								
仕入								
給料								
支払家賃								
保険料								
消耗品費								
雑費								
支払利息								
(　　)								
(　　)								
(　　)								
(　　)								
(　　)								
(　　)								
(　　)								

43-4 沖縄商店（個人企業　決算年1回　12月31日）の総勘定元帳勘定残高と付記事項および決算整理事項は，次のとおりであった。よって，

(1) 付記事項の仕訳を示しなさい。
(2) 決算整理仕訳を示しなさい。ただし，繰り延べおよび見越しの勘定を用いること。
(3) 総勘定元帳の損益勘定を完成しなさい。
(4) 期末の資本金の金額を求めなさい。

元帳勘定残高

現　　金	¥ 2,512,000	当座預金（貸方残高）	¥ 360,000	電子記録債権	¥ 1,500,000
売掛金	2,150,000	貸倒引当金	21,000	有価証券	1,375,000
繰越商品	1,090,000	貸付金	800,000	備　　品	1,920,000
備品減価償却累計額	840,000	電子記録債務	1,280,000	買掛金	2,450,000
前受金	250,000	仮受金	50,000	資本金	5,000,000
売　　上	9,860,000	受取手数料	273,000	仕　　入	7,350,000
給　　料	895,000	支払家賃	418,000	保険料	240,000
租税公課	65,000	雑　　費	69,000		

付記事項

① 仮受金¥50,000は，得意先埼玉商店からの売掛金の回収であることがわかった。

決算整理事項

a. 期末商品棚卸高　¥1,140,000
b. 貸倒見積高　電子記録債権と売掛金の期末残高に対し，それぞれ3％と見積もり，貸倒引当金を設定する。
c. 備品減価償却高　定率法により，毎期の償却率を25％とする。
d. 有価証券評価高　有価証券は，売買目的で保有する次の株式であり，時価によって評価する。
　　那覇商事株式会社　25株　時価　1株 ¥51,000
e. 収入印紙未使用高　¥ 13,000
f. 利息未収高　貸付金は，本年5月1日に貸し付けたものであり，1年分の利息¥24,000は貸付日から1年後に受け取ることになっている。よって未収高を計上する。
g. 家賃未払高　家賃¥38,000を当期の費用として見越し計上する。
h. 当座預金勘定の貸方残高を，当座借越勘定に振り替える。

(1)

	借　方	貸　方
①		

(2)

	借　方	貸　方
a		
b		
c		
d		
e		
f		
g		
h		

(3)

総　勘　定　元　帳

損　益　31

12/31	仕入		12/31	売上	
〃	給料		〃	受取手数料	
〃	(　　　)		〃	(　　　)	
〃	(　　　)				
〃	支払家賃				
〃	保険料				
〃	租税公課				
〃	雑費				
〃	(　　　)				
〃	(　　　)				

(4)

¥

43-5 小樽商店（個人企業　決算年1回　12月31日）の決算整理前の残高試算表と決算整理事項は，次のとおりであった。よって，

(1) 決算整理仕訳を示しなさい。ただし，繰り延べおよび見越しの勘定を用いること。
(2) 繰越試算表を完成しなさい。
(3) 当期純利益を求めなさい。

残高試算表
令和○年12月31日

借方	勘定科目	貸方
1,700,000	現金	
980,000	受取手形	
2,570,000	売掛金	
	貸倒引当金	25,000
900,000	有価証券	
920,000	繰越商品	
810,000	備品	
	備品減価償却累計額	162,000
	買掛金	2,081,000
	借入金	625,000
	資本金	4,500,000
200,000	引出金	
	売上	9,309,000
	受取手数料	44,000
6,430,000	仕入	
1,060,000	給料	
626,000	広告料	
330,000	支払家賃	
66,000	保険料	
129,000	雑費	
25,000	支払利息	
16,746,000		16,746,000

決算整理事項

a．期末商品棚卸高　¥890,000

b．貸倒見積高
受取手形と売掛金の期末残高に対し，それぞれ2%と見積もり，貸倒引当金を設定する。

c．備品減価償却高
定額法による。ただし，残存価額は零（0）耐用年数は5年とする。

d．有価証券評価高
有価証券は，売買目的で保有する函館商事株式会社の株式10株（帳簿価額1株¥90,000）であり，1株につき¥85,000に評価替えする。

e．保険料前払高
保険料の¥66,000は，本年5月1日に契約した期間1か年の火災保険に対するものであり，前払高を次期に繰り延べる。

f．家賃未払高
家賃¥30,000を当期の費用として見越し計上する。

g．引出金の整理
引出金¥200,000は整理すること。

(1)

	借方	貸方
a		
b		
c		
d		
e		
f		
g		

(2)

繰越試算表

令和○年12月31日

借方	勘定科目	貸方
	現金	
	受取手形	
	売掛金	
	貸倒引当金	
	有価証券	
	繰越商品	
	(　　　)	
	備品	
	備品減価償却累計額	
	買掛金	
	借入金	
	(　　　)	
	資本金	

(3)

¥

43-6 宗谷商店（個人企業　決算年1回　12月31日）の総勘定元帳の記録と決算整理事項は，次のとおりであった。よって，

(1) 決算整理仕訳を示しなさい。ただし，繰り延べおよび見越しの勘定を用いること。

(2) 精算表を完成しなさい。

総勘定元帳　（注）総勘定元帳の記録は合計額で示してある。

勘定科目	借方	貸方
現　金	1,820,000	1,150,000
当座預金	7,680,000	5,010,000
電子記録債権	1,920,000	1,050,000
売掛金	3,740,000	2,090,000
貸倒引当金	5,000	48,000
有価証券	600,000	
繰越商品	1,200,000	
備　品	900,000	
備品減価償却累計額		360,000
買掛金	2,590,000	4,410,000
借入金	380,000	1,230,000
従業員預り金		42,000
資本金		5,000,000
売　上	27,000	6,453,000
受取手数料		58,000
仕　入	5,220,000	14,000
給　料	605,000	
広告料	24,000	
支払家賃	110,000	
保険料	24,000	
租税公課	40,000	
雑　費	30,000	

決算整理事項

a．期末商品棚卸高　￥1,280,000

b．貸倒見積高　電子記録債権と売掛金の期末残高に対し，それぞれ5％と見積もり，貸倒引当金を設定する。

c．備品減価償却高　定額法による。ただし，残存価額は零（0）耐用年数は5年とする。

d．有価証券評価高　有価証券は，売買目的で保有する次の株式であり，時価によって評価する。
　旭川産業株式会社　10株　時　価　1株　￥62,000

e．広告料未払高　広告料￥22,000を当期の費用として見越し計上する。

f．保険料前払高　保険料の￥24,000は，本年3月1日に契約した期間1か年の火災保険に対するものであり，前払高を次期に繰り延べる。

g．収入印紙未使用高　￥　8,000

(1)

	借　　　方	貸　　　方
a		
b		
c		
d		
e		
f		
g		

(2)

精　算　表

令和○年12月31日

勘定科目	残高試算表		整理記入		損益計算書		貸借対照表	
	借方	貸方	借方	貸方	借方	貸方	借方	貸方
現金								
当座預金								
電子記録債権								
売掛金								
貸倒引当金								
有価証券								
繰越商品								
備品								
備品減価償却累計額								
買掛金								
借入金								
従業員預り金								
資本金								
売上								
受取手数料								
仕入								
給料								
広告料								
支払家賃								
保険料								
租税公課								
雑費								
(　　)								
(　　)								
(　　)								
(　　)								
(　　)								
(　　)								
(　　)								

第1問 仕訳問題

出題の傾向

✣日商2級の第1問の仕訳問題は，2017年度の出題範囲改定により従来出題頻度が高かった特殊商品売買取引や社債に関する項目が削除され，新しくソフトウェア，役務収益・役務費用などの項目が追加された。従前の固定資産の取引・手形の取引・株式の発行・剰余金の処分・会社の税金などと合わせて出題される。全商2級の仕訳と重なる部分もあるが，その範囲を超えた部分も多く出題されるので注意が必要である。

✣日商簿記検定では勘定科目が指定され，そこから選択する形式となっているので，指定の勘定科目を確認する必要がある。

攻略のポイント

ここでは，頻出の問題や全商2級の範囲を超えた問題を中心に14のテーマについて解説する。

1 未渡（みわたし）小切手

小切手を作成し，振り出しの記帳はしてあるが，実際にはまだ渡していない小切手を**未渡小切手**という。この小切手が買掛金などの債務を支払うために作成された場合は，振り出しの記帳を取り消すために貸借逆仕訳をおこなう。また，費用や資産の購入代金を支払うために作成された場合は，費用はすでに発生し，また資産はすでに取得済みなので，費用や資産の減額はせずに，**未払金勘定**（負債）を計上する。

例 決算にあたり，銀行の当座預金残高証明書と当社の当座預金勘定残高を照合したが，一致しなかった。調査の結果，決算日の前日に買掛金支払いのために振り出した小切手¥60,000と広告宣伝費の支払いのために振り出した小切手¥80,000が金庫に保管されたままであった。なお，いずれの取引も帳簿上は，支払済みとして処理されている。

（借）当座預金	140,000	（貸）買　掛　金	60,000
		未　払　金	80,000

POINT

費用にかかわる未渡小切手は未払金とする。

2 売買目的有価証券の購入と売却

日商2級では，公社債の購入時と売却時に日割りで端数利息を計算する。

例 ①X1年3月14日に，社債（利率年4%　利払日6月末と12月末）額面総額¥3,000,000を売買目的で，額面¥100につき¥97で購入し，代金は売買手数料¥40,000と前回の利払日の翌日から購入日までの端数利息とともに小切手を振り出して支払った。

（借）売買目的有価証券	2,950,000	（貸）当　座　預　金	2,974,000
有価証券利息	24,000		

POINT

$¥3,000,000 \times \frac{¥97}{¥100} + ¥40,000 = ¥2,950,000$ →有価証券の取得原価

購入したときの端数利息は，有価証券利息勘定（収益）の借方に計上する。

…¥3,000,000×4%×73日〔1月1日から3月14日までの経過日数〕÷365日
＝¥24,000

例 ②X1年11月23日に，上記の社債を額面¥100につき¥99で売却し，代金は端数利息とともに小切手で受け取り，ただちに当座預金とした。

(借)			(貸)	
当座預金	3,018,000		売買目的有価証券	2,950,000
			有価証券売却益	20,000
			有価証券利息	48,000

POINT

$¥3,000,000 \times \frac{¥99}{¥100} - ¥2,950,000 = ¥20,000$　→有価証券の売却益

売却したときの端数利息は，有価証券利息勘定（収益）の貸方に計上する。

…¥3,000,000×4%×146日〔7月1日から11月23日までの経過日数〕÷365日

＝¥48,000　→6月末の利払日で半年分の利息を受け取り済みなので7月1日から起算する。

3 建設仮勘定

建設途中に支払った工事代金の一部は，**建設仮勘定**（資産）で処理する。建設が完了し，引き渡しを受けたとき，建物などの資産勘定に振り替える。

例 ①埼玉建設株式会社に，事務所用建物の建設を依頼し，工事代金の一部¥50,000,000を小切手を振り出して支払った。

(借)		(貸)	
建設仮勘定	50,000,000	当座預金	50,000,000

例 ②上記の建物が完成し，引き渡しを受けるとともに，すでに支払ってある¥50,000,000を差し引き，残額¥30,000,000は小切手を振り出して支払った。

(借)		(貸)	
建物	80,000,000	建設仮勘定	50,000,000
		当座預金	30,000,000

4 有形固定資産の割賦購入

有形固定資産を購入するときに，代金を分割で支払うことがあり，この場合購入額以外に分割にともなう利息を含めて支払額が定められる。

有形固定資産購入時には，この利息部分を前払費用勘定（資産）として計上しておき，代金を支払うごとに一定額を支払利息勘定（費用）に振り替える。

例 ①熊本商事株式会社はX1年6月1日に営業用トラック（現金販売価額¥3,600,000）を割賦契約で購入した。代金は毎月末に支払期限が到来する額面¥750,000の約束手形を5枚振り出して支払った。

(借)		(貸)	
車両運搬具	3,600,000	営業外支払手形	3,750,000
前払費用	150,000		

POINT

振り出した約束手形は主要な営業活動にともなうものではないので，**営業外支払手形勘定**（負債）で処理する。また，現金販売価額で計上される車両運搬具勘定との差額は利息の前払分と考え，前払費用勘定で処理する。

例 ②熊本事株式会社はX1年6月30日に上記約束手形のうち期日の到来した1枚¥750,000が当座預金口座より引き落とされた。

(借)		(貸)	
営業外支払手形	750,000	当座預金	750,000
支払利息	30,000	前払費用	30,000

POINT

支払期日が到来した手形の支払いがおこなわれるごとに，前払費用に計上した¥150,000÷5回＝¥30,000を費用に振り替えていく。

5 有形固定資産の売却

日商2級では，有形固定資産を期中に売却する問題が多く，その場合は当期発生の減価償却費を月割計算で計上する。

例 秋田商事株式会社（年1回，3月末決算）は，X4年11月30日に備品を¥450,000で売却し，代金は小切手で受け取った。この備品は，X2年4月1日に¥900,000で購入し，残存価額はゼロ，耐用年数10年，定額法により減価償却費を計算し，間接法で記帳してきた。なお，決算日の翌日から売却した月までの減価償却費は，月割計算するものとする。

（借）		（貸）	
備品減価償却累計額	180,000	備　品	900,000
減価償却費	60,000		
現　金	450,000		
固定資産売却損	210,000		

POINT

（¥900,000－¥0）÷10年×2年＝¥180,000　→X4年3月末決算までの2年分の減価償却費

（¥900,000－¥0）÷10年×$\frac{8か月}{12か月}$＝¥60,000　→X4年4月から11月までの月割した減価償却費

¥450,000－（¥900,000－¥180,000－¥60,000）＝－¥210,000　→固定資産売却損

6 有形固定資産の除却

有形固定資産の使用をやめて，帳簿上から取り除くことを除却という。有形固定資産を除却したときは，帳簿価額から有形固定資産の評価額を控除した金額を**固定資産除却損**（費用）とし，評価額は**貯蔵品**（資産）とする。

例 備品（取得日X6年4月1日，取得原価¥600,000，償却方法　定率法，償却率20%，記帳方法　間接法，決算日3月31日）が不用となり，X8年4月1日に除却した。なお，除却した備品は転用可能であり，その評価額は¥200,000である。

（借）		（貸）	
備品減価償却累計額	216,000	備　品	600,000
貯蔵品	200,000		
固定資産除却損	184,000		

POINT

¥600,000×20%＝¥120,000　→X7年3月末決算の減価償却費

（¥600,000－¥120,000）×20%＝¥96,000　→X8年3月末決算の減価償却費

¥120,000＋¥96,000＝¥216,000　→減価償却累計額

（¥600,000－¥216,000）－¥200,000＝¥184,000　→固定資産除却損

7 有形固定資産の買い替え

これまで使用してきた車両運搬具などを下取りに出して，新車に買い替えるような場合を有形固定資産の買い替えという。この場合，下取価額と帳簿価額との差額が固定資産売却損益になる。

例 取得原価¥1,600,000，期首減価償却累計額¥700,000の備品を期首から8か月が経過した時点で下取価額¥650,000で下取りに出し，新しい備品¥2,000,000を購入した。新備品の購入価額と旧備品の下取価額との差額は，2週間後に支払うことにした。なお，旧備品については，償却率25%の定率法によって計算した8か月分の減価償却費を，下取り時において計上すること。

（借）		（貸）	
備　品	2,000,000	備　品	1,600,000
備品減価償却累計額	700,000	未払金	1,350,000
減価償却費	150,000		
固定資産売却損	100,000		

POINT

(¥1,600,000－¥700,000)×25%×$\frac{8か月}{12か月}$＝¥150,000　→当期8か月の減価償却費

¥650,000－(¥1,600,000－¥700,000－¥150,000)＝－¥100,000　→固定資産売却損

8 改良（資本的支出）と修繕（収益的支出）

有形固定資産に対する支出のうち，耐用年数を延長させるなど有形固定資産を改良するための支出を**資本的支出**といい，原状回復や維持・修繕するための支出を**収益的支出**という。改良（資本的支出）分は有形固定資産の取得原価に加え，修繕（収益的支出）分は修繕費勘定（費用）に計上する。ただし，修繕引当金がある場合は，これを優先的に取り崩し，修繕引当金を超過する分を修繕費とする。

例　建物の改修工事をおこない，工事代金¥6,000,000を小切手を振り出して支払った。なお，工事代金のうち，¥4,000,000は耐用年数延長のための支出であり，残りは定期修繕のための支出である。この修繕については，前期末に¥1,500,000の修繕引当金を計上している。

(借)		(貸)	
建物	4,000,000	当座預金	6,000,000
修繕引当金	1,500,000		
修繕費	500,000		

9 未決算勘定

火災により焼失した建物の帳簿価額や商品の仕入原価は，保険金額が確定するまで**未決算勘定**（資産）の借方に計上する。なお，その未決算勘定の金額が保険契約金額の上限を超える場合は，その超過額を**火災損失勘定**（費用）に計上する。未決算勘定は保険金の受取額が確定したときに貸方に記入し，保険金額との差額を火災損失勘定または**保険差益勘定**（収益）に記入する。

例　①千葉産業株式会社は，火災により倉庫（取得原価¥20,000,000，焼失時の減価償却累計額¥9,000,000，記帳方法は間接法）および保管中の商品（仕入原価¥4,000,000）を焼失したが，これらの資産に保険金¥12,000,000の火災保険契約を結んでいたので，ただちに保険会社へ保険金の請求手続きをおこなった。

(借)		(貸)	
建物減価償却累計額	9,000,000	建物	20,000,000
未決算	12,000,000	仕入	4,000,000
火災損失	3,000,000		

POINT

¥20,000,000－¥9,000,000＝¥11,000,000　→建物の帳簿価額

¥11,000,000（建物の帳簿価額）＋¥4,000,000（商品の原価）＝¥15,000,000　→焼失額

¥15,000,000は保険契約金額の上限¥12,000,000を上回っているので，超過した金額¥3,000,000は保険金支払いの対象額とはならず，この時点で火災損失（費用）として処理する。

例　②千葉産業株式会社は，上記火災について保険会社から¥11,500,000の保険金を支払うむねの連絡を受けた。

(借)		(貸)	
未収入金	11,500,000	未決算	12,000,000
火災損失	500,000		

POINT

保険金支払いの連絡があっただけなので未収入金とする。

未決算額より受け取る保険金額のほうが少ないので，火災損失¥500,000を計上する。

もし未決算額よりも受け取る保険金額のほうが多い場合は，その差額を貸方に保険差益（収益）として計上する。

10 消費税

消費税の会計処理には「税抜方式」と「税込方式」の２種類がある。日商簿記では，収益認識に関する会計基準の適用にともない，税込方式を出題範囲から除外しているが，同基準が強制適用される会社法上の大会社および上場会社以外は認められており，実務でも採用されているので両方式について解説する。

［税抜方式］（日商範囲）

商品を仕入れたときに支払う消費税額は，消費者に代わって企業が仮払いしたものであるから，**仮払消費税勘定**（資産）の借方に記入し，売り上げたときに受け取る消費税額は，消費者から預かったものであるから，**仮受消費税勘定**（負債）の貸方に記入する。企業が納付する消費税額は，仮受消費税が仮払消費税を上回る場合のその差額である。決算時にこの差額を**未払消費税勘定**（負債）に計上する。

［税込方式］

商品を仕入れたときの消費税額を仕入価額に含め，売り上げたときの消費税額を売上価額に含めて記入する。決算時に消費税の仮払額と仮受額を計算し，差額を求め，その金額を**租税公課勘定**（費用）と未払消費税勘定（負債）に計上する。

例 ①福井商店から商品¥165,000（消費税¥15,000を含む）を仕入れ，代金は掛けとした。

［税抜方式］

(借)	仕入	150,000	(貸) 買掛金	165,000
	仮払消費税	15,000		

［税込方式］

(借)	仕入	165,000	(貸) 買掛金	165,000

例 ②新潟商店に商品¥220,000（消費税¥20,000を含む）を売り渡し，代金は掛けとした。

［税抜方式］

(借)	売掛金	220,000	(貸) 売上	200,000
			仮受消費税	20,000

［税込方式］

(借)	売掛金	220,000	(貸) 売上	220,000

例 ③決算にさいして，消費税の納付額を計算し，これを確定した。なお，本年度の消費税仮払分は¥50,000，消費税仮受分は¥70,000である。

［税抜方式］

(借)	仮受消費税	70,000	(貸) 仮払消費税	50,000
			未払消費税	20,000

［税込方式］

(借)	租税公課	20,000	(貸) 未払消費税	20,000

11 電子記録債権の譲渡

電子記録債権を譲渡したさいに損失が発生したら，**電子記録債権売却損勘定**（費用）で処理する。

例 電子記録債権のうち，¥100,000を取引銀行で割り引き，割引料¥2,000を差し引かれた残額が当座預金口座へ振り込まれた。

(借)	当座預金	98,000	(貸) 電子記録債権	100,000
	電子記録債権売却損	2,000		

POINT

電子記録債権は，手形債権の代替として機能することが想定されており，会計処理上は，手形債権に準じて取り扱う。割引料が発生したら，手形売却損に準じ，電子記録債権売却損勘定（費用）で処理する。

12 販売のつど売上原価勘定に振り替える方法による商品売買取引の処理

損益管理の目的から，商品売買取引において，仕入れたときに**商品勘定**（資産）に計上し，販売のつど売上原価額をこの商品勘定から**売上原価勘定**（費用）に振り替える方法がある。

例 静岡商事株式会社は浜松商店に商品200個（原価@¥600，売価@¥810）を売り上げ，代金は掛けとした。なお，静岡商事株式会社は商品売買に関して，商品を仕入れたときに商品勘定に記入し，販売したときにそのつど売上原価を売上原価勘定に振り替える方法で記帳している。

（借）	売掛金	162,000	（貸）売上	162,000
	売上原価	120,000	商品	120,000

POINT

売価と原価を正確に把握すること。

売価@¥810×200個＝¥162,000→売上高

原価@¥600×200個＝¥120,000→売上原価

13 自社利用のソフトウェア

将来の収益獲得または費用削減が確実であるソフトウェアを自社利用目的で購入した場合，**ソフトウェア勘定**（資産）に計上し，原則として，その利用可能期間にわたり定額法により償却する。償却額は**ソフトウェア償却勘定**（費用）で処理する。

例 ①愛知産業株式会社は経費削減に役立つソフトウェアを自社で利用する目的で購入し，代金¥300,000を小切手を振り出して支払った。

（借）	ソフトウェア	300,000	（貸）当座預金	300,000

例 ②愛知産業株式会社は，決算にあたり上記ソフトウェアを定額法により償却した。なお，このソフトウェアの利用可能期間は5年と見積もられる。

（借）	ソフトウェア償却	60,000	（貸）ソフトウェア	60,000

POINT

¥300,000÷利用可能期間5年＝¥60,000→償却額

なお，自社利用目的のソフトウェアを自社開発もしくは外注により制作している場合，そのソフトウェアが完成するまでの支出額は**ソフトウェア仮勘定**（資産）で処理し，完成したらソフトウェア勘定に振り替える。

例 ③大分商事株式会社は事務コスト削減のために，新たなソフトウェアを外部企業に発注するとともに，代金の一部¥1,000,000を小切手を振り出して支払った。

（借）	ソフトウェア仮勘定	1,000,000	（貸）当座預金	1,000,000

例 ④大分商事株式会社は外注していた上記ソフトウェアが完成し引き渡しを受けたので，残りの代金¥800,000を小切手を振り出して支払うとともに，ソフトウェア勘定に振り替えた。

（借）	ソフトウェア	1,800,000	（貸）ソフトウェア仮勘定	1,000,000
			当座預金	800,000

14 役務収益・役務原価

サービス業を営む企業のサービス提供にともなう収益計上には**役務収益勘定**（収益）を，サービス提供にともなう原価を費用計上するときは**役務原価勘定**（費用）を用いる。なお，役務原価に計上されるのは役務提供者の給料や提供にともなう諸経費であり，役務収益計上と時間的なズレがある場合には，いったん**仕掛品勘定**（資産）に計上しておき，役務収益計上時に役務原価勘定へ振り替える。

例 ①(1)旅行業を経営する実教ツーリスト株式会社は，3泊4日のツアーを企画し，顧客30名から申し込み代金合計¥1,500,000を現金で受け取った。

（借）	現金	1,500,000	（貸）前受金	1,500,000

POINT

サービス（ツアー）が提供される前に代金を受け取っているので，前受金勘定で処理する。

(2)実教ツーリスト株式会社は前記のツアーを催行し，宿泊代や移動交通費，添乗員の報酬など合計¥1,100,000を小切手を振り出して支払った。

（借）	前受金	1,500,000	（貸）役務収益	1,500,000
	役務原価	1,100,000	当座預金	1,100,000

POINT

サービス（ツアー）の提供が終了したので，前受金勘定から役務収益勘定へ振り替えるとともに，役務原価を計上する。

例 ②(1)建築物の設計を請け負っている㈱福岡設計事務所は，従業員の給料¥600,000および出張旅費¥180,000を現金で支払った。

（借）	給料	600,000	（貸）現金	780,000
	旅費交通費	180,000		

(2)㈱福岡設計事務所は，顧客から依頼のあった案件について設計をおこなったが，上記給料のうち，¥150,000および出張旅費のうち¥60,000がこの案件のため直接的に費やされたものであることが明らかになったので，これらを仕掛品勘定に振り替えた。

（借）	仕掛品	210,000	（貸）給料	150,000
			旅費交通費	60,000

POINT

サービス（設計）の提供がなされる前に発生した原価は，収益計上までの間いったん仕掛品勘定に計上しておく。

(3)上記案件について，完成した設計図を顧客に渡し，対価として¥450,000が当座預金口座に振り込まれた。役務収益の発生にともない，対応する役務原価を計上した。

（借）	当座預金	450,000	（貸）役務収益	450,000
	役務原価	210,000	仕掛品	210,000

POINT

サービス（設計）の提供が終了したので，役務収益を計上するとともに，それに対応する原価を仕掛品勘定から役務原価勘定に振り替える。

練習問題

1. 次の取引について仕訳しなさい。ただし，勘定科目は語群の中から最も適当と思われるものを選び記号で答えなさい。なお，商品売買の取引についてはすべて３分法によること。

(1) X１年９月１日に売買目的で所有している額面総額¥2,000,000の社債（利率年1.46％，利払日は３月末と９月末の年２回）を額面¥100につき¥98の価額で売却し，売却代金は直近の利払日の翌日から売買日までの端数利息とともに小切手で受け取った。なお，この社債はX１年４月１日に額面¥100につき¥97の価額で買い入れたものである。端数利息の計算は１年を365日として日割りで計算すること。当社の決算日は３月31日である。

ア．現金　イ．当座預金　ウ．売買目的有価証券　エ．有価証券売却益　オ．有価証券利息
カ．有価証券売却損　キ．支払利息

(2) 火災により焼失した建物（取得原価：¥18,000,000，残存価額：ゼロ，耐用年数20年，定額法により償却，間接法で記帳）に関し請求していた保険金について，本日¥5,000,000を支払う旨の連絡を保険会社から受けた。当該建物は，08年４月１日に取得したもので，22年８月31日に火災があり，火災発生日現在の簿価の全額を未決算勘定に振り替えていた。なお，当社の決算は３月31日（年１回）であり，減価償却は月割計算でおこなっている。

ア．未収入金　イ．建物　ウ．建物減価償却累計額　エ．保険差益　オ．固定資産除却損
カ．火災損失　キ．未決算

(3) ㈱埼玉商事は，商品¥600,000をクレジット払いの条件で販売した。なお，加盟信販会社への手数料は販売代金の４％であり，販売時に計上することとしている。

ア．当座預金　イ．電子記録債権　ウ．クレジット売掛金　エ．未収入金　オ．売上
カ．受取手数料　キ．支払手数料

(4) かねて外部に開発を依頼していた社内利用目的のソフトウェアが完成し使用を開始したので，ソフトウェア勘定に振り替えた。なお，依頼時に開発費用全額の¥12,000,000を銀行振込により支払済みである。

ア．当座預金　イ．貯蔵品　ウ．建設仮勘定　エ．ソフトウェア　オ．ソフトウェア仮勘定
カ．未払金　キ．ソフトウェア償却

(5) 島根物産株式会社の出雲支店は，出雲支店負担の広告宣伝費¥96,000を米子支店が立替払いした旨の連絡を本店から受けた。なお，同社は本店集中計算制度を採用している。

ア．立替金　イ．未払金　ウ．未払広告宣伝費　エ．広告宣伝費　オ．本店
カ．出雲支店　キ．米子支店

	仕		訳	
	借方科目	金額	貸方科目	金額
(1)				
(2)				
(3)				
(4)				
(5)				

日商ではこうでる！

2. 次の取引について仕訳しなさい。ただし，勘定科目は語群の中から最も適当と思われるものを選び記号で答えなさい。

(1) 当期首に営業用建物（取得原価¥10,000,000，残存価額：ゼロ，耐用年数20年，定額法による減価償却，間接法により記帳）の修繕をおこない，代金¥1,400,000のうち¥800,000については小切手を振り出して支払い，残額は月末に支払うこととした。なお，このうち¥500,000については建物の耐震構造を強化する効果があると認められた。また，修繕引当金の残高は¥600,000である。

ア．当座預金　イ．建物　ウ．建物減価償却累計額　エ．未払金　オ．修繕引当金
カ．減価償却費　キ．修繕費

(2) 富山産業株式会社は，期首に経費削減に役立つソフトウェアを自社で利用する目的で¥400,000を支払い購入していたが，本日決算にあたり定額法により償却した。なお，このソフトウェアの利用可能期間は5年と見積もられる。

ア．当座預金　イ．ソフトウェア　ウ．ソフトウェア仮勘定　エ．未払金　オ．減価償却費
カ．ソフトウェア償却　キ．未決算

(3) 買掛金¥1,500,000について，支払期日前に決済を行うことになり，仕入先から期日前決済に関わる契約条件にもとづいて買掛金額の1％の支払いを免除する旨の連絡があったので，免除額を差し引いた残額について小切手を振り出して決済した。

ア．当座預金　イ．売掛金　ウ．買掛金　エ．受取利息　オ．仕入割引　カ．仕入
キ．支払手数料

(4) X1年12月12日に売買目的で徳島産業株式会社の社債（額面総額¥8,000,000）を額面¥100につき¥96.55で買い入れ，代金は証券会社への手数料¥18,000および端数利息とともに小切手を振り出して支払った。なお，この社債の利率は年1.285％，利払日は3月末日と9月末日の年2回である。また，端数利息の金額については，1年を365日として日割で計算する。

ア．現金　イ．当座預金　ウ．売買目的有価証券　エ．有価証券利息　オ．有価証券売却益
カ．支払手数料　キ．支払利息

(5) 営業用車両（取得原価¥6,000,000，残存価額ゼロ，前期末における減価償却累計額¥4,704,000，償却率40％での定率法による減価償却，間接法により記帳）を下取りさせて，新たな営業用車両（購入価額¥7,200,000）を購入した。旧車両は当期に5か月間使用しており，月割で減価償却費を計上する。なお，旧車両の下取り価額は¥600,000で，購入価額との差額は月末に支払うこととした。

ア．車両運搬具　イ．車両運搬具減価償却累計額　ウ．未払金　エ．減価償却費
オ．固定資産売却益　カ．固定資産売却損　キ．固定資産除却損

	仕		訳	
	借方科目	金額	貸方科目	金額
(1)				
(2)				
(3)				
(4)				
(5)				

3. 次の取引について仕訳しなさい。ただし，勘定科目は語群の中から最も適当と思われるものを選び記号で答えなさい。

(1) 決算にさいして当座預金勘定の残高を確認したところ，当社の帳簿残高は￥1,374,000であり，銀行側の残高証明書の金額は￥1,968,000であった。残高の不一致の原因として次の事実が判明したので，修正の処理をおこなった。

①受取手形の支払期日到来にともない，銀行で回収した額￥270,000が当社に未達であった。

②買掛金の支払いのために振り出した小切手￥188,000が決算日現在銀行への呈示がなされていなかった。

③備品購入にかかわる未払金支払いのために振り出した小切手￥136,000が未渡しのまま経理部の金庫に保管されていた。

ア．当座預金　イ．受取手形　ウ．備品　エ．当座借越　オ．支払手形　カ．買掛金
キ．未払金

(2) 得意先佐賀商店に対して前期に償還請求をしていた不渡手形の額面￥1,000,000と償還請求費用￥36,000のうち，￥300,000を現金で回収したが，残額は回収の見込みがなく，貸倒れの処理をした。なお，貸倒引当金は￥900,000設定されている。

ア．現金　イ．受取手形　ウ．不渡手形　エ．貸倒引当金　オ．償却債権取立益
カ．貸倒損失　キ．雑損

(3) 秋田建設株式会社に，事業所用建物の建設を依頼し，工事代金の一部￥30,000,000を小切手を振り出して支払った。

ア．当座預金　イ．前払金　ウ．建物　エ．建物減価償却累計額　オ．建設仮勘定
カ．未払金　キ．修繕費

(4) 北海道商事株式会社は，電子記録債権のうち￥300,000を取引銀行で割り引き，割引料￥6,000を差し引かれ，残額は当座預金口座へ振り込まれた。

ア．当座預金　イ．電子記録債権　ウ．前払金　エ．仮払金　オ．電子記録債務
カ．仮受金　キ．電子記録債権売却損

(5) かねて買掛金の決済のために振り出していた額面￥2,500,000の約束手形について，手形所持人である仕入先に更改を申し入れ，承諾が得られたので，支払期日の延長にともなう利息￥100,000を含めた新しい額面の約束手形を振り出し，仕入先に渡した。

ア．現金　イ．当座預金　ウ．支払手形　エ．買掛金　オ．受取利息　カ．仕入
キ．支払利息

	仕		訳	
	借方科目	金額	貸方科目	金額
(1)				
(2)				
(3)				
(4)				
(5)				

第2問 文章問題・帳簿関係問題

出題の傾向

✣日商2級の第2問については，従来出題頻度が高かった5伝票制の問題や特殊仕訳帳関連の問題が検定範囲から除外された。また，伝票については，3伝票制による集計・管理として2級から3級に出題が移行している。今後は，連結会計からの出題や総勘定元帳や補助簿の記帳内容の集計・把握として，帳簿に記入された会計情報の理解や分析，財産・債務の管理側面を重視した出題が見込まれる。また，簿記の用語や原理などの理解を問う穴埋問題や，○×問題などの文章問題も想定されている。

攻略のポイント

1 ○×問題・文章穴埋問題

商工会議所簿記検定試験の出題区分表の範囲から，会計基準および法令に準拠した内容が文章問題として出題される。

POINT

計算結果を求める，仕訳を暗記するだけでなく，その会計処理の理論についても学習し，正確な知識を持つように心掛ける。

2 取引と総勘定元帳

資産（有価証券や固定資産など）の取得，決算整理，売却といった一連の取引による勘定記入や，これらにともなう各会計年度の損益計算などの問題が出題されている。

POINT

取引ごとの仕訳だけでなく，その会計処理が全体の流れの中でどこに位置し，財産等の管理にどう結びついていくのかを把握しておく必要がある。

3 銀行勘定調整表

当座預金に関して，企業側と銀行側との記帳の時間的なズレや誤記入が原因で，企業が記帳している当座預金出納帳の残高と，銀行が発行する残高証明書の残高が一致しない場合がある。銀行勘定調整表は，その不一致の原因を調整過程を経ながら明らかにするもので，記帳方法や調整にともなう修正仕訳に関する問題が出題されている。

POINT

(1) 不一致の原因には，（ⅰ）銀行側に原因があるものと，（ⅱ）企業側に原因があるものとがあり，修正仕訳が必要なのは（ⅱ）である。

（ⅰ） 銀行側に原因がある主なもの

ⓐ 未取付（みとりつけ）小切手……小切手の所持人が銀行に換金しに来ていない状態のもの。

ⓑ 未取立（みとりたて）小切手……取立依頼した小切手が，取引銀行でまだ取り立てられていない状態のもの。

ⓒ 時間外預け入れ……銀行の営業時間外に預け入れた場合（夜間金庫に預け入れ等），銀行での入金処理が翌営業日となる。

（ⅱ） 企業側に原因がある主なもの（企業側での修正仕訳が必要）

ⓐ 未記帳……手形代金や売掛金の当座預金口座入金や，水道光熱費等の自動引き落としなどに関する事項を記帳していなかった状態。

ⓑ 未渡（みわたし）小切手……p.194「第1問　仕訳問題　攻略のポイント1」参照

⑵　銀行勘定調整表の作成方法には，三つの方法がある。

例　当月末の当座預金出納帳残高￥1,100　銀行残高証明書残高￥1,500

不一致原因

①　借入金（当座借越）の利息￥10が引き落とされていたが未記帳だった。

②　振り出した小切手のうち￥400が銀行で未払いであった。

③　買掛金支払いのため振り出した小切手￥60が未渡しだった。

④　現金￥50を夜間金庫に預け入れたが，営業時間外のため銀行では翌日記帳となった。

（ⅰ）　企業の当座預金出納帳残高から，銀行の残高証明書の残高に調整する方法

銀行勘定調整表

当座預金出納帳残高			￥1,100
加算	②未取付小切手	￥ 400	
	③未渡小切手	60	460
	計		1,560
減算	①利息支払未記帳	￥ 10	
	④時間外預け入れ	50	60
銀行残高証明書残高			￥1,500

（ⅱ）　銀行の残高証明書の残高から，企業の当座預金出納帳残高に調整する方法

銀行勘定調整表

銀行残高証明書残高			￥1,500
加算	①利息支払未記帳	￥ 10	
	④時間外預け入れ	50	60
	計		1,560
減算	②未取付小切手	￥ 400	
	③未渡小切手	60	460
当座預金出納帳残高			￥1,100

（ⅲ）　両方の残高それぞれに対して，それぞれの不一致原因を調整し，正しい残高を明らかにする方法

銀行勘定調整表

		当座預金出納帳残高	銀行残高証明書残高
		￥1,100	￥1,500
加算	③未渡小切手	60	
	④時間外預け入れ		50
	計	1,160	1,550
減算	①利息支払未記帳	10	
	②未取付小切手		400
調整後当座預金残高		￥1,150	￥1,150

確認日の正しい残高

企業側修正仕訳

①　（借）支払利息　10　（貸）当座預金　10

③　（借）当座預金　60　（貸）買掛金　60

……②と④は仕訳不要

第２問では，このほか固定資産の圧縮記帳やリース会計，税効果会計，株主資本等変動計算書，連結会計などの出題が想定されるが，これらについては全商簿記１級会計の学習にあわせて解説する。

日商ではこうでる！

練習問題

1 文章問題

1. 次の文章の中の（　ア　）から（　サ　）に入る最も適切な言葉を語群の中から一つ選び，番号で答えなさい。

(1) 複式簿記では，取引を借方と貸方の要素に分解し，各勘定に記録するので，すべての勘定の借方に記入した金額の合計と貸方に記入した金額の合計は常に等しくなる。これを（　ア　）といい，これを利用して，仕訳帳から総勘定元帳への転記が正しくおこなわれているか確かめるために作成する集計表を（　イ　）という。

(2) 固定資産は使用または時の経過により，その価値が減少する。この価値の減少額を（　ウ　）として計上し，その分だけ固定資産の帳簿価額を減少させる手続きを（　エ　）という。

(3) 貸倒引当金のように，売掛金勘定や受取手形勘定の残高から差し引いて，その勘定の金額を修正する役割をもった勘定を（　オ　）という。

(4) 株式会社が繰越利益剰余金の配当をおこなう場合，（　カ　）の規定により，支出する額の（　キ　）を資本準備金と（　ク　）の合計額が資本金の（　ケ　）に達するまで計上しなければならない。

(5) 剰余金のうち，会社が定款や（　コ　）の決議によって任意に積み立てた額を（　サ　）という。

語　群

1．費用　　2．収益　　3．減価償却　　4．棚卸減耗
5．株主総会　　6．取締役会　　7．企業会計原則　　8．会社法
9．混合勘定　　10．評価勘定　　11．貸借平均の原理　　12．貸借対照表
13．20分の1　　14．4分の1　　15．10分の1　　16．2分の1
17．精算表　　18．試算表　　19．別途積立金　　20．利益準備金
21．新築積立金　　22．任意積立金

(1)		(2)		(3)
(ア)	(イ)	(ウ)	(エ)	(オ)

(4)				(5)	
(カ)	(キ)	(ク)	(ケ)	(コ)	(サ)

2. 次の文が正しければ○，誤っていれば×と解答欄に記入しなさい。ただし，すべてに○または×と答えた場合には，点数を与えないので注意すること。

(1) 売上収益の認識基準には出荷基準や検収基準などがあるが，前者によった場合の方が，収益計上のタイミングが遅くなる。

(2) 決算時に保有している売買目的有価証券は，時価で評価し，その評価差額は当期の損益としなければならない。

(3) 商品の評価損は，原則として売上原価に算入され，その内訳項目として貸借対照表に表示される。

(4) 株式会社の当期純利益は，決算により損益勘定で算出され，そのあと資本金勘定に振り替えられる。

(5) 固定資産に対する減価償却を定額法でおこなうと，減価償却費は毎年一定額だが，定率法によった場合は年々減少していく。

(1)	(2)	(3)	(4)	(5)

2　帳簿関係問題

1.　備品の取引にかかわる次の［資料］にもとづいて，下記の［設問］に答えなさい。なお，備品の減価償却は残存価額をゼロとして定額法によっておこない，期中に備品を取得した場合の減価償却費は月割りで計算するものとする。会計期間は1年（決算日は3月31日）であり，総勘定元帳は英米式決算法によって締め切っている。

［資料］

X5年4月1日　備品A（取得原価¥600,000，耐用年数5年）および備品B（取得原価¥960,000，耐用年数8年）を現金で購入した。

X6年1月1日　備品C（取得原価¥480,000，耐用年数4年）を現金で購入した。

X6年4月1日　備品Aを¥300,000で売却し，代金は現金で受け取った。

X7年4月1日　備品Bを除却した。なお，備品Bの見積処分価額は¥150,000である。

［設問］

問1　X5年度（X5年4月1日～X6年3月31日）における備品の減価償却費の総額を答えなさい。

問2　X6年4月1日における備品Aの売却損の金額を答えなさい。

問3　X6年度（X6年4月1日～X7年3月31日）における備品の減価償却費の総額を答えなさい。

問4　X6年度（X6年4月1日～X7年3月31日）における備品勘定および備品減価償却累計額勘定への記入を完成しなさい。

問5　X7年4月1日における備品Bの除却損の金額を答えなさい。

問6　備品Bの減価償却について，定額法に代えて200％定率法（償却率年25％）でおこなっていたとした場合，X7年4月1日における備品Bの除却損の金額はいくらになるか答えなさい。

問1	¥	問2	¥	問3	¥

問4

備　　　品

日	付		摘　要	借　方	日	付		摘　要	貸　方
X6	4	1	前　期　繰　越		X6	4	1		
					X7	3	31		

備品減価償却累計額

日	付		摘　要	借　方	日	付		摘　要	貸　方
X6	4	1			X6	4	1	前　期　繰　越	
X7	3	31			X7	3	31		

問5	¥	問6	¥

2. 下記の資料から，次の各問に答えなさい。

(1) 銀行勘定調整表を作成しなさい。

(2) 資料Ⅱおよび資料Ⅲから判明する必要な決算整理仕訳をしなさい。ただし，勘定科目は，次の中から最も適当と思われるものを選ぶこと。

現　　　金	当座預金	受取手形	支払手形	売　掛　金
買　掛　金	売買目的有価証券	未収入金	未　払　金	支払利息
受取利息	受取配当金	雑　　　損	雑　　　益	繰越利益剰余金

(3) 貸借対照表に計上される現金および当座預金の残高を求めなさい。

資料Ⅰ

3月中における当座預金出納帳の記入は，次のとおりであった。なお，当座預金出納帳は，補助記入帳として利用している。

当座預金出納帳

X/年		摘要	預入	引出	借または貸	残高
3	1	前月繰越	600,000		借	600,000
	20	給料の支払い		14,000	借	510,400
	25	買掛金の支払い		40,000	〃	470,400
	29	売掛金の回収	44,000		〃	514,400
	30	未払金の支払い		32,000	〃	482,400
	31	現金の預入れ	37,000		〃	519,400

資料Ⅱ

決算手続にさいし，取引銀行から銀行残高証明書を入手したところ，証明書残高は¥510,400であった。その後，当座預金勘定残高と照合したところ，次の事実が判明した。

① 3月25日に仕入先に振り出した小切手¥40,000が決算日現在銀行に呈示されていなかった。

② 3月29日に得意先から他店振出小切手¥44,000を受け入れ，当座預金の増加として処理していたが，決算日現在金庫に入れたままであった。

③ 3月30日に未払金を支払うために作成した小切手¥32,000が決算日現在未渡しのまま金庫に入っていた。

④ 3月31日において，銀行の営業時間終了後に時間外入金¥37,000があった。

資料Ⅲ

決算日において金庫の中を実査したところ，次のものが入っていた。

紙幣・硬貨¥290,600　　他店振出小切手¥44,000　　自己振出の未渡小切手¥32,000

他店振出約束手形¥100,000　　日本国債¥200,000　　配当金領収証（未処理）¥12,000

なお，現金勘定の決算整理前残高は¥291,600であった。現金過不足が発生した場合には，決算整理仕訳として雑損または雑益に振り替える。

(1)

銀　行　勘　定　調　整　表

X/年3月3/日

当座預金勘定の残高			(　　　)
(加算)	[　　]	(　　　)	
	[　　]	(　　　)	(　　　)
(減算)	[　　]	(　　　)	
	[　　]	(　　　)	(　　　)
銀行残高証明書の残高			(　　　)

※　[　　] には，資料Ⅱにおける番号①～④を記入しなさい。
　　(　　) には，金額を記入しなさい。

(2)　資料Ⅱ

借　方　科　目	金　　額	貸　方　科　目	金　　額

資料Ⅲ

借　方　科　目	金　　額	貸　方　科　目	金　　額

※　決算整理仕訳は，各行に１組ずつ記入しなさい。

(3)

現　　金	当　座　預　金
¥	¥

第3問 決算問題

出題の傾向

- 第3問の決算問題では，貸借対照表や損益計算書といった財務諸表の作成や精算表の作成が出題される。
- 1財務諸表作成問題では，決算整理前残高試算表と未処理の取引をまとめた資料および決算整理事項が示され，損益計算書または貸借対照表を作成する。
- 2精算表作成問題では，未処理の取引と決算整理事項をまとめた資料が示され，精算表を作成する。

攻略のポイント

決算問題のすべてに共通することは，未処理の取引と決算整理事項が資料として示されるという点にある。出題される決算整理事項はある程度決まっているので，次に示す基本的な決算整理事項をしっかりマスターしておくことが必要である。

①売上原価の計算と棚卸減耗損・商品評価損

〈仕入勘定で売上原価を計算する基本的な決算整理仕訳〉

(借) 仕　入	×××	(貸) 繰越商品	×××	←期首商品棚卸高
繰越商品	×××	仕　入	×××	←期末商品棚卸高(帳簿棚卸高)

〈棚卸減耗損・商品評価損を計上する決算整理仕訳〉

★棚卸減耗損勘定（費用）

………紛失や破損などによって商品の帳簿棚卸数量に対し実際数量が不足（減耗）している場合，不足分の取得原価を費用として計上するための勘定。

★商品評価損勘定（費用）

………期末における商品の正味売却価額（売価から販売費などを差し引いた価額）が取得原価よりも下落している場合，その下落額を費用として計上するための勘定。

棚卸減耗損と商品評価損は，共に期末商品の帳簿棚卸高を示す繰越商品勘定から控除する。

(借) 棚卸減耗損	×××	(貸) 繰越商品	×××	←BOX図で考える
(借) 商品評価損	×××	(貸) 繰越商品	×××	←BOX図で考える

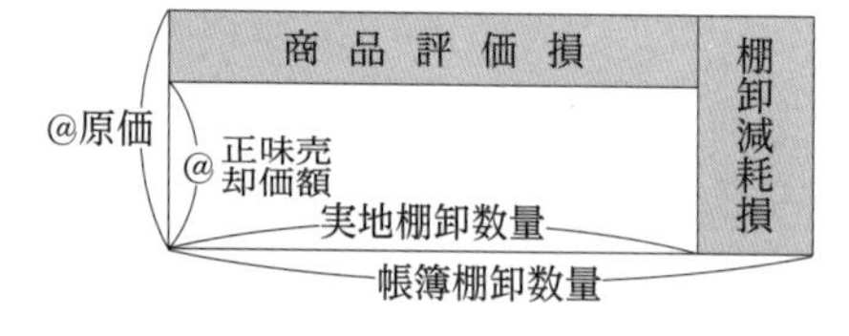

※期末商品棚卸高（帳簿棚卸高）＝@原価×帳簿棚卸数量

※棚卸減耗損＝@原価×（帳簿棚卸数量－実地棚卸数量）……原価の商品がいくつ減耗したか

※商品評価損＝（@原価－@正味売却価額）×実地棚卸数量…現存する商品の価値がいくら下がったか

注：棚卸減耗損や商品評価損を売上原価の内訳項目として処理する場合，次の決算整理仕訳が必要となる。

(借) 仕　入	×××	(貸) 棚卸減耗損	×××
(借) 仕　入	×××	(貸) 商品評価損	×××

補足〈役務収益と役務原価〉…サービス業の売上と売上原価

サービス業では無形の役務（サービス）を提供しており，その売上収益は**役務収益勘定**（収益）で計上する。また，この役務収益を得るために要した売上原価は役務収益に対応させるため，**役務原価勘定**（費用）で計上する。

②貸倒引当金の設定

（借）貸倒引当金繰入　×××　（貸）貸　倒　引　当　金　×××

③減価償却費の計上

（借）減　価　償　却　費　×××　（貸）減価償却累計額　×××

定額法：減価償却費＝（取得原価－残存価額）÷耐用年数

定率法：減価償却費＝（取得原価－減価償却累計額）×償却率

補足〈200％定率法〉

税制改革で，2012年４月１日以降に取得した固定資産に対し定率法による減価償却を行う場合は，200％定率法によることとなった。200％定率法は，「１÷耐用年数」で計算される定額法の償却率（例えば耐用年数が５年であれば１÷５年で0.2）の200％（２倍）の率を定率法の償却率（0.2×２＝0.4）とする方法である。なお，保証率による償却保証額に満たない場合は，改定償却率により再計算する点も含めて学習すべきであるが本書では割愛する。

④有価証券の評価

ア．売買目的有価証券の場合

（借）売買目的有価証券　×××　（貸）有価証券評価益　×××　←時価が値上がりした場合

（借）有価証券評価損　×××　（貸）売買目的有価証券　×××　←時価が値下がりした場合

イ．満期保有目的債券で償却原価法を適用する場合

満期まで保有する目的で債券を買い入れたときは，**満期保有目的債券勘定**（資産）で処理する。債券を額面金額より低い価額で買い入れた場合は，その差額を償還日（満期日）までの各会計期間に均等額ずつ配分し，帳簿価額に加算するとともに，**有価証券利息勘定**（収益）として計上する。この方法を「償却原価法」という。

（借）満期保有目的債券　×××　（貸）有　価　証　券　利　息　×××　←帳簿価額加算額

$$※（額面金額－取得原価）\times\frac{当期保有していた月数}{取得日から満期日までの月数}＝帳簿価額加算額$$

⑤退職給付引当金の繰入れ

企業が従業員の退職後に支給すべき退職一時金や退職年金に備え，毎期決算時にその債務額を見積もり計上する場合は，当期計上額を**退職給付費用勘定**（費用）の借方と**退職給付引当金勘定**（負債）の貸方に記入する。

（借）退　職　給　付　費　用　×××　（貸）退職給付引当金　×××

⑥賞与引当金の繰入れ

就業規則等で従業員に対して賞与（ボーナス）の支給を定めており，当期負担額を見積もり計上する場合は，見積額を**賞与引当金繰入勘定**（費用）の借方と**賞与引当金勘定**（負債）の貸方に記入する。

（借）賞与引当金繰入　×××　（貸）賞　与　引　当　金　×××

⑦のれんの償却

のれんは，他の企業を買収などで取得したときに，支払った対価が受け入れた被取得企業の純資産の時価よりも多かった場合の差額を処理するものである。

被取得企業の技術力や立地条件が良いなど，他の同種企業よりも収益力が高いこと（超過収益力）を要因とするもので，**のれん勘定**（資産）で計上する。

なお，のれんは，取得後20年以内に定額法その他の合理的な方法により償却額を決定し，**のれん償却勘定**（費用）に振り替え，各会計期間の費用としていく。

〈のれんの償却〉

（借）の　れ　ん　償　却　×××　（貸）の　　れ　　ん　×××

⑧費用・収益の前払い・前受けと未払い・未収の計上

ア．費用の前払い　（借）前 払 ○ ○　×××　（貸）費用の勘定　×××
イ．収益の前受け　（借）収益の勘定　×××　（貸）前 受 ○ ○　×××
ウ．費用の未払い　（借）費用の勘定　×××　（貸）未 払 ○ ○　×××
エ．収益の未収　（借）未 収 ○ ○　×××　（貸）収益の勘定　×××

⑨法人税，住民税及び事業税の計上

（借）法人税，住民税及び事業税　×××　（貸）仮 払 法 人 税 等　×××
　　　　　　　　　　　　　　　　　　　　　　　未 払 法 人 税 等　×××

以上，基本的な決算整理仕訳をまとめたが，これができれば，あとは財務諸表や精算表など形式の違うものに記入するだけで，実質的な内容は同じである。

なお，月次決算をふまえた新しい出題傾向として，減価償却費や１年分をまとめて支払う費用を月割りで計算し，毎月の費用として計上する月割計上の処理があげられる。

⑴減価償却費の月割計上

１年分の減価償却費を期首に計算し，その12分の１を毎月の月次決算で費用計上する。

（借）減 価 償 却 費　×××（月割額）　（貸）○○減価償却累計額　×××（月割額）

※期末の年次決算時に12か月目の上記仕訳をおこなうことで，減価償却費勘定の総額が１年分を示すようになる。

⑵１年分をまとめて支払う費用の月割計上

保険料などを1年分まとめて支払ったさい，保険料勘定として費用計上するのではなく，前払保険料勘定（資産）に計上しておき，その12分の1を毎月の月次決算で振替仕訳により費用計上する。

①向こう１年分の支払時

（借）前 払 保 険 料　×××（年額）　（貸）現 金 な ど　×××（年額）

②各月の月次決算時

（借）支 払 保 険 料　×××（月割額）　（貸）前 払 保 険 料　×××（月割額）

※期末の年次決算時，支払保険料勘定（費用）は経過した月数分が計上済みとなり，前払保険料勘定は未経過分が残高となるため，決算整理仕訳は不要となる。

このほか，税効果会計の適用を考える場合もある。税効果会計は全商簿記1級会計で学習する。

1　財務諸表作成問題

POINT

①未処理の取引について仕訳をおこない，決算整理前残高試算表の金額を修正する。

②決算整理事項の問題文ごとに決算整理仕訳をおこない，同時に損益計算書または貸借対照表に記入する。なお，要求されている財務諸表が損益計算書ならば損益計算書項目のみを，貸借対照表ならば貸借対照表項目のみを仕訳するほうが，より効率的に答案の作成ができる。

★貸借対照表は，企業の支払い能力などを明らかにするため，資産を流動資産と固定資産に，負債を流動負債と固定負債に分類して作成する。

〈正常営業循環基準と１年基準〉…流動と固定の分類基準

資産と負債は次の二つの基準で流動（短期的なもの）と固定（長期的なもの）に分類される。

①正常営業循環基準

企業の主たる営業活動の循環過程に位置する資産・負債を流動とする基準。

この分類基準で流動資産・流動負債とならなかったものは，②の１年基準で再分類する。

<u>流動資産</u>…現金，当座預金，受取手形，売掛金，商品など

<u>流動負債</u>…支払手形，買掛金など

②１年基準

決算日の翌日から１年以内に現金化・費用化される資産や１年以内に支払期限が到来する負債は流動とし，それ以外は固定とする基準。

流動資産…短期の貸付金，有価証券，前払費用など

固定資産…長期の貸付金，建物，備品，車両運搬具，土地，長期の前払費用など

※なお，固定資産は，有形固定資産（具体的な形態があるもの）と無形固定資産（法律上の権利など）と投資その他の資産（長期保有目的の有価証券や長期の貸付金など）に区分して表示する。

流動負債…短期の借入金，未払費用，未払法人税等など

固定負債…長期の借入金，退職給付引当金など

⇒具体的な形式についてはp.216の問題を参照のこと。

★損益計算書は，収益と費用を次の区分に分け，それぞれ対応させて作成する。

①営業損益区分

企業の主たる営業活動から生じる損益の区分。

営業収益と営業費用を記載する。

営業収益…売上高

営業費用…売上原価

販売費及び一般管理費

…給料，広告宣伝費，貸倒引当金繰入，減価償却費など

※この結果，主たる営業活動で得た利益である「営業利益」が計算される。

②営業外損益区分

主たる営業活動以外の財務活動などから生じる損益の区分。

営業外収益と営業外費用を記載する。

営業外収益…受取利息，有価証券利息，受取配当金，有価証券売却益など

営業外費用…支払利息，有価証券売却損など

※この結果，通常の経営活動で得た利益である「経常利益」が計算される。

③特別損益区分

臨時的な取引から生じる損益の区分。特別利益と特別損失を記載する。

特別利益…固定資産売却益など

特別損失…固定資産売却損，固定資産除却損，火災損失など

※この結果，「税引前当期純利益」が計算され，この額から法人税，住民税及び事業税の額を差し引いて「当期純利益」が表示される。

⇒具体的な形式についてはp.214の問題を参照のこと。

2　精算表作成問題

POINT

①未処理の取引について仕訳を考え，精算表の残高試算表欄の金額を修正する。

②決算整理事項の問題文ごとに修正記入欄に仕訳の考え方で記入をおこない，同時に損益計算書欄または貸借対照表欄に記入する。正式な簿記の手続きでは，修正記入欄をすべて埋めて，貸借の一致を確認してから損益計算書欄または貸借対照表欄に記入するが，検定試験では１つの問題文ごとに損益計算書欄または貸借対照表欄に記入したほうが効率的に答案の作成ができる。

練習問題

1 財務諸表作成問題

1. 次の［資料Ⅰ］，［資料Ⅱ］および［資料Ⅲ］にもとづいて，右ページの損益計算書を完成しなさい。なお，会計期間はX5年4月1日からX6年3月31日までの1年間である。

［資料Ⅰ］ 決算整理前残高試算表

決算整理前残高試算表

X6年3月31日 （単位：円）

借方	勘定科目	貸方
5,304,000	現金	
6,120,000	当座預金	
7,800,000	売掛金	
	貸倒引当金	132,000
4,560,000	繰越商品	
600,000	仮払法人税等	
14,400,000	建物	
	建物減価償却累計額	3,840,000
4,800,000	備品	
	備品減価償却累計額	900,000
23,400,000	土地	
2,880,000	のれん	
5,946,000	満期保有目的債券	
	買掛金	7,104,000
	長期借入金	9,600,000
	退職給付引当金	1,320,000
	資本金	36,000,000
	利益準備金	4,320,000
	繰越利益剰余金	3,900,000
	売上	69,660,000
	受取地代	1,800,000
	有価証券利息	60,000
53,646,000	仕入	
7,360,000	給料	
480,000	水道光熱費	
350,000	消耗品費	
810,000	租税公課	
180,000	雑費	
138,636,000		138,636,000

［資料Ⅱ］ 未処理事項

決算にあたって調査したところ，次の事実が判明したため，適切な処理をおこなう。

1．得意先に対する掛代金の一部¥100,000が回収不能であることが判明したので，貸倒れとして処理する。なお，このうち¥48,000は前期の商品販売取引から生じたものであり，残りは当期の商品販売取引から生じたものである。

2．満期保有目的で所有しているC社社債の利息¥60,000が当座預金に振り込まれていたが，未記入であった。

3．給料のうち¥240,000は，退職金として支払ったものであったことが判明したので，退職給付引当金から控除する。

［資料Ⅲ］ 決算整理事項

1．売上債権の期末残高に対して貸倒実績率2％の貸倒引当金を差額補充法により計上する。

2．期末商品棚卸高は，次のとおりである。棚卸減耗損および商品評価損は売上原価の内訳項目として表示する。

帳簿棚卸高：数量1,080個
　　　　　　原　　価@¥3,600
実地棚卸高：数量1,020個
　　　　　　正味売却価額@¥3,550

3．固定資産の減価償却を次のとおりおこなう。なお，備品のうち，¥1,200,000は当期首に購入したものである。

建　物：定額法：耐用年数30年
　　　　　　　　残存価額ゼロ
備　品：定率法：償却率25％

4．満期保有目的債券は，C社がX3年4月1日に，額面総額¥6,000,000，償還期間5年，利率年2％，利払い年2回（3月末日，9月末日）という条件で発行した社債を額面¥100につき¥98.50で引き受けたものである。満期保有目的債券の評価は，償却原価法（定額法）による。

5．のれんは，X1年4月1日にD社を買収したさいに生じたものである。買収時より10年間にわたって定額法により償却する。

6．退職給付引当金の当期繰入額は¥960,000である。

7．長期借入金はX5年8月1日に借入期間5年，利率年3％，利払い年1回（7月末日）の条件で借り入れたものである。決算にあたって利息の未払分を計上する。

8．地代の前受分￥300,000を前受収益に振り替える。
9．収入印紙の期末未使用高は，￥40,000である。
10．法人税，住民税及び事業税の未払分￥770,000を計上する。なお，［資料Ⅰ］の仮払法人税等は，当期に中間納付した額である。

損益計算書

自X5年4月1日　至X6年3月31日

（単位：円）

Ⅰ 売上高		69,660,000
Ⅱ 売上原価		
1 期首商品棚卸高	（　　）	
2 当期商品仕入高	（　　）	
合計	（　　）	
3 期末商品棚卸高	（　　）	
差引	（　　）	
4（　　）	（　　）	
5（　　）	（　　）	（　　）
売上総利益		（　　）
Ⅲ 販売費及び一般管理費		
1 給料	（　　）	
2 水道光熱費	（　　）	
3 退職給付費用	（　　）	
4（　　）	（　　）	
5（　　）	（　　）	
6（　　）	（　　）	
7 消耗品費	（　　）	
8 租税公課	（　　）	
9（　　）	（　　）	
10（　　）	（　　）	（　　）
営業利益		（　　）
Ⅳ 営業外収益		
1 受取地代	（　　）	
2 有価証券利息	（　　）	（　　）
Ⅴ 営業外費用		
1（　　）	（　　）	（　　）
税引前当期純利益		（　　）
法人税，住民税及び事業税		（　　）
当期純利益		（　　）

2. 次に示した実教商事株式会社の［資料Ⅰ］，［資料Ⅱ］，［資料Ⅲ］にもとづいて，右ページの貸借対照表を作成しなさい。なお，会計期間はX5年4月1日からX6年3月31日までの1年間である。

［資料Ⅰ］

決算整理前残高試算表
X6年3月31日　　(単位：円)

借　方	勘定科目	貸　方
3,480,000	現金預金	
150,000	受取手形	
1,220,000	売掛金	
	貸倒引当金	16,000
2,080,000	繰越商品	
50,400	前払費用	
168,000	仮払法人税等	
2,400,000	建物	
	建物減価償却累計額	1,116,000
1,280,000	備品	
	備品減価償却累計額	872,000
1,600,000	土地	
240,000	商標権	
96,000	長期前払費用	
	支払手形	520,000
	買掛金	1,000,400
	借入金	3,200,000
	未払金	440,000
	未払費用	300,000
	仮受金	4,000
	賞与引当金	300,000
	資本金	2,000,000
	資本準備金	232,000
	利益準備金	202,000
	繰越利益剰余金	1,040,000
	売上	22,800,000
	受取利息	40,000
16,800,000	仕入	
3,200,000	給料手当	
300,000	旅費交通費	
200,000	水道光熱費	
160,000	通信費	
64,000	保険料	
198,000	減価償却費	
300,000	賞与引当金繰入	
96,000	支払利息	
34,082,400		34,082,400

［資料Ⅱ］未処理事項

1．前期において発生した売掛金¥10,000の貸倒処理が未処理のままであった。

2．前期に貸倒処理した売掛金について償却済債権の取立益¥4,000があり，これが仮受金に計上されたままとなっていた。

3．費用（通信費）¥15,000の銀行自動引落しが未処理のままとなっていた。

4．すでに代金を現金で受けとり，販売した商品（売価¥12,000，原価¥9,800）について3月31日までに出荷されていなかったことが判明したが，売上取消し処理が未処理のままとなっていた。

［資料Ⅲ］決算整理事項

1．受取手形および売掛金の残高について，1％の貸倒引当金を差額補充法により設定する。

2．商品の期末帳簿棚卸高は¥1,880,000，実地棚卸高は¥1,892,000であった。棚卸差異の原因を調査したところ，①3月30日に納入された商品¥17,000の掛仕入が帳簿上で計上もれであったこと，②［資料Ⅱ］4．の商品は帳簿棚卸高と実地棚卸高のいずれにも含まれていないことが判明した。

3．未払費用の残高は前期末の決算整理により計上されたものであり，期首の再振替仕訳はおこなわれていない。期首の未払費用の内訳は給料¥280,000および水道光熱費¥20,000であり，当期末の未払額は給料¥286,000および水道光熱費¥24,000であった。

4．長期前払費用の残高は，X6年3月1日に2年分の火災保険料を支払ったものである。当期分を月割りで費用に計上するとともに，1年以内に費用化される部分の金額を前払費用に振り替えることにした。

5．有形固定資産の減価償却を次のとおりおこなう。

建物　定額法　耐用年数30年
　　　残存価額ゼロ
備品　200％定率法　耐用年数8年

(1) 建物の取得原価のうち¥300,000はX5年10月1日に取得し使用開始したもの（減価償却は月割り）であるが，これ以外の有形固定資産は期首以前から所有している。

(2) 減価償却費は，概算額で建物は¥6,000，備品¥12,000を4月から2月までの月次決算で計上してきているが，減価償却費の年間確定額との差額を決算月で計上する。

6．借入金は，X6年2月1日に借り入れたものであり，その内訳は次のとおりである。

残高　¥1,200,000　　返済期日　X7年1月31日　　利率2.4%

残高　¥2,000,000　　返済期日　X9年1月31日　　利率3.6%

利息は2月1日と8月1日に6か月分を前払いすることとし，支払時に全額を前払費用に計上しているが，期末に当期の利息分を月割りで計算して計上する。

7．商標権は，X1年4月1日に取得したものであり，定額法により10年間で償却をおこなっている。

8．賞与引当金は，年2回の賞与の支給に備えてX5年10月からX6年2月まで，毎月¥60,000を計上してきたが，期末に支給見積額が¥400,000となり追加計上をおこなう。

9．当期の法人税，住民税及び事業税¥350,000を計上する。なお，決算整理前残高試算表に計上されている仮払法人税等は，当期に中間納付した額である。

貸借対照表

X6年3月31日　　(単位:円)

資産の部		負債の部	
Ⅰ 流動資産		Ⅰ 流動負債	
現金預金	(　　)	支払手形	(　　)
受取手形	(　　)	買掛金	(　　)
売掛金	(　　)	短期借入金	(　　)
貸倒引当金	(△　　)	未払金	(　　)
商品	(　　)	未払費用	(　　)
前払費用	(　　)	(　　)	(　　)
流動資産合計	(　　)	(　　)	(　　)
Ⅱ 固定資産		賞与引当金	(　　)
有形固定資産		流動負債合計	(　　)
建物	(　　)		
減価償却累計額	(△　　)	Ⅱ 固定負債	
備品	(　　)	(　　)	(　　)
減価償却累計額	(△　　)	固定負債合計	(　　)
土地	(　　)	負債合計	(　　)
有形固定資産合計	(　　)	純資産の部	
無形固定資産		Ⅰ 資本金	(　　)
商標権	(　　)	Ⅱ 資本準備金	(　　)
無形固定資産合計	(　　)	Ⅲ 利益剰余金	
投資その他の資産		利益準備金	(　　)
(　　)	(　　)	(　　)	(　　)
投資その他の資産合計	(　　)	利益剰余金合計	(　　)
固定資産合計	(　　)	純資産合計	(　　)
資産合計	(　　)	負債及び純資産合計	(　　)

2 精算表作成問題

次に示した日商株式会社の［資料］にもとづいて，右ページの精算表を完成しなさい。なお，会計期間はX6年4月1日からX7年3月31日までの1年間である。

［資料］決算整理事項その他

1．銀行に取立依頼していた得意先振出しの約束手形¥40,000について，その決済金額が当座預金の口座に振り込まれていたが，この取引が未記帳であった。

2．売掛金のうち¥18,000は得意先が倒産したため回収不能であることが判明したので，貸倒れとして処理する。なお，¥14,000は前期から繰り越したものであり，残りの¥4,000は当期の売上取引から生じたものである。

3．受取手形と売掛金の期末残高に対して2％の貸倒れを見積もる。貸倒引当金は差額補充法により設定する。

4．商品の期末棚卸高は次のとおりである。なお，売上原価の計算は仕入勘定でおこなうが，棚卸減耗損と商品評価損は独立の科目として処理する。

　　帳簿棚卸高　数量　330個　　原　　　価　@¥240
　　実地棚卸高　数量　326個　　正味売却価額　@¥234

5．郵便切手の未使用高は¥12,000であるので，必要な処理をおこなう。

6．消費税は税抜方式で記帳しており，必要な処理をおこなう。

7．有形固定資産の減価償却は次の要領でおこなう。

　　建物：耐用年数は30年，残存価額はゼロとして，定額法により計算する。
　　備品：償却率は年20％として，定率法により計算する。

　なお，建物のうち¥1,800,000はX6年11月1日に取得したものであり，他の建物と同一の要領により月割りで減価償却をおこなう。

8．のれんはX2年4月1日に他企業を買収した際に生じたものであり，10年間にわたって毎期均等額を償却しており，今期も同様に償却する。

9．借入金のうち¥600,000は，X6年12月1日に期間1年，利率年1.8％，利払いは返済時に一括支払いという条件で借り入れたものであり，利息の未払分を月割りで計上する。

10．従業員に対する退職給付（退職一時金および退職年金）を見積もった結果，当期の負担に属する金額は¥70,000と計算されたので，引当金に計上する。

11．保険料は，X6年10月1日に向こう1年分（12か月分）の保険料を一括して支払ったものであり，保険期間の未経過分について必要な処理をおこなう。

精　　算　　表

日商株式会社　　　X7年3月31日　　　（単位：円）

勘定科目	残高試算表		修正記入		損益計算書		貸借対照表	
	借方	貸方	借方	貸方	借方	貸方	借方	貸方
当座預金	390,000							
受取手形	160,000							
売掛金	260,000							
繰越商品	82,000							
仮払消費税	330,400							
建物	6,000,000							
備品	800,000							
のれん	288,000							
支払手形		126,000						
買掛金		240,000						
仮受消費税		339,200						
借入金		1,600,000						
退職給付引当金		760,000						
貸倒引当金		18,400						
建物減価償却累計額		980,000						
備品減価償却累計額		288,000						
資本金		3,000,000						
利益準備金		300,000						
繰越利益剰余金		97,640						
売上		4,240,000						
仕入	2,300,000							
給料	1,300,000							
消耗品費	20,000							
通信費	30,000							
保険料	9,840							
支払利息	19,000							
	11,989,240	11,989,240						
貸倒損失								
貸倒引当金繰入								
棚卸減耗損								
商品評価損								
（　　　）								
（　　　）								
減価償却費								
（　　）償却								
（　　）利息								
退職給付費用								
（　　）保険料								
当期純（　　）								

公益財団法人全国商業高等学校協会主催

簿記実務検定試験規則　(平成27年2月改正)

第1条　公益財団法人全国商業高等学校協会は，簿記実務の能力を検定する。

第2条　検定は筆記試験によって行う。

第3条　検定は第1級，第2級および第3級の3種とする。

第4条　検定試験は全国一斉に同一問題で実施する。

第5条　検定試験は年2回実施する。

第6条　検定の各級は次のように定める。

第1級　会計（商業簿記を含む）・原価計算

第2級　商業簿記

第3級　商業簿記

第7条　検定に合格するためには各級とも70点以上の成績を得なければならない。ただし，第1級にあっては，各科目とも70点以上であることを要する。

第8条　検定に合格した者には合格証書を授与する。

第1級にあっては，会計・原価計算のうち1科目が70点以上の成績を得たときは，その科目の合格証書を授与する。

前項の科目合格証書を有する者が，取得してから4回以内の検定において，第1級に不足の科目について70点以上の成績を得たときは，第1級合格と認め，合格証書を授与する。

第9条　省　略

第10条　検定試験受験志願者は所定の受験願書に受験料を添えて本協会に提出しなければならない。

第11条　試験委員は高等学校その他の関係職員がこれに当たる。

施　行　細　則　(平成27年2月改正)

第1条　受験票は本協会で交付する。受験票は試験当日持参しなければならない。

第2条　試験規則第5条による試験日は，毎年1月・6月の第4日曜日とする。

第3条　検定の第1級の各科目および第2・3級の配点は各100点満点とし，制限時間は各1時間30分とする。

第1級にあっては，会計・原価計算のうち，いずれか一方の科目を受験することができる。

第4条　試験問題の範囲および答案の記入については別に定めるところによる。

第5条　受験料は次のように定める。(消費税を含む)

第1級　1科目につき　1,300円

第2級　1,300円

第3級　1,300円

第6条　試験会場では試験委員の指示に従わなければならない。

第7条　合格発表は試験施行後1か月以内に行う。その日時は試験当日までに発表する。

答案の記入について　(昭和26年6月制定)

1. 答案はインクまたは鉛筆を用いて記載すること。けしゴムを用いてさしつかえない。
2. 朱記すべきところは赤インクまたは赤鉛筆を用いること。ただし線は黒でもよい。

出題の範囲について　(令和5年3月改正)

この検定試験は，文部科学省高等学校学習指導要領に定める内容によっておこなう。

Ⅰ　各級の出題範囲

各級の出題範囲は次のとおりである。ただし，2級の範囲は3級の範囲を含み，1級の範囲は2・3級の範囲を含む。

内　容	3　級	2　級	1　級　(会計)
(1)簿記の原理	ア．簿記の概要 資産・負債・純資産・収益・費用 貸借対照表・損益計算書 イ．簿記の一巡の手続 取引・仕訳・勘定 仕訳帳・総勘定元帳 試算表 ウ．会計帳簿 主要簿と補助簿 現金出納帳・小口現金出納帳・当座預金出納帳・仕入帳・売上帳・商品有高帳(先入先出法・移動平均法)・売掛金元帳・買掛金元帳	受取手形記入帳 支払手形記入帳	(総平均法)
(2)取引の記帳	ア．現金預金 イ．商品売買 ウ．掛け取引	現金過不足の処理 当座借越契約 エ．手形 手形の受取・振出・決済・裏書・割引・書換・不渡 手形による貸付及び借入 営業外取引による手形処理 オ．有価証券 売買を目的とした有価証券	銀行勘定調整表の作成 予約販売 サービス業会計 工事契約 契約資産・契約負債 満期保有目的の債券・他企業支配目的株式・その他有価証券・有価証券における利息

内　容	3 級	2 級	1 級（会計）
	カ．その他の債権・債務 キ．固定資産 取得 ク．販売費と一般管理費 ケ．個人企業の純資産	クレジット取引 電子記録債権・債務 売却 追加元入れ・引き出し コ．税金 所得税・住民税・固定資産税・事業税・印紙税・消費税・法人税 サ．株式会社会計 設立・新株の発行・当期純損益の計上・剰余金の配当と処分	除却・建設仮勘定・無形固定資産 リース会計（借り手の処理） 課税所得の計算 税効果会計に関する会計処理 合併・資本金の増加・資本金の減少・任意積立金の取り崩し・自己株式の取得・処分・消却 新株予約権の発行と権利行使 シ．外貨建換算会計
⑶決　算	ア．決算整理 商品に関する勘定の整理 貸倒れの見積もり 固定資産の減価償却（定額法） （直接法） イ．精算表 ウ．財務諸表 損益計算書（勘定式） 貸借対照表（勘定式）	（定率法） （間接法） 有価証券の評価 収益・費用の繰り延べと見越し 消耗品の処理	商品評価損･棚卸減耗損 （生産高比例法） 税効果会計を含む処理 退職給付引当金 リース取引における利息の計算 外貨建金銭債権の評価 （報告式） （報告式） 株主資本等変動計算書
⑷本支店会計		ア．本店・支店間取引 支店相互間の取引 イ．財務諸表の合併	
⑸記帳の効率化	ア．伝票の利用 入金伝票・出金伝票・振替伝票の起票 イ．会計ソフトウェアの活用	伝票の集計と転記	
⑹財務会計の概要			ア．企業会計と財務会計の目的 イ．会計法規と会計基準 ウ．財務諸表の種類
⑺資産, 負債, 純資産			ア．資産，負債の分類，評価基準 イ．資産，負債の評価法
⑻収益，費用			ア．損益計算の基準 イ．営業損益 ウ．営業外損益 エ．特別損益
⑼財務諸表分析の基礎			ア．財務諸表の意義・方法 イ．収益性，成長性，安全性の分析 ウ．連結財務諸表の目的, 種類, 有用性

内　容	1　級（原価計算）
⑴原価と原価計算	ア．原価の概念と原価計算 イ．製造業における簿記の特色と仕組み
⑵費目別計算	ア．材料費の計算と記帳 イ．労務費の計算と記帳 ウ．経費の計算と記帳
⑶部門別計算と製品別計算	ア．個別原価計算と製造間接費の計算 （製造間接費差異の原因別分析（公式法変動予算）を含む） イ．部門別個別原価計算 （補助部門費の配賦は，直接配賦法・相互配賦法による） ウ．総合原価計算 （月末仕掛品原価の計算は，平均法・先入先出法による） （仕損と減損の処理を含む）
⑷内部会計	ア．製品の完成と販売 イ．工場会計の独立 ウ．製造業の決算
⑸標準原価計算	ア．標準原価計算の目的と手続き （シングルプラン及びパーシャルプランによる記帳を含む） イ．原価差異の原因別分析 ウ．損益計算書の作成
⑹直接原価計算	ア．直接原価計算の目的 イ．損益計算書の作成 ウ．短期利益計画

Ⅱ　各級の勘定科目（第97回より適用）

勘定科目のおもなものを級別に示すと，次のとおりである。

ただし，同一の内容を表せば，教科書に用いられている別の名称の科目を用いてもさしつかえない。

3　級

―ア 行―
受取地代 勘定
受取手数料 〃
受取家賃 〃
受取利息 〃
売上 〃
売掛金 〃
―カ 行―
買掛金 勘定
貸倒損失 〃
貸倒引当金 〃
貸倒引当金繰入 〃
貸付金 〃
借入金 〃
仮受金 〃
仮払金 勘定
給料 〃
繰越商品 〃
減価償却費 〃
現金 〃
広告料 〃
交通費 〃
小口現金 〃
―サ 行―
雑費 勘定
仕入 〃
支払地代 〃
支払手数料 〃
支払家賃 〃
支払利息 〃
資本金 勘定
車両運搬具 〃
従業員預り金 〃
従業員立替金 〃
商品 〃
商品売買益 〃
商品売買損 〃
消耗品費 〃
所得税預り金 〃
水道光熱費 〃
損益 〃
―タ 行―
建物 勘定
通信費 〃
定期預金 〃
当座預金 勘定
土地 〃
―ハ 行―
発送費 勘定
備品 〃
普通預金 〃
保険料 〃
―マ 行―
前受金 勘定
前払金 〃
未収金 〃
未収入金 〃
未払金 〃
―ラ 行―
旅費 勘定

2　級

―ア 行―
印紙税 勘定
受取商品券 〃
受取手形 〃
営業外受取手形 〃
営業外支払手形 〃
―カ 行―
開業費 勘定
株式交付費 〃
仮受消費税 〃
仮払法人税等 〃
仮払消費税 〃
繰越利益剰余金 〃
クレジット売掛金 〃
現金過不足 〃
固定資産税 〃
固定資産売却益 〃
固定資産売却損 〃
―サ 行―
雑益 勘定
雑損 〃
事業税 〃
支店 〃
支払手形 〃
資本準備金 〃
社会保険料預り金 〃
車両運搬具減価償却累計額 〃
修繕費 〃
消耗品 〃
新築積立金 〃
創立費 〃
租税公課 〃
―タ 行―
建物減価償却累計額 勘定
貯蔵品 〃
手形貸付金 〃
手形借入金 勘定
手形売却損 〃
電子記録債権 〃
電子記録債務 〃
電子記録債権売却損 〃
当座借越 〃
―ハ 行―
配当平均積立金 勘定
引出金 〃
備品減価償却累計額 〃
不渡手形 〃
別途積立金 〃
法人税等 〃
法定福利費 〃
本店 〃
―マ 行―
未払消費税 勘定
未払税金 〃
未払配当金 勘定
未払法人税等 〃
―ヤ 行―
有価証券 勘定
有価証券売却益 〃
有価証券売却損 〃
有価証券評価益 〃
有価証券評価損 〃
―ラ 行―
利益準備金 勘定
ほかに
前払費用に関する勘定
前受収益に関する 〃
未払費用に関する 〃
未収収益に関する 〃

1　級　（会　計）

―ア 行―
受取配当金 勘定
役務原価 〃
役務収益 〃
―カ 行―
開発費 勘定
火災損失 〃
為替差損益 〃
関連会社株式 〃
関連会社株式評価損 〃
機械装置 〃
機械装置減価償却累計額 〃
繰延税金資産 〃
繰延税金負債 〃
契約資産 〃
契約負債 〃
研究開発費 〃
建設仮勘定 〃
鉱業権 勘定
鉱業権償却 〃
工事収益 〃
工事原価 〃
構築物 〃
構築物減価償却累計額 〃
子会社株式 〃
子会社株式評価損 〃
固定資産除却損 〃
―サ 行―
災害損失 勘定
仕入割引 〃
仕掛品 〃
自己株式 〃
支払リース料 〃
商品評価損 〃
新株予約権 〃
新株予約権戻入益 〃
その他資本剰余金 勘定
その他有価証券 〃
その他有価証券評価差額金 〃
ソフトウェア 〃
ソフトウェア仮勘定 〃
ソフトウェア償却 〃
―タ 行―
退職給付引当金 勘定
退職給付費用 〃
棚卸減耗損 〃
投資有価証券売却益 〃
投資有価証券売却損 〃
特許権 〃
特許権償却 〃
―ナ 行―
のれん 勘定
のれん償却 〃
―ハ 行―
売買目的有価証券 勘定
法人税等調整額 〃
保険差益 〃
保証債務 〃
保証債務取崩益 〃
保証債務費用 〃
保証債務見返 〃
―マ 行―
満期保有目的債券 勘定
未決算 〃
―ヤ 行―
有価証券利息 勘定
―ラ 行―
リース資産 勘定
リース資産減価償却累計額 〃
リース債務 〃

1　級　（原価計算）

―ア 行―
売上原価 勘定
―カ 行―
買入部品 勘定
外注加工賃 〃
ガス代 〃
機械装置 〃
機械装置減価償却累計額 〃
組間接費 〃
月次損益 〃
健康保険料 〃
健康保険料預り金 〃
工具器具備品 〃
工具器具備品減価償却累計額 〃
工場 〃
工場消耗品 〃
厚生費 〃
―サ 行―
材料消費価格差異 勘定
材料消費数量差異 〃
作業くず 〃
作業時間差異 〃
雑給 〃
仕掛品に関する勘定
　仕掛品 勘定
　×組仕掛品 〃
　××工程仕掛品 〃
仕損費 〃
仕損品 〃
修繕料 〃
従業員賞与手当 〃
消費材料 〃
消費賃金 〃
消耗工具器具備品 〃
水道料 〃
製造間接費 勘定
製造間接費配賦差異 〃
製造部門費に関する勘定
　××製造部門費 勘定
製造部門費配賦差異 〃
製品に関する勘定
　製品 勘定
　×級製品 〃
　×組製品 〃
操業度差異 〃
素材 〃
―タ 行―
退職給付費用 勘定
棚卸減耗損 〃
賃金 〃
賃借料 〃
賃率差異 〃
電力料 〃
特許権使用料 勘定
―ナ 行―
年次損益 勘定
燃料 〃
能率差異 〃
―ハ 行―
半製品に関する勘定
　××工程半製品 勘定
販売費及び一般管理費 〃
副産物 〃
部門共通費 〃
補助部門に関する勘定
　××部門費 勘定
本社 〃
―ヤ 行―
予算差異 勘定

英語表記一覧表

英数	
T字形	T form
あ	
移動平均法	moving average method
受取手形勘定	notes receivable account
売上勘定	sales account
売上原価	cost of goods sold
売上帳	sales book
売掛金勘定	accounts receivable account
売掛金元帳	accounts receivable ledger
か	
買掛金勘定	accounts payable account
買掛金元帳	accounts payable ledger
貸方	credit，creditor；Cr.
借方	debit，debtor；Dr.
為替手形	bill of exchange
勘定	account；a/c
勘定科目	title of account
繰越商品勘定	merchandise inventory account
決算	closing books
現金	cash
現金過不足	cash over and short
現金出納帳	cash book
合計転記	summary posting
小口現金	petty cash
小口現金出納帳	petty cash book
固定資産	fixed assets
個別転記	unit posting
さ	
財務諸表	financial statements；F/S
先入先出法（買入順法）	first-in first-out method；FIFO
仕入勘定	purchases account
仕入帳	purchases book
資産	assets
試算表	trial balance；T/B
支払手形勘定	notes payable account
資本	capital
収益	revenues
出金伝票	payment slip
主要簿	main book
純資産	net assets
証ひょう	voucher
商品有高帳	stock ledger
仕訳	journalizing
仕訳帳	journal
精算表	work sheet；W/S
総勘定元帳（元帳）	general ledger
損益計算書	profit and loss statement；P/L income statement；I/S
た	
貸借対照表	balance sheet；B/S
貸借平均の原理	principle of equilibrium
帳簿組織	systems of books
定額資金前渡法 （インプレスト・システム）	imprest system
摘要欄	account and explanation
転記	posting
伝票	slip
当座借越	bank overdraft
当座預金	checking account
当座預金出納帳	bank book
取引	transactions
な	
内部けん制制度 （内部統制システム）	internal check system
入金伝票	receipt slip
は	
費用	expenses
負債	liabilities
振替伝票	transfer slip
簿記	bookkeeping
補助記入帳	subsidiary register
補助簿	subsidiary book
補助元帳	subsidiary ledger
や	
約束手形	promissory note
有価証券	securities

表紙・本文基本デザイン
エッジ・デザインオフィス

最新段階式　簿記検定問題集　全商2級

●編　者——実教出版編修部
●発行者——小田　良次
●印刷所——株式会社 広済堂ネクスト

●発行所——実教出版株式会社
〒102-8377
東京都千代田区五番町5
電 話〈営業〉(03)3238-7777
〈編修〉(03)3238-7332
〈総務〉(03)3238-7700
https://www.jikkyo.co.jp/

002502022　ISBN　978-4-407-35491-1

最新段階式

簿記検定問題集

全商2級

解答編

実教出版

◎取引の記帳（その1）

1 現　金（p.4）

▶1-1

	借	方	貸	方
1/26	買　掛　金	*20,000*	現　　　金	*20,000*
28	現　　　金	*12,000*	受取手数料	*12,000*
30	仕　　　入	*160,000*	現　　　金	*100,000*
			買　掛　金	*60,000*
31	現　　　金	*200,000*	売　　　上	*200,000*

現　　　金

1/ 1～1/25		*1,750,000*	1/ 1～1/25		*1,326,000*
28	受取手数料	*12,000*	26	買　掛　金	*20,000*
31	売　　上	*200,000*	30	仕　　入	*100,000*

現　金　出　納　帳　　　2

令和○年		摘　　　要	収入	支出	残高
		前ページから	*1,750,000*	*1,326,000*	*424,000*
1	26	前橋商店の買掛金支払い		*20,000*	*404,000*
	28	太田商店から仲介手数料，送金小切手受け取り	*12,000*		*416,000*
	30	水上商店から仕入れ，一部現金で支払い		*100,000*	*316,000*
	31	沼田商店に売り上げ，小切手受け取り	*200,000*		*516,000*
	〃	**次 月 繰 越**		*516,000*	
			1,962,000	*1,962,000*	
2	1	前 月 繰 越	*516,000*		*516,000*

解説　1/28 送金小切手を受け取ったときは現金勘定で処理する。
　1/31 他人振り出しの小切手を受け取ったときは現金勘定で処理する。

▶1-2

現　　　金

1/ 1	前期繰越	*325,000*	1/ 7	*50,000*
18		*203,800*		
30		*40,000*		

売　掛　金

1/ 1	前期繰越	*256,000*		
30		*20,000*		

売　　　上

			1/30	*60,000*

貸　付　金

1/ 1	前期繰越	*500,000*	1/18	*200,000*

仕　　　入

1/ 7		*50,000*		

受　取　利　息

			1/18	*3,800*

現　金　出　納　帳　　　1

令和○年		摘　　　要	収入	支出	残高
1	1	前 月 繰 越	*325,000*		*325,000*
	7	所沢商店から仕入れ		*50,000*	*275,000*
	18	入間商店から貸付金と利息を小切手で受け取り	*203,800*		*478,800*
	30	浦和商店に売り上げ，一部送金小切手で受け取り	*40,000*		*518,800*
	31	**次 月 繰 越**		*518,800*	
			568,800	*568,800*	

解説　取引の仕訳は次のとおりである。
1/ 7（借）仕　　入 *50,000*　（貸）現　　金 *50,00*
　18（借）現　　金 *203,800*　（貸）貸 付 金 *200,00*
　　　　　　　　　　　　　　　　　　受取利息　*3,80*
他人振り出しの小切手を受け取ったときは現金勘定で処理する。
1/30（借）現　　金 *40,000*　（貸）売　　上 *60,00*
　　　　売 掛 金 *20,000*
送金小切手を受け取ったときは現金勘定で処理する。

2 当座預金（p.6）

▶2-1

	借	方	貸	方
1/24	当 座 預 金	*190,000*	売　掛　金	*190,000*
29	仕　　　入	*120,000*	当 座 預 金	*100,000*
			買　掛　金	*20,000*
30	当 座 預 金	*30,000*	受取手数料	*30,000*

当　座　預　金

1/ 1～1/23		*1,050,000*	1/ 1～1/23		*516,000*
24	売　掛　金	*190,000*	29	仕　　　入	*100,000*
30	受取手数料	*30,000*			

▶2-2

当 座 預 金 出 納 帳　　　2

令和○年		摘　　　要	預入	引出	借または貸	残高
		前ページから	*1,050,000*	*516,000*	借	*534,00*
1	24	鶴見商店の売掛金回収	*190,000*		〃 ❶	*724,00*
	29	厚木商店から仕入れ，小切手#5		*100,000*	〃 ❷	*624,00*
	30	大和商店から仲介手数料，小切手受け取り	*30,000*		〃	*654,00*
	31	**次 月 繰 越**		*654,000*		
			1,270,000	*1,270,000*		
2	1	前 月 繰 越	*654,000*		借	*654,00*

解説　❶預け入れの場合は，当座預金の借方記入となるので，前行の残高が「借」のときは加算し，「貸」のときは減算する。また，計算後の残高が借方のときは，「借」と記入し，貸方のときは「貸」と記入する。なお，前行と同じときは「〃」と記入してもよい。
❷引き出しの場合は，当座預金の貸方記入となるので，前行の残高が「借」のときは減算し，「貸」のときは加算する。また，計算後の残高が借方のときは，「借」と記入し，貸方のときは「貸」と記入する。なお，前行と同じときは「〃」と記入してもよい。

▶2-3

当　座　預　金

1/ 1	前期繰越	*674,000*	1/18	*190,000*
12		*200,000*	27	*150,000*

売　掛　金

1/ 1	前期繰越	*312,000*		
12		*86,000*		

買　掛　金

1/18	*190,000*	1/ 1	前期繰越	*453,000*
		27		*60,000*

売　　上

		1/12	286,000

仕　　入

1/27	210,000		

当座預金出納帳　　1

令和○年		摘　　要	預入	引出	借または貸	残高
1	1	前月繰越	674,000		借	674,000
	12	松戸商店に売り渡し，一部小切手#27受け取り	200,000		〃	874,000
	18	土浦商店の買掛金支払い，小切手#12振り出し		190,000	〃	684,000
	27	取手商店から仕入れ，一部小切手#13振り出し		150,000	〃	534,000
	31	**次月繰越**		534,000		
			874,000	874,000		
2	1	前月繰越	534,000		借	534,000

解説 取引の仕訳は次のとおりである。

1/12 (借)当座預金200,000　(貸)売　　上286,000
　売 掛 金 86,000
18 (借)買 掛 金190,000　(貸)当座預金190,000
27 (借)仕　　入210,000　(貸)当座預金150,000
　買 掛 金 60,000

▶**2-4**

	借	方	貸	方
(1)	定期預金	700,000	現　　金	700,000
(2)	普通預金	708,400	定期預金	700,000
			受取利息	8,400

▶**2-5**

現　　金　　1

1/ 1	前期繰越	892,000	1/ 6		500,000
20		300,000	15		180,000
26		20,000	22		300,000

当座預金　　2

1/ 6		500,000	1/ 8		200,000
25		470,000	22		150,000

売 掛 金　　4

1/ 1	前期繰越	619,000	1/25		470,000
20		80,000			

備　　品　　7

1/ 1	前期繰越	300,000			
15		180,000			

買 掛 金　　15

1/22		450,000	1/ 1	前期繰越	530,000
			8		50,000

売　　上　　20

			1/20		380,000

受取手数料　　21

			1/26		20,000

仕　　入　　24

1/ 8		250,000			

現金出納帳　　1

令和○年		摘　　要	収入	支出	残高
1	1	前月繰越	892,000		892,000
	6	当座取引契約により当座預金に預け入れ		500,000	392,000
	15	釧路家具店から事務用ロッカー購入		180,000	212,000
	20	旭川商店に売り渡し，一部小切手#13受け取り	300,000		512,000
	22	函館商店の買掛金支払い，小切手#13引き渡し		300,000	212,000
	26	札幌商店から仲介手数料，小切手受け取り	20,000		232,000
	31	**次月繰越**		232,000	
			1,212,000	1,212,000	

当座預金出納帳　　1

令和○年		摘　　要	預入	引出	借または貸	残高
1	6	当座取引契約により現金を預け入れ	500,000		借	500,000
	8	函館商店から仕入れ，一部小切手#1振り出し		200,000	〃	300,000
	22	函館商店の買掛金支払い，一部小切手#2振り出し		150,000	〃	150,000
	25	旭川商店の売掛金回収，当座振り込み	470,000		〃	620,000
	31	**次月繰越**		620,000		
			970,000	970,000		

解説 取引の仕訳は次のとおりである。

1/ 6 (借)当座預金500,000　(貸)現　　金500,000
8 (借)仕　　入250,000　(貸)当座預金200,000
　買 掛 金 50,000
15 (借)備　　品180,000　(貸)現　　金180,000
20 (借)現　　金300,000　(貸)売　　上380,000
　売 掛 金 80,000

他人振り出しの小切手を受け取ったときは現金の増加として現金勘定で処理する。

1/22 (借)買 掛 金450,000　(貸)現　　金300,000
　当座預金150,000

1/20の小切手は現金勘定で処理されているので，この小切手を渡したときは，現金の減少として処理する。

1/25 (借)当座預金470,000　(貸)売 掛 金470,000
26 (借)現　　金 20,000　(貸)受取手数料 20,000

3 小口現金 (p.10)

▶**3-1**

	借	方	貸	方
5/ 1	小口現金	25,000	当座預金	25,000
31	通 信 費	5,000	小口現金	22,600
	消耗品費	9,000		
	交 通 費	6,800		
	雑　　費	1,800		
〃	小口現金	22,600	当座預金	22,600

▶**3-2**

借	方	貸	方
通 信 費	5,000	当座預金	22,600
消耗品費	9,000		
交 通 費	6,800		
雑　　費	1,800		

▶**3-3**

小口現金出納帳　8

受入	令和○年		摘要	支出	内訳 通信費	交通費	水道光熱費	消耗品費	雑費	残高
80,000	8	1	小切手#15							*80,000*
		3	電力料	*12,000*			*12,000*			*68,000*
		5	電話料	*9,500*	*9,500*					*58,500*
		9	帳簿・伝票	*1,500*				*1,500*		*57,000*

▶**3-4**

小口現金出納帳　7

受入	令和○年		摘要	支出	内訳 通信費	消耗品費	交通費	雑費	残高
25,000	7	1	前月繰越						*25,000*
		4	バス回数券	*2,000*			*2,000*		*23,000*
		7	コピー用紙	*3,000*		*3,000*			*20,000*
		13	郵便切手	*6,000*	*6,000*				*14,000*
		20	バインダー	*5,000*		*5,000*			*9,000*
		25	タクシー代	*1,800*			*1,800*		*7,200*
		28	新聞代	*2,800*				❶*2,800*	*4,400*
			合計	*20,600*	*6,000*	*8,000*	*3,800*	*2,800*	
20,600		31	小切手#19						*25,000*
		〃	**次月繰越**	*25,000*					
45,600				*45,600*					

解説 ❶新聞代は，通信費・消耗品費・交通費の勘定にあてはまらないので，雑費として処理する。

4 仕入れ・売り上げ (p.12)

▶**4-1**

	借方		貸方	
(1)	仕入	*600,000*	買掛金	*600,000*
(2)	買掛金	*30,000*	仕入	*30,000*
(3)	仕入❶	*405,300*	買掛金	*400,000*
			現金	*5,300*

解説 ❶商品を仕入れたさいの引取運賃は仕入原価に含める。

▶**4-2**

	借方		貸方	
(1)	現金	*100,000*	売上	*350,000*
	売掛金	*250,000*		
(2)	売上	*35,000*	売掛金	*35,000*
(3)	売掛金	*460,000*	売上	*460,000*
	発送費❶	*7,000*	現金	*7,000*

解説 ❶商品を売り渡したさいの発送費は発送費勘定で処理する。

▶**4-3**

	借方		貸方	
9/1	仕入	*230,000*	買掛金	*230,000*
2	買掛金	*15,000*	仕入	*15,000*
9	当座預金	*50,000*	売上	*126,000*
	売掛金	*76,000*		
11	売上	*18,000*	売掛金	*18,000*
16	仕入	*240,000*	当座預金	*40,000*
			買掛金	*200,000*

5 仕入帳・売上帳 (p.14)

▶**5-1**

仕入帳　9

令和○年		摘要		内訳	金額
9	10	館山商店	掛け		
		A品　200個	@¥ 500	*100,000*	
		B品　300〃	〃〃1,000	*300,000*	*400,000*
	21	富浦商店	掛け		
		B品　160個	@¥1,000	*160,000*	
		引取運賃現金払い		*6,400*	*166,400*
	23	**富浦商店**	**掛け返品**		
		B品　5個	**@¥1,000**		*5,000*
	30		総仕入高		*566,400*
	〃		**仕入返品高**		*5,000*
			純仕入高		*561,400*

解説 取引の仕訳は次のとおりである。

9/10 (借)仕　入*400,000*　(貸)買掛金*400,000*
21 (借)仕　入*166,400*　(貸)買掛金*160,000*
　　　　　　　　　　　　　　現　金*6,400*
引取運賃は仕入原価に含めるので，仕入帳に記入する。
9/23 (借)買掛金 *5,000*　(貸)仕　入 *5,000*

▶**5-2**

売上帳　9

令和○年		摘要		内訳	金額
9	14	野田商店	現金・掛け		
		A品　200個	@¥ 800		*160,000*
	15	**野田商店**	**掛け返品**		
		A品　20個	**@¥ 800**		*16,000*
	25	佐倉商店	掛け		
		A品　300個	@¥ 800	*240,000*	
		B品　200〃	〃〃1,400	*280,000*	*520,000*
	30		総売上高		*680,000*
	〃		**売上返品高**		*16,000*
			純売上高		*664,000*

解説 取引の仕訳は次のとおりである。

9/14 (借)現　金*100,000*　(貸)売　上*160,000*
　　　　売掛金 *60,000*
15 (借)売　上 *16,000*　(貸)売掛金 *16,000*
25 (借)売掛金*520,000*　(貸)売　上*520,000*
　　　　発送費 *10,000*　(貸)現　金 *10,000*
発送費は売上高に含まれないので，売上帳には記入しない。

▶5-3

総勘定元帳

当座預金　2

1/ 1 前期繰越	*732,000*	1/ 7	*160,000*
28	*136,000*	15	*20,000*
		22	*12,000*

売掛金　4

1/ 1 前期繰越	*319,000*	1/17	*4,000*
15	*276,000*		
28	*100,000*		

買掛金　15

1/ 8	*1,000*	1/ 1 前期繰越	*130,000*
		7	*106,000*
		22	*108,000*

売上　21

1/17	*4,000*	1/15	*276,000*
		28	*236,000*

仕入　26

1/ 7	*266,000*	1/ 8	*1,000*
22	*120,000*		

発送費　30

1/15	*20,000*		

当座預金出納帳　1

令和○年		摘要	預入	引出	借または貸	残高
1	1	前月繰越	*732,000*		借	*732,000*
	7	船橋商店より仕入れ，一部代金小切手#24振り出し		*160,000*	〃	*572,000*
	15	豊島運輸㈱に発送費支払い，小切手#25振り出し		*20,000*	〃	*552,000*
	22	鹿島運輸㈱に引取運賃支払い，小切手#26振り出し		*12,000*	〃	*540,000*
	28	埼玉商店に売り上げ，小切手#40受け取り・預け入れ	*136,000*		〃	*676,000*
	31	**次月繰越**		*676,000*		
			868,000	*868,000*		

仕入帳　1

令和○年		摘要	内訳	金額
1	7	船橋商店　小切手・掛け		
		A品　355個　@¥*200*	*71,000*	
		B品　500〃　〃〃*390*	*195,000*	*266,000*
	8	**船橋商店　掛け返品**		
		A品　5個　@¥*200*		*1,000*
	22	水戸商店　掛け		
		C品　720個　@¥*150*	*108,000*	
		引取運賃小切手払い	*12,000*	*120,000*
	31	総仕入高		*386,000*
	〃	**仕入返品高**		*1,000*
		純仕入高		*385,000*

売上帳　1

令和○年		摘要	内訳	金額
1	15	東京商店　掛け		
		A品　210個　@¥*400*	*84,000*	
		B品　320〃　〃〃*600*	*192,000*	*276,000*
	17	**東京商店　掛け返品**		
		A品　10個　@¥*400*		*4,000*
	28	埼玉商店　小切手・掛け		
		C品　800個　@¥*295*		*236,000*
	31	総売上高		*512,000*
	〃	**売上返品高**		*4,000*
		純売上高		*508,000*

解説 取引の仕訳は次のとおりである。

1/ 7 (借)仕　入 *266,000*　(貸)当座預金 *160,000*
　　　　　　　　　　　　　　　買掛金 *106,000*
8 (借)買掛金 *1,000*　(貸)仕　入 *1,000*
15 (借)売掛金 *276,000*　(貸)売　上 *276,000*
　　発送費 *20,000*　　　当座預金 *20,000*

発送費は売上高に含まれないので，売上帳には記入しない。

1/17 (借)売　上 *4,000*　(貸)売掛金 *4,000*
22 (借)仕　入 *120,000*　(貸)買掛金 *108,000*
　　　　　　　　　　　　　　当座預金 *12,000*

引取運賃は仕入原価に含めるので，仕入帳に記入する。

1/28 (借)当座預金 *136,000*　(貸)売　上 *236,000*
　　売掛金 *100,000*

6 商品有高帳（p.18）

▶6-1

商品有高帳

（先入先出法）　品名　A　品　　単位：個

令和○年		摘要	受入 数量	受入 単価	受入 金額	払出 数量	払出 単価	払出 金額	残高 数量	残高 単価	残高 金額
1	1	前月繰越	300	*200*	*60,000*				300	*200*	*60,000*
	8	取手商店				200	*200*	*40,000*	100	*200*	*20,000*
	10	柏商店	400	*220*	*88,000*				❶{100	*200*	*20,000*
									{400	*220*	*88,000*
	18	市川商店				❷{100	*200*	*20,000*			
						{200	*220*	*44,000*	200	*220*	*44,000*
	25	浦安商店	200	*230*	*46,000*				❶{200	*220*	*44,000*
									{200	*230*	*46,000*
	31	**次月繰越**				{200	220	44,000			
						{200	230	46,000			
			900		*194,000*	900		*194,000*			

解説 ❶商品の受入単価と直前の残高の単価が異なっているので，残高欄に2行に分けて記入して，くくる。
❷払い出した300個のうち，先に仕入れている単価¥*200*，100個の商品をすべて先に払い出し，残り200個を次に仕入れている単価¥*220*の商品を払い出す。払出欄は2行に分けて記入して，くくる。

▶6-2

商品有高帳

（移動平均法）　品名　A　品　　単位：個

令和○年		摘要	受入 数量	受入 単価	受入 金額	払出 数量	払出 単価	払出 金額	残高 数量	残高 単価	残高 金額
10	1	前月繰越	200	*500*	*100,000*				200	*500*	*100,000*
	9	松山商店	800	*550*	*440,000*				1,000	❶*540*	*540,000*
	16	室戸商店				250	*540*	*135,000*	750	*540*	*405,000*
	22	香川商店	250	*560*	*140,000*				1,000	❷*545*	*545,000*
	29	高知商店				410	*545*	*223,450*	590	*545*	*321,550*
	31	**次月繰越**				590	545	321,550			
			1,250		*680,000*	1,250		*680,000*			
11	1	前月繰越	590	*545*	*321,550*				590	*545*	*321,550*

解説 ❶商品を受け入れたので，平均単価を計算する。

$$\frac{¥100,000+¥440,000}{200個+800個}=¥540$$

❷商品を受け入れたので，平均単価を計算する。

$$\frac{¥405,000+¥140,000}{750個+250個}=¥545$$

▶6-3

総勘定元帳

当座預金　2

1/ 1	前期繰越	819,000	1/ 9		150,000
11		607,000	25		360,000

前払金　6

1/ 1	前期繰越	60,000	1/ 9		60,000

買掛金　15

1/19		1,000	1/ 1	前期繰越	490,000
25		360,000	18		329,000

売上　23

			1/11		607,000

仕入　27

1/ 9		210,000	1/19		1,000
18		329,000			

当座預金出納帳　1

令和○年		摘要	預入	引出	借または貸	残高
1	1	前月繰越	819,000		借	819,000
	9	滋賀商店から仕入れ，一部代金小切手#25振り出し		150,000	〃	669,000
	11	奈良商店に売り上げ，小切手#36受け取り・預け入れ	607,000		〃	1,276,000
	25	滋賀商店の買掛金支払い，小切手#26振り出し		360,000	〃	916,000
	31	**次月繰越**		916,000		
			1,426,000	1,426,000		

仕入帳　1

令和○年		摘要	内訳	金額
1	9	滋賀商店　内金・小切手		
		A品　500個　@¥420		210,000
	18	京都商店　掛け		
		A品　300個　@¥430	129,000	
		B品 1,000〃　〃〃200	200,000	329,000
	19	**京都商店　掛け返品**		
		B品　5個　@¥200		1,000
	31	総仕入高		539,000
	〃	**仕入返品高**		1,000
		純仕入高		538,000

商品有高帳

（先入先出法）　品名　A　品　単位：個

令和○年		摘要	受入 数量	受入 単価	受入 金額	払出 数量	払出 単価	払出 金額	残高 数量	残高 単価	残高 金額
1	1	前月繰越	500	400	200,000				500	400	200,000
	9	滋賀商店	500	420	210,000				500	400	200,000
									500	420	210,000
	11	奈良商店				500	400	200,000			
						300	420	126,000	200	420	84,000
	18	京都商店	300	430	129,000				200	420	84,000
									300	430	129,000
	31	**次月繰越**				200	420	84,000			
						300	430	129,000			
			1,300		539,000	1,300		539,000			

解説　取引の仕訳は次のとおりである。なお，（　　）は記入する補助簿である。

1/ 9（借）仕　　入210,000　（貸）前 払 金 60,000
　　　　　　　　　　　　　　　　　当座預金150,000
（仕入帳・商品有高帳・当座預金出納帳）

11（借）当座預金607,000　（貸）売　　上607,000
（商品有高帳・当座預金出納帳）

1/18（借）仕　　入329,000　（貸）買 掛 金329,00
（仕入帳・商品有高帳）

19（借）買 掛 金　1,000　（貸）仕　　入　1,00
（仕入帳）

25（借）買 掛 金360,000　（貸）当座預金360,00
（当座預金出納帳）

▶6-4

商品有高帳

（移動平均法）　品名　A　品　単位：個

令和○年		摘要	受入 数量	受入 単価	受入 金額	払出 数量	払出 単価	払出 金額	残高 数量	残高 単価	残高 金額
1	1	前月繰越	500	400	200,000				500	400	200,0
	9	滋賀商店	500	420	210,000				1,000	410	410,0
	11	奈良商店				800	410	328,000	200	410	82,0
	18	京都商店	300	430	129,000				500	422	211,0
	31	**次月繰越**				500	422	211,000			
			1,300		539,000	1,300		539,000			

7　売掛金・買掛金（p.22）

▶7-1

売掛金元帳

岡山商店　1

令和○年		摘要	借方	貸方	借または貸	残高
5	1	前月繰越	120,000		借	120,000
	20	売り上げ	170,000		〃	290,000
	22	返品		15,000	〃	275,000

高知商店　2

令和○年		摘要	借方	貸方	借または貸	残高
5	1	前月繰越	340,000		借	340,000
	15	回収		100,000	〃	240,000
	30	売り上げ	200,000		〃	440,000

▶7-2

買掛金元帳

石川商店　1

令和○年		摘要	借方	貸方	借または貸	残高
7	1	前月繰越		90,000	貸	90,000
	4	仕入れ		260,000	〃	350,000
	5	返品	4,000		〃	346,000

福井商店　2

令和○年		摘要	借方	貸方	借または貸	残高
7	1	前月繰越		300,000	貸	300,000
	11	支払い	250,000		〃	50,000
	19	仕入れ		300,000	〃	350,000

▶7-3

総勘定元帳

当座預金　2

1/ 1	前期繰越	760,000	1/27		320,000
16		200,000	29		250,000

売掛金　4

1/ 1	前期繰越	520,000			
16		80,000			

買掛金　14

1/ 9		5,000	1/ 1	前期繰越	380,000
29		250,000	8		370,000
			27		100,000

売　上　21

		1/16	280,000

仕　入　27

1/ 8	370,000	1/ 9	5,000
27	420,000		

当座預金出納帳　1

令和○年		摘要	預入	引出	借または貸	残高
1	1	前月繰越	760,000		借	760,000
	16	宮城商店に売り上げ，一部小切手#7受け取り・預け入れ	200,000		〃	960,000
	27	秋田商店から仕入れ，一部小切手#11振り出し		320,000	〃	640,000
	29	秋田商店に買掛金支払い，小切手#12振り出し		250,000	〃	390,000
	31	**次月繰越**		390,000		
			960,000	960,000		

仕入帳　1

令和○年		摘要		内訳	金額
1	8	岩手商店	掛け		
		A品　400個	@¥600	240,000	
		B品　260〃	〃〃500	130,000	370,000
	9	**岩手商店**	**掛け返品**		
		B品　10個	**@¥500**		5,000
	27	秋田商店	小切手・掛け		
		A品　100個	@¥600	60,000	
		C品　800〃	〃〃450	360,000	420,000
	31		総仕入高		790,000
	〃		**仕入返品高**		5,000
			純仕入高		785,000

買掛金元帳

岩手商店　1

令和○年		摘要	借方	貸方	借または貸	残高
1	1	前月繰越		100,000	貸	100,000
	8	仕入れ		370,000	〃	470,000
	9	返品	5,000		〃	465,000
	31	**次月繰越**	465,000			
			470,000	470,000		

秋田商店　2

令和○年		摘要	借方	貸方	借または貸	残高
1	1	前月繰越		280,000	貸	280,000
	27	仕入れ		100,000	〃	380,000
	29	支払い	250,000		〃	130,000
	31	**次月繰越**	130,000			
			380,000	380,000		

商品有高帳

（先入先出法）　品名　A　品　単位：個

令和○年		摘要	受入 数量	受入 単価	受入 金額	払出 数量	払出 単価	払出 金額	残高 数量	残高 単価	残高 金額
1	1	前月繰越	200	590	118,000				200	590	118,000
	8	岩手商店	400	600	240,000				｛200	590	118,000
									｛400	600	240,000
	16	宮城商店				｛200	590	118,000			
						｛150	600	90,000	250	600	150,000
	27	秋田商店	100	600	60,000				350	600	210,000
	31	**次月繰越**				350	600	210,000			
			700		418,000	700		418,000			

解説　取引の仕訳は次のとおりである。なお，（　　）は記入する補助簿である。

1/ 8 (借)仕　　入 370,000　(貸)買　掛　金 370,000
（仕入帳・買掛金元帳・商品有高帳）

9 (借)買　掛　金 5,000　(貸)仕　　入 5,000
（仕入帳・買掛金元帳）

16 (借)当座預金 200,000　(貸)売　　上 280,000
売　掛　金 80,000
（当座預金出納帳・商品有高帳）

27 (借)仕　　入 420,000　(貸)当座預金 320,000
買　掛　金 100,000
（当座預金出納帳・仕入帳・買掛金元帳・商品有高帳）

29 (借)買　掛　金 250,000　(貸)当座預金 250,000
（当座預金出納帳・買掛金元帳）

▶**7-4**

総勘定元帳

現　金　1

1/ 1	前期繰越	489,000	1/ 6	190,000
29		100,000		

当座預金　2

1/ 1	前期繰越	800,000	1/30	76,000
14		130,000		

売　掛　金　4

1/ 1	前期繰越	450,000	1/20	6,000
14		94,000	29	100,000
18		260,000		

前　払　金　7

1/ 1	前期繰越	50,000	1/30	50,000

買　掛　金　14

		1/ 1	前期繰越	380,000
		6		146,000

売　上　21

1/20	6,000	1/14	224,000
		18	260,000

仕　入　27

1/ 6	336,000		
30	126,000		

当座預金出納帳　1

令和○年		摘要	預入	引出	借または貸	残高
1	1	前月繰越	800,000		借	800,000
	14	岡山商店に売り上げ，一部小切手#9受け取り・預け入れ	130,000		〃	930,000
	30	島根商店から仕入れ，一部小切手#16振り出し		76,000	〃	854,000
	31	**次月繰越**		854,000		
			930,000	930,000		

売上帳　1

令和○年		摘要		内訳	金額
1	14	岡山商店	小切手・掛け		
		A品　400個	@¥560		224,000
	18	山口商店	掛け		
		B品　400個	@¥300	120,000	
		C品　200〃	〃〃700	140,000	260,000
	20	**山口商店**	**掛け返品**		
		B品　20個	**@¥300**		6,000
	31		総売上高		484,000
	〃		**売上返品高**		6,000
			純売上高		478,000

売 掛 金 元 帳

岡 山 商 店　　1

令和○年		摘要	借方	貸方	借または貸	残高
1	1	前月繰越	320,000		借	320,000
	14	売り上げ	94,000		〃	414,000
	29	回　　収		100,000	〃	314,000
	31	**次月繰越**		314,000		
			414,000	414,000		

山 口 商 店　　2

令和○年		摘要	借方	貸方	借または貸	残高
1	1	前月繰越	130,000		借	130,000
	18	売り上げ	260,000		〃	390,000
	20	返　　品		6,000	〃	384,000
	31	**次月繰越**		384,000		
			390,000	390,000		

商 品 有 高 帳

（移動平均法）　品名　A　品　　単位：個

令和○年		摘要	受入			払出			残高		
			数量	単価	金額	数量	単価	金額	数量	単価	金額
1	1	前月繰越	100	390	39,000				100	390	39,000
	6	広島商店	500	420	210,000				600	415	249,000
	14	岡山商店				400	415	166,000	200	415	83,000
	30	島根商店	300	420	126,000				500	418	209,000
	31	**次月繰越**				500	418	209,000			
			900		375,000	900		375,000			

解説　取引の仕訳は次のとおりである。なお，（　　）は記入する補助簿である。

1/ 6（借）仕　　入 336,000　（貸）現　　金 190,000
　　　　　　　　　　　　　　　　　買 掛 金 146,000
（商品有高帳）

14（借）当座預金 130,000　（貸）売　　上 224,000
　　　売 掛 金 94,000
（当座預金出納帳・売上帳・売掛金元帳・商品有高帳）

18（借）売 掛 金 260,000　（貸）売　　上 260,000
（売上帳・売掛金元帳）

20（借）売　　上 6,000　（貸）売 掛 金 6,000
（売上帳・売掛金元帳）

29（借）現　　金 100,000　（貸）売 掛 金 100,000
（売掛金元帳）

30（借）仕　　入 126,000　（貸）前 払 金 50,000
　　　　　　　　　　　　　　　　当座預金 76,000
（当座預金出納帳・商品有高帳）

◎取引の記帳（その2）

8 受取手形・支払手形・電子記録債権（p.28）

▶8-1

		借方		貸方	
(1)	品川商店	仕　　入	160,000	支払手形	160,000
	三田商店	受取手形	160,000	売　　上	160,000
(2)	品川商店	支払手形	160,000	当座預金	160,000
	三田商店	当座預金	160,000	受取手形	160,000

▶8-2

	借方		貸方	
(1)	受取手形	210,000	売　　上	210,000
(2)	買 掛 金	90,000	支払手形	90,000
(3)	当座預金	120,000	受取手形	120,000
(4)	支払手形	240,000	当座預金	240,000

▶8-3

	借方		貸方	
(1)	仕　　入	120,000	受取手形	120,000
(2)	当座預金 手形売却損	48,200 1,800	受取手形	50,000

▶8-4

	借方		貸方	
10/8	仕　　入	370,000	支払手形	370,000
11/8	支払手形	370,000	当座預金	370,000

支 払 手 形 記 入 帳　　3

令和○年		摘要	金額	手形種類	手形番号	受取人	振出人	振出日		支払期日		支払場所	てん末		
													月	日	摘要
10	8	仕入れ	370,000	約手	9	大森商店	当店	10	8	11	8	全商銀行	11	8	支払い

▶8-5

		借方		貸方	
(1)	①	買 掛 金	20,000	電子記録債務	20,000
	②	電子記録債権	20,000	売 掛 金	20,000
(2)	①	電子記録債務	20,000	当座預金	20,000
	②	当座預金	20,000	電子記録債権	20,000

▶8-6

	借方		貸方	
10/6	受取手形	160,000	売 掛 金	160,000
12	受取手形	230,000	売　　上	230,000
15	仕　　入	160,000	受取手形	160,000
11/12	当座預金	230,000	受取手形	230,000

受取手形記入帳　3

令○年	和年	摘要	金額	手形種類	手形番号	支払人	振出人または裏書人	振出日		支払期日		支払場所	てん末		
													月	日	摘要
10	6	売掛金	160,000	約手	26	目白商店	目白商店	10	6	11	6	全商銀行	10	15	裏書譲渡
	12	売り上げ	230,000	約手	6	池袋商店	池袋商店	10	12	11	12	全商銀行	11	12	入金

▶8-7

	借方		貸方	
(1)	当座預金	297,900	受取手形	300,000
	手形売却損	2,100		
(2)	受取手形❶	180,000	売掛金	180,000

解説 ❶裏書譲渡された約束手形を受け取ったときでも，手形債権は発生する。

▶8-8

	借方		貸方	
(1)	買掛金	45,000	電子記録債権	45,000
(2)	当座預金	124,000	電子記録債権	125,000
	電子記録債権売却損	1,000		

▶8-9

	借方		貸方	
(1)	電子記録債権	250,000	売掛金	250,000
(2)	買掛金	200,000	電子記録債権	❶200,000
(3)	当座預金	❷49,000	電子記録債権	50,000
	電子記録債権売却損	1,000		

解説 ❶電子記録債務の発生(増加)ではないことに注意する。

❷(¥250,000－¥200,000)－¥1,000＝¥49,000

▶8-10

	借方		貸方	
(1)	買掛金	410,000	支払手形	410,000
(2)	受取手形	300,000	売上	580,000
	売掛金	280,000		
	発送費	40,000	現金	40,000
(3)	支払手形	270,000	当座預金	270,000
(4)	仕入	270,000	受取手形	270,000
(5)	仕入	680,000	受取手形	250,000
			買掛金	430,000
(6)	当座預金	297,000	受取手形	300,000
	手形売却損	3,000		
(7)	当座預金	582,000	受取手形	600,000
	手形売却損	18,000		
(8)	当座預金	398,000	受取手形	400,000
	手形売却損	2,000		

▶8-11

a	¥ 400,000❶	b	¥ 1,000❷

解説 ❶アの金額は受取手形記入帳のてん末欄の「2/9入金」の記入により，当座預金出納帳の2/9の預入欄の金額となる。2/9の預入欄の金額は次のように当座預金勘定を使って計算できる。

当座預金

2/1	110,000	2/7	150,000
9	（ア）	残高	360,000

すなわち，

¥110,000＋(ア)－¥150,000＝¥360,000

よってアの金額は¥400,000となる

❷受取手形記入帳の1/16の金額欄¥600,000と当座預金出納帳の2/16の預入金額¥599,000との差額である。

▶8-12

ア	¥ 180,000❶	イ	¥ 385,000❷

解説 ❶支払手形勘定の貸方の2/24の記入から，¥180,000であることがわかる。

❷イの金額は支払手形記入帳のてん末欄「3/10支払い」の金額であるから，「1/10仕入れ」の手形金額である。そこで，支払手形勘定の貸方の1/10の記入から¥385,000であることがわかる。

▶8-13

a	1❶	b	¥ 2,000❷

解説 ❶摘要欄に「売り上げ」や「売掛金回収」の記入があることや，てん末欄に「割引」の記入があることから受取手形の明細を記入している受取手形記入帳であることがわかる。

❷受取手形記入帳の1/19の金額欄¥250,000との差額である。

▶8-14

a	¥ 100,000❶	b	¥ 40,000❷

解説 ❶1/10は仕入帳から，仕入れた商品の代金は全額約束手形を振り出して支払っているため，支払手形記入帳の金額は¥100,000となる。
❷仕入帳の1/11から，仕入れた商品の金額は¥240,000であり，代金は「現金と掛け」ということになる。買掛金勘定の1/11が¥200,000ということから，現金で支払った金額は¥240,000－¥200,000＝¥40,000となる。

▶8-15

a	¥ 100,000❶	b	¥ 3,000❷

解説 ❶当座預金出納帳の「借または貸」欄は，「借」であれば当座預金の残高を，「貸」であれば，当座借越の残高を表す。残高が,「借」¥80,000から「貸」¥20,000になっているので，1/5は¥100,000の小切手を振り出したということになる。
❷受取手形記入帳から，1/7に割り引いた約束手形の手形額面金額は¥250,000ということがわかる。当座預金出納帳の1/7は¥247,000増加しているので，手形額面金額との差額¥3,000が割引料となり，手形売却損勘定で処理する。

9 手形貸付金・手形借入金 (p.36)

▶9-1

		借	方	貸	方
(1)	川崎商店	現　　金	250,000	手形借入金	250,000
	厚木商店	手形貸付金	250,000	現　　金	250,000
(2)	川崎商店	手形借入金 支払利息	250,000 7,500	現　　金	257,500
	厚木商店	現　　金	257,500	手形貸付金 受取利息	250,000 7,500

解説 金銭の貸借のために約束手形を振り出しているので，支払手形勘定・受取手形勘定を用いるのではなく，手形借入金勘定・手形貸付金勘定で処理する。

▶9-2

	借	方	貸	方
(1)	手形貸付金	340,000	現　　金 受取利息	333,000 7,000
(2)	当座預金 支払利息	447,000 3,000	手形借入金	450,000
(3)	手形借入金	450,000	当座預金	450,000
(4)	現　　金	205,000	手形貸付金 受取利息	200,000 5,000

▶9-3

	借	方	貸	方
(1)	受取商品券	200,000	売　　上	200,000
(2)	現　　金	200,000	受取商品券	200,000

10 手形の書き換え (p.38)

▶10-1

	借	方	貸	方
(1)	受取手形 現　　金	200,000 2,000	受取手形 受取利息	200,000 2,000
(2)	支払手形 支払利息	500,000 8,000	支払手形 現　　金	500,000 8,000
(3)	受取手形	404,500	受取手形 受取利息	400,000 4,500

解説 ❶手形の書き換えにより，新しい手形債権が発生するので,受取手形勘定の借方に記入するとともに,旧手形を消滅させるため貸方にも記入する。
❷手形の書き換えにより，新しい手形債務が発生するので,支払手形勘定の貸方に記入するとともに,旧手形を消滅させるため借方にも記入する。
❸延期にともなう利息を新手形の金額に加算する。

▶10-2

	借	方	貸	方
大阪商店	受取手形 現　　金	600,000 7,200	受取手形 受取利息	600,000 7,200
東京商店	支払手形 支払利息	600,000 7,200	支払手形 現　　金	600,000 7,200

解説 大阪商店は手形の受取人，東京商店は手形の振出人である点に注意する。新･旧手形のそれぞれの発生･消滅の記入をする。

▶10-3

借	方	貸	方
手形貸付金	405,400	手形貸付金 受取利息	400,000 5,400

解説 手形による貸し付けなので，手形貸付金とする。また，利息は新手形に加算している点に注意する。

▶10-4

	借	方	貸	方
(1)	支払手形 支払利息	300,000 6,000	支払手形	306,000
(2)	手形借入金 支払利息	3,000,000 15,000	手形借入金 現　　金	3,000,000 15,000
(3)	受取手形	868,000	受取手形 受取利息	864,000 4,000

11 不渡手形・クレジット売掛金 (p.40)

▶11-1

	借	方	貸	方
(1)	不渡手形	251,000	受取手形 現　　金	250,000 1,000
(2)	現　　金	251,800	不渡手形 受取利息	251,000 800

▶11-2

借	方	貸	方
貸倒引当金	424,000	不渡手形	424,000

▶11-3

	借	方	貸	方
(1)	クレジット売掛金 支払手数料	99,000 ❶1,000	売上	100,000
(2)	当座預金	99,000	クレジット売掛金	99,000 ❷

解説 ❶¥100,000×1％＝¥1,000
❷¥100,000－¥100,000×1％＝¥99,000

▶11-4

	借	方	貸	方
(1)	不渡手形	814,000	受取手形 現金	800,000 14,000 ❶
(2)	現金	826,500	不渡手形 受取利息	814,000 12,500

解説 ❶償還請求のために要した諸費用は，不渡手形に含める。

▶11-5

	借	方	貸	方
(1)	不渡手形	616,000	当座預金	616,000 ❶
(2)	現金 貸倒引当金	210,000 140,000	不渡手形	350,000 ❷

解説 ❶償還請求を受けた不渡手形の代金は，振出人に代わって支払う。
❷不渡手形の代金の未回収分は，貸し倒れとして処理する。なお，貸倒引当金がある場合はそこから差し引く。

▶11-6

	借	方	貸	方
(1)	不渡手形	614,000	受取手形 現金	610,000 4,000
(2)	現金	733,000	不渡手形 受取利息	732,000 1,000
(3)	貸倒引当金	254,000	不渡手形	254,000

12 営業外受取手形・営業外支払手形（p.43）

▶12-1

	借	方	貸	方
(1)	備品	150,000	営業外支払手形	150,000
(2)	営業外受取手形	5,000,000	土地	5,000,000

解説 商品以外の物品を売買し，約束手形を受け渡ししたときは，受取手形勘定・支払手形勘定を用いるのではなく，営業外受取手形勘定・営業外支払手形勘定で処理する。

▶12-2

	借	方	貸	方
(1)	備品	650,000	営業外支払手形 現金	500,000 150,000
(2)	営業外受取手形	900,000	車両運搬具 固定資産売却益	850,000 50,000

13 有価証券（p.44）

▶13-1

	借	方	貸	方
(1)	有価証券	❶680,000	当座預金	680,000
(2)	有価証券	❷490,000	当座預金	490,000
(3)	現金	700,000	有価証券 有価証券売却益	680,000 20,000

解説 ❶¥68,000×10株＝¥680,000
❷¥500,000×$\frac{¥98}{¥100}$＝¥490,000

▶13-2

	借	方	貸	方
(1)	有価証券	❶1,252,000	当座預金	1,252,000
(2)	有価証券	❷594,000	当座預金 現金	500,000 94,000
(3)	当座預金	830,000	有価証券 有価証券売却益	700,000 ❸130,000
(4)	当座預金 有価証券売却損	970,000 ❹10,000	有価証券	980,000

解説 ❶¥62,000×20株＋¥12,000＝¥1,252,000
❷額面総額¥600,000×$\frac{¥99}{¥100}$＝¥594,000
❸（¥83,000－¥70,000）×10株＝¥130,000
❹社債額面¥1,000,000×$\frac{¥97}{¥100}$＝¥970,000
社債額面¥1,000,000×$\frac{¥98}{¥100}$＝¥980,000
¥980,000－¥970,000＝有価証券売却損¥10,000

▶13-3

	借	方	貸	方
(1)	有価証券	1,600,000	当座預金	1,600,000
(2)	当座預金	1,400,000	有価証券 有価証券売却益	1,200,000 ❶200,000
(3)	有価証券	❷1,723,000	当座預金	1,723,000
(4)	現金 有価証券売却損	780,000 ❸20,000	有価証券	800,000
(5)	有価証券	❹1,960,000	当座預金	1,960,000

解説 ❶帳簿価額＝¥6,000×200株＝¥1,200,000
売却価額＝¥7,000×200株＝¥1,400,000
この差額が売却益となる。
❷¥57,000×30株＋¥13,000＝¥1,723,000
❸帳簿価額＝¥80,000×10株＝¥800,000
売却価額＝¥78,000×10株＝¥780,000
この差額が売却損となる。
❹額面¥2,000,000×$\frac{¥97}{¥100}$＋¥20,000＝¥1,960,000

14 個人企業の引出金（p.46）

▶14-1

	借 方		貸 方	
(1)	引 出 金	25,000	現 金	25,000
(2)	引 出 金	8,000	仕 入❶	8,000
(3)	引 出 金	40,000	当 座 預 金	40,000
(4)	資 本 金	32,000	引 出 金	32,000
(5)	引 出 金	18,000	現 金	14,000
			仕 入	4,000

解説 店主が店の資産を私用にあてた(引き出した)ときは引出金勘定に計上する。

❶ 3分法で記帳するので，原価￥8,000の商品は仕入勘定で処理する。

▶14-2

	借 方		貸 方	
12/8	引 出 金	20,000	現 金	20,000
11	現 金	300,000	資 本 金	300,000
17	引 出 金	15,000	仕 入	15,000
31	資 本 金	35,000	引 出 金	35,000
〃	損 益	140,000	資 本 金	140,000

資 本 金

12/31	引 出 金	35,000	1/1	前 期 繰 越	500,000
〃	**次 期 繰 越**	905,000	12/11	現 金	300,000
			31	損 益	140,000
		940,000			940,000

引 出 金

12/8	現 金	20,000	12/31	資 本 金	35,000
17	仕 入	15,000			
		35,000			35,000

▶14-3

	借 方		貸 方	
(1)	引 出 金	72,000	現 金	72,000
(2)	引 出 金	6,000	仕 入	6,000
(3)	引 出 金	90,000	現 金	90,000
(4)	引 出 金	15,000	仕 入	15,000

15 個人企業の税金（所得税・住民税・租税公課・消費税）（p.48）

▶15-1

	借 方		貸 方	
(1)	引 出 金	63,000	現 金	63,000
(2)	引 出 金	88,000	現 金	88,000
(3)	引 出 金	42,000	現 金	42,000
(4)	引 出 金	42,000	現 金	42,000

▶15-2

	借 方		貸 方	
(1)	租 税 公 課（または事業税）	50,000	現 金	50,000
(2)	租 税 公 課（または固定資産税）	30,000	現 金	30,000
(3)	租 税 公 課（または印紙税）	2,000	現 金	2,000

▶15-3

	借 方		貸 方	
(1)	仕 入	350,000	買 掛 金	385,000
	仮払消費税	35,000		
(2)	売 掛 金	495,000	売 上	450,000
			仮受消費税	45,000
(3)	仮受消費税	45,000	仮払消費税	35,000
			未払消費税	10,000
(4)	未払消費税	10,000	現 金	10,000

解説 消費税の記帳が税抜方式なので，仕入れ・売り上げのときに受け払いした消費税は，仮払消費税勘定・仮受消費税勘定を用いて仕訳する。

▶15-4

	借 方		貸 方	
(1)	仕 入	210,000	現 金	231,000
	仮払消費税	21,000		
(2)	現 金	363,000	売 上	330,000
			仮受消費税	33,000
(3)	仮受消費税	33,000	仮払消費税	21,000
			未払消費税	12,000
(4)	未払消費税	12,000	現 金	12,000

▶15-5

	借 方		貸 方	
7/31	引 出 金❶	120,000	現 金	120,000
11/30	引 出 金❶	120,000	現 金	120,000
翌年 3/15	引 出 金	160,000	現 金	160,000

解説 ❶所得税の現金での納付は，予定納税であっても，引出金勘定に記入することに変わりはない。

▶15-6

	借	方	貸	方
(1)	引 出 金	55,000	現 金	55,000
(2)	引 出 金	110,000	現 金	110,000
(3)	引 出 金	❶164,000	現 金	164,000

解説 ❶所得税を納付したときも，住民税を納付したときも，引出金勘定で処理する。よって合計額の¥164,000を引出金勘定の借方に記入する。

▶15-7

	借	方	貸	方
8/25	租税公課(または事業税)	12,000	現 金	12,000
11/28	租税公課(または事業税)	12,000	現 金	12,000
12/31	損 益	24,000	租税公課(または事業税)	24,000 ❶

解説 ❶振替関係は下記のとおりである。

租税公課

納付高	

損 益

(租税公課の貸方から損益の借方へ振替)

▶15-8

	借	方	貸	方
(1)	租税公課(または印紙税)	12,000	現 金	12,000
(2)	売 掛 金	165,000	売 上 仮受消費税	150,000 15,000 ❶

解説 ❶消費税の記帳は税抜方式である。売り上げのときに受け取った消費税は，仮受消費税勘定の貸方に記入する。

▶15-9

	借	方	貸	方
(1)	引 出 金(または資本金)	34,000	現 金	34,000
(2)	租税公課(または印紙税)	6,000	現 金	6,000
(3)	租税公課(または固定資産税)	180,000	現 金	180,000
(4)	現 金	594,000	売 上 仮受消費税	540,000 54,000
(5)	仕 入 仮払消費税	300,000 30,000	買 掛 金	330,000
(6)	仕 入 仮払消費税	250,000 25,000	買 掛 金	275,000
(7)	売 掛 金	770,000	売 上 仮受消費税	700,000 70,000

◎決算整理

16 現金過不足 (p.53)

▶16-1

	借	方	貸	方
(1)	現金過不足	5,200	現 金	5,200
(2)	保 険 料	4,500	現金過不足	4,500
(3)	雑 損	700	現金過不足	700

▶16-2

	借	方	貸	方
(1)	現 金	3,800	現金過不足	3,800
(2)	現金過不足	3,000	受取手数料	3,000
(3)	現金過不足	800	雑 益	800

▶16-3

	借	方	貸	方
(1)	雑 損	1,000	現 金	1,000
(2)	現 金	1,500	雑 益	1,500

▶16-4

		借	方	貸	方
(1)		現金過不足	30,000	現 金	30,000
(2)	(a)	消 耗 品 費❶	37,000	現金過不足	37,000
	(b)	現金過不足	2,500	受 取 利 息❷	2,500
	(c)	現金過不足	4,500	通 信 費❸	4,500
(3)	(a)	雑 損	3,500	現 金	3,500
	(b)	現 金	1,000	雑 益	1,000

解説 ❶事務用文房具購入代金は消耗品費勘定(費用)で処理する。

❷利息を受け取ったので，受取利息勘定(収益)で処理する。

❸通信費¥5,000(借方記録)を¥500に修正するには，通信費勘定を¥4,500減少させればよい。

▶16-5

	借	方	貸	方
(1)	現 金❶	3,000	現金過不足	3,000
(2)	現金過不足	2,000	現 金❶	2,000
(3)	交 通 費	4,000	現金過不足 受取手数料	2,000 2,000

解説 ❶実際有高に合わせるために，現金勘定(帳簿残高)を増やすのか，それとも減らすのかを考える。

17 当座借越（p.56）

▶17-1

	借	方	貸	方
1/4	買掛金	190,000	当座預金❶	190,000
5	当座預金	70,000	受取手数料	70,000

当座預金

1/1	前期繰越	150,000	1/4	買掛金	190,000
5	受取手数料	70,000			

解説 ❶当座借越契約を結んでいる場合は，当座預金残高を超過して小切手を振り出したときであっても，振り出した小切手の金額を，当座預金勘定の貸方に記入する。当座預金勘定の残高が貸方のときは，当座借越の残高(銀行からの借り入れ額)を示す。

▶17-2

	借	方	貸	方	
7/1	当座預金	350,000	現金	350,000	❶
8	仕入	300,000	当座預金 買掛金	200,000 100,000	
15	備品❷	280,000	当座預金	❸280,000	
20	現金 売掛金	80,000 170,000	売上	250,000	
22	買掛金	100,000	現金 当座預金	80,000 20,000	❹
25	当座預金	❺170,000	売掛金	170,000	

解説 ❶借越限度額¥300,000の契約は簿記上の取引ではないので，仕訳は不要である。
❷事務用ロッカーは相当価格以上(税法では10万円以上)なので，備品勘定(資産)で処理する。
❸預金残高はマイナスになることに注意する。
❹¥80,000については，すでに20日に受け取った小切手(現金勘定で処理してある)を渡した。また残額¥20,000については，小切手を振り出したので，当座預金勘定で処理する。
❺当座借越分は返済することになる。

▶17-3

	借	方	貸	方
12/23	仕入	460,000	当座預金	460,000
26	当座預金	90,000	売掛金	90,000
31	当座預金	70,000	当座借越	70,000

▶17-4

	借	方	貸	方
(1)	当座預金❶	700,000	売掛金	700,000
(2)	買掛金	140,000	当座預金	140,000
(3)	当座預金	390,000	売上	390,000

解説 ❶当座預金勘定が貸方残高のときは，銀行から借り入れていることを意味しており，当座預金口座に預け入れたときに返済することになる。

18 費用の繰り延べ（p.59）

▶18-1

	借	方	貸	方
(1)	前払保険料	18,000	保険料	18,000
(2)	前払家賃	80,000	支払家賃	80,000
(3)	貯蔵品	30,000	通信費	30,000
(4)	貯蔵品	8,000	租税公課	8,000

▶18-2

	借	方	貸	方
整理仕訳	前払利息	8,000	支払利息	8,000
振替仕訳	損益	56,000	支払利息	56,000
再振替仕訳	支払利息	8,000	前払利息	8,000

解説 再振替仕訳は，整理仕訳の貸借反対の仕訳をすればよい。

▶18-3

	借	方	貸	方
3/1	保険料	60,000	当座預金	60,000
12/31	前払保険料	10,000	保険料	10,000
〃	損益	50,000	保険料	50,000
1/1	保険料	10,000	前払保険料	10,000

保険料

3/1	当座預金	60,000	12/31	前払保険料	10,000
			〃	損益	50,000
		60,000			60,000
❷ 1/1	前払保険料	10,000			

前払保険料❶

12/31	保険料	10,000	12/31	**次期繰越**	10,000
1/1	前期繰越	10,000	1/1	保険料	10,000

損益

12/31	保険料	50,000			

解説 ❶前払保険料勘定(資産)の12/31次期繰越および1/1前期繰越の記入を忘れずにおこなうこと。
❷当期から繰り延べられた前払保険料は，次期にはその期の費用となるので，次期の最初の日付で保険料勘定の借方に振り戻す。

▶18-4

	借	方	貸	方
8/10	通信費	135,000	現金	135,000
12/31	貯蔵品	65,000	通信費	65,000
〃	損益	70,000	通信費	70,000
1/1	通信費	65,000	貯蔵品	65,000

通信費

8/10 現金	*135,000*	12/31 貯蔵品	*65,000*
		〃 損益	*70,000*
	135,000		*135,000*
1/1 貯蔵品	*65,000*		

（貯蔵品）

12/31 通信費	*65,000*	12/31 **次期繰越**	*65,000*
1/1 前期繰越	*65,000*	1/1 通信費	*65,000*

損益

12/31 通信費	*70,000*		

▶18-5

ア	前払地代❶	イ	￥ *24,000*	ウ	前払地代❷
エ	損益❸	オ	貯蔵品	カ	￥ *52,000*

解説 ❶支払高から差し引かれるものであるから，繰り延べ（前払地代勘定）である。
❷再振替仕訳から転記されたものである。
❸買入高￥*158,000*から未使用分￥*52,000*を差し引いた￥*106,000*が，当期の費用として損益勘定に振り替えられる。

▶18-6

	借方		貸方	
a	貯蔵品	*13,000*	租税公課	*13,000*
b	前払保険料	❶*140,000*	保険料	*140,000*

解説 ❶前払分は，翌年1月から5月までの5か月分である。
$¥336,000 \times \frac{5か月}{12か月} = ¥140,000$

▶18-7

	借方		貸方	
(1)	貯蔵品	*29,000*	通信費	*29,000*
(2)	貯蔵品	*10,000*	租税公課	*10,000*

19 収益の繰り延べ（p.63）

▶19-1

	借方		貸方	
(1)	受取地代	*36,000*	前受地代	*36,000*
(2)	受取家賃	*200,000*	前受家賃	*200,000*
(3)	前受利息	*14,000*	受取利息	*14,000*

▶19-2

ア	前受家賃❶	イ	前受家賃❷	ウ	受取家賃
エ	受取家賃❷				

解説 ❶受取高から差し引かれるものであるから，繰り延べ（前受家賃勘定）である。
❷再振替仕訳から転記されたものである。

▶19-3

	借方		貸方	
11/1	現金	*90,000*	受取地代	*90,000*
12/31	受取地代	*60,000*	前受地代	*60,000*
〃	受取地代	*30,000*	損益	*30,000*
1/1	前受地代	*60,000*	受取地代	*60,000* ❷

受取地代

12/31 前受地代	*60,000*	11/1 現金	*90,000*
〃 損益	*30,000*		
	90,000		*90,000*
		1/1 前受地代	*60,000* ❷

前受地代❶

12/31 **次期繰越**	*60,000*	12/31 受取地代	*60,000*
1/1 受取地代	*60,000*	1/1 前期繰越	*60,000*

損益

		12/31 受取地代	*30,000*

解説 ❶前受地代勘定（負債）の12/31次期繰越および1/1前期繰越の記入を忘れずにおこなうこと。
❷当期から繰り延べられた前受地代は，次期にはその期の収益となるので，次期の最初の日付で受取地代勘定の貸方に振り戻す。

▶19-4

	借方		貸方	
12/1	手形貸付金	*500,000*	当座預金 受取利息	*460,000* *40,000*
31	受取利息	*30,000*	前受利息	*30,000*
〃	受取利息	*10,000*	損益	*10,000*
1/1	前受利息	*30,000*	受取利息	*30,000*

受取利息

12/31 前受利息	*30,000*	12/1 手形貸付金	*40,000*
〃 損益	*10,000*		
	40,000		*40,000*
		1/1 前受利息	*30,000*

（前受利息）

12/31 **次期繰越**	*30,000*	12/31 受取利息	*30,000*
1/1 受取利息	*30,000*	1/1 前期繰越	*30,000*

損益

		12/31 受取利息	*10,000*

▶**19-5**

精　算　表

勘定科目	残高試算表		整理記入		損益計算書		貸借対照表	
	借方	貸方	借方	貸方	借方	貸方	借方	貸方
受取手数料		*175,000*	*45,000*			*130,000*		
受取家賃		*240,000*	*180,000*			*60,000*		
前受手数料				*45,000*				*45,000*
前受家賃				*180,000*				*180,000*

解説 決算整理仕訳は次のようになる。

a.（借）受取手数料 *45,000*（貸）前受手数料 *45,000*

b.（借）受取家賃 *180,000*（貸）前受家賃 *180,000*

この整理仕訳を精算表の整理記入欄に記入する。

▶**19-6**

	借	方	貸	方	
(1)	受取地代	*60,000*	前受地代	*60,000*	❶
(2)	受取家賃	*150,000*	前受家賃	*150,000*	❷
(3)	受取利息	*17,000*	前受利息	*17,000*	

解説 ❶$¥240,000 \times \frac{3か月(翌年1月分から翌年3月分)}{12か月(本年4月分から翌年3月分)}$

$= ¥60,000$

❷$¥750,000 \times \frac{3か月(来年1月分から来年3月分)}{15か月(本年1月分から来年3月分)}$

$= ¥150,000$

▶**19-7**

借	方	貸	方
前受利息	*8,000*	受取利息	*8,000*

解説 前期から繰り延べられた前受利息勘定の貸方残高は，当期には収益となるので，受取利息勘定の貸方に振り戻す。

▶**19-8**

借	方	貸	方	
受取地代	*14,000*	前受地代	*14,000*	❶

解説 ❶$¥42,000 \times \frac{4か月}{12か月} = ¥14,000$

20 費用の見越し（p.66）

▶**20-1**

	借	方	貸	方
(1)	支払家賃	*150,000*	未払家賃	*150,000*
(2)	支払利息	*30,000*	未払利息	*30,000*
(3)	支払地代	*50,000*	未払地代	*50,000*

▶**20-2**

	勘定科目	金額
損益計算書	支払利息	¥ *60,000*
貸借対照表	未払利息	¥ *20,000*

▶**20-3**

	借	方	貸	方
整理仕訳	支払地代	*27,000*	未払地代	*27,000*
振替仕訳	損益	*108,000*	支払地代	*108,000*
再振替仕訳	未払地代	*27,000*	支払地代	*27,000*

解説 再振替仕訳は，整理仕訳の貸借反対の仕訳をすればよい。

▶**20-4**

	借	方	貸	方
12/31	支払家賃	*80,000*	未払家賃	*80,000*
〃	損益	*480,000*	支払家賃	*480,000*
1/1	未払家賃	*80,000*	支払家賃	*80,000*
4/30	支払家賃	*240,000*	当座預金	*240,000*

支払家賃

	400,000	12/31 損益		*480,000*
12/31 未払家賃	*80,000*			
	480,000			*480,000*
4/30 当座預金	*240,000*	1/1 未払家賃		*80,000*

未払家賃❶

12/31 次期繰越	*80,000*	12/31 支払家賃	*80,000*
1/1 支払家賃	*80,000*	1/1 前期繰越	*80,000*

損　益

12/31 支払家賃	*480,000*		

解説 ❶未払家賃勘定（負債）の12/31次期繰越および1/1前期繰越の記入を忘れずにおこなうこと。

❷未払家賃勘定に計上した金額を，次期の最初の日付で支払家賃勘定の貸方に振り戻す。こうすることによって，4/30に家賃を支払ったとき，支払額をそのまま支払家賃勘定に記入しても，あらかじめ支払家賃勘定の貸方に振り戻されている金額が当期の支払額から差し引かれるので，支払家賃勘定の借方残高が当期の発生額をあらわすことになる。

▶**20-5**

ア	未払地代❶	イ	¥ *21,000*	ウ	損益
エ	支払地代	オ	¥ *21,000*	カ	支払地代❷

解説 ❶支払高に加えられるものであるから，見越し（未払地代勘定）である。

❷再振替仕訳から転記されたものである。

▶**20-6**

	借	方	貸	方
12/31	支払利息	*32,000*	未払利息	*32,000*
〃	損　　益	*96,000*	支払利息	*96,000*
1/1	未払利息	*32,000*	支払利息	*32,000*
2/28	支払利息	*48,000*	現　　金	*48,000*

支　払　利　息

		64,000	12/31	損　　益	*96,000*
12/31	未払利息	*32,000*			
		96,000			*96,000*
2/28	現　　金	*48,000*	1/1	未払利息	*32,000*

（未　払　利　息）

12/31	**次期繰越**	*32,000*	12/31	支払利息	*32,000*
1/1	支払利息	*32,000*	1/1	前期繰越	*32,000*

損　　　益

12/31	支払利息	*96,000*			

▶**20-7**

借	方	貸	方
支払利息	*5,000*	未払利息	*5,000*

▶**20-8**

借	方	貸	方
給　　料	*49,000*	未払給料	*49,000*

解説　当期の費用として見越し計上するとは，その金額分だけ費用の未払いがあることを意味する。したがって，未払給料勘定（負債）の貸方に記入する。

21 収益の見越し（p.69）

▶**21-1**

	借	方	貸	方
(1)	未収利息	*5,000*	受取利息	*5,000*
(2)	未収地代	*10,000*	受取地代	*10,000*
(3)	未収家賃	*25,000*	受取家賃	*25,000*
(4)	現　　金	*90,000*	受取家賃	*90,000*

▶**21-2**

	勘定科目	金　　額
損益計算書	受取利息	¥ *120,000*
貸借対照表	未収利息	¥ *30,000*

▶**21-3**

借	方	貸	方
受取地代	*360,000*	未収地代	*360,000*

解説　前期に見越し計上された未収地代勘定の借方残高は，当期の最初の日付で受取地代勘定の借方に振り戻す。

▶**21-4**

	借	方	貸	方
12/31	未収手数料	*18,000*	受取手数料	*18,000*
〃	受取手数料	*72,000*	損　　益	*72,000*
1/1	受取手数料	*18,000*	未収手数料	*18,000*
3/31	現　　金	*36,000*	受取手数料	*36,000*

受　取　手　数　料

	12/31	損　　益	*72,000*			*54,000*
				12/31	未収手数料	*18,000*
			72,000			*72,000*
❷	1/1	未収手数料	*18,000*	3/31	現　　金	*36,000*

未　収　手　数　料❶

12/31	受取手数料	*18,000*	12/31	**次期繰越**	*18,000*
1/1	前期繰越	*18,000*	1/1	受取手数料	*18,000*

損　　　益

			12/31	受取手数料	*72,000*

解説　❶未収手数料勘定（資産）の12/31次期繰越および1/1前期繰越の記入を忘れずにおこなうこと。
❷未収手数料勘定に計上した金額を，次期の最初の日付で受取手数料勘定の借方に振り戻す。こうすることによって，3/31に手数料を受け取ったとき，受取額をそのまま受取手数料勘定に記入しても，あらかじめ受取手数料勘定の借方に振り戻されている金額が当期の受取額から差し引かれるので，受取手数料勘定の貸方残高が当期の発生高をあらわすことになる。

▶**21-5**

	借	方	貸	方
10/1	定期預金	*800,000*	当座預金	*800,000*
12/31	未収利息	*9,000*	受取利息	*9,000*
〃	受取利息	*9,000*	損　　益	*9,000*
1/1	受取利息	*9,000*	未収利息	*9,000*
9/30	普通預金	*836,000*	定期預金 受取利息	*800,000* *36,000*

受　取　利　息

12/31	損　　益	*9,000*	12/31	未収利息	*9,000*
1/1	未収利息	*9,000*	9/30	普通預金	*36,000*

（未　収　利　息）

12/31	受取利息	*9,000*	12/31	**次期繰越**	*9,000*
1/1	前期繰越	*9,000*	1/1	受取利息	*9,000*

損　　　益

			12/31	受取利息	*9,000*

▶**21-6**

借	方	貸	方
受取家賃	*250,000*	未収家賃	*250,000*

▶**21-7**

①	未収地代	②	¥ 288,000❶

解説 ❶¥144,000×$\dfrac{3か月(10/1～12/31)}{6か月}$=¥72,000

受取地代 (①)

1/1	(未収地代)	72,000	3/31	現金	(144,000)
12/31	損益	(288,000)	9/30	現金	(144,000)
	②		12/31	未収地代	(72,000)
		(360,000)			(360,000)

㉒ 有価証券の評価 (p.72)

▶**22-1**

	借 方		貸 方	
(1)	有価証券	2,250,000	当座預金	2,250,000
(2)	有価証券評価損	180,000	有価証券	180,000

▶**22-2**

	借 方		貸 方		
12/31	有価証券	400,000	有価証券評価益	400,000	❶
〃	有価証券評価益	400,000	損益	400,000	

有価証券

		3,400,000	12/31	次期繰越	3,800,000 ❷
12/31	有価証券評価益	400,000			
		3,800,000			3,800,000
1/1	前期繰越	3,800,000			

有価証券評価益

12/31	損益	400,000	12/31	有価証券	400,000

解説 ❶有価証券評価益=(¥76,000－¥68,000)×50株
=¥400,000

❷有価証券勘定の次期繰越の金額は，評価替え後の金額¥76,000×50株=¥3,800,000となるので，確認することができる。

▶**22-3**

	借 方		貸 方	
(1)	有価証券	560,000	有価証券評価益	❶560,000
(2)	有価証券評価損	❷70,000	有価証券	70,000

解説 評価替えによる帳簿価額と評価額(時価)との差額は，有価証券評価損勘定または有価証券評価益勘定で処理する。

❶有価証券評価益=(¥99,000－¥92,000)×80株
=¥560,000

❷有価証券評価損=¥3,500,000×$\dfrac{¥98－¥96}{¥100}$
=¥70,000

▶**22-4**

	借 方		貸 方	
2/1	有価証券	❶4,850,000	当座預金	4,850,000
12/31	有価証券評価損	❷ 50,000	有価証券	50,000
〃	損益	50,000	有価証券評価損	50,000

有価証券

2/1	当座預金	4,850,000	12/31	有価証券評価損	50,000
			〃	次期繰越	4,800,000
		4,850,000			4,850,000
1/1	前期繰越	4,800,000			

有価証券評価損

12/31	有価証券	50,000	12/31	損益	50,000

損益

12/31	有価証券評価損	50,000			

解説 ❶社債の買入価額=¥5,000,000×$\dfrac{¥97}{¥100}$=¥4,850,000

❷有価証券評価損=¥5,000,000×$\dfrac{¥97－¥96}{¥100}$
=¥50,000

❸有価証券勘定の次期繰越の金額は評価替え後の金額¥5,000,000×$\dfrac{¥96}{¥100}$=¥4,800,000 となるので，確認することができる。

▶**22-5**

	借 方		貸 方	
(1)	有価証券	60,000	有価証券評価益	❶60,000
(2)	有価証券評価損	❷60,000	有価証券	60,000

解説 ❶有価証券評価益=20株×¥75,000
－¥1,440,000(元帳勘定残高)
=¥60,000

❷有価証券評価損=200株×¥6,400
－¥1,340,000(元帳勘定残高)
=(－)¥60,000

㉓ 減価償却（間接法）(p.74)

▶**23-1**

	借 方		貸 方	
(1)	減価償却費	60,000	備品	60,000
(2)	減価償却費	60,000	備品減価償却累計額	60,000

▶**23-2**

借 方		貸 方	
減価償却費	36,000	備品減価償却累計額	36,000

備品

		180,000	12/31	次期繰越	180,000
1/1	前期繰越	180,000			

備品減価償却累計額

12/31	次期繰越	36,000	12/31	減価償却費	36,000
			1/1	前期繰越	36,000

減価償却費

12/31	備品減価償却累計額	36,000	12/31	損益	36,000

備品の帳簿価額	¥ 144,000

▶23-3

借	方	貸	方
減価償却費	*112,500*	備品減価償却累計額	*112,500*

▶23-4

	借	方	貸	方
15年 1/1	車両運搬具	*500,000*	当座預金 未払金❶	*50,000* *450,000*
12/31	減価償却費❷	*100,000*	車両運搬具減価償却累計額	*100,000*
〃	損益	*100,000*	減価償却費	*100,000*
16年 12/31	減価償却費❷	*100,000*	車両運搬具減価償却累計額	*100,000*
〃	損益	*100,000*	減価償却費	*100,000*

車両運搬具❸

15/1/1	諸口	*500,000*	15/12/31	**次期繰越**	*500,000*
16/1/1	前期繰越	*500,000*	16/12/31	**次期繰越**	*500,000*
17/1/1	前期繰越	*500,000*			

車両運搬具減価償却累計額❹

15/12/31	**次期繰越**	*100,000*	15/12/31	減価償却費	*100,000*
16/12/31	**次期繰越**	*200,000*	16/1/1	前期繰越	*100,000*
			16/12/31	減価償却費	*100,000*
		200,000			*200,000*
			17/1/1	前期繰越	*200,000*

減価償却費

15/12/31	車両運搬具減価償却累計額	*100,000*	15/12/31	損益	*100,000*
16/12/31	車両運搬具減価償却累計額	*100,000*	16/12/31	損益	*100,000*

解説 ❶固定資産(商品以外)を購入して代金を後払いにしたときは，未払金勘定を用いる。

❷減価償却費 $=\dfrac{¥500,000-¥0}{5年}=¥100,000$

❸間接法によって記帳しているので，車両運搬具勘定は取得原価のまま次期に繰り返すことに注意する。

❹間接法によって記帳しているので，毎決算時に減価償却累計額は増えることになる。

▶23-5

	第1期	第2期	第3期
定額法	¥ *200,000*	¥ *200,000*	¥ *200,000*
定率法	¥ *400,000*	¥ *300,000*	¥ *225,000*

解説 定額法による減価償却費は，毎期同額で次のように計算する。

(定額法による)減価償却費 $=\dfrac{¥1,600,000-¥0}{8年}=¥200,000$

▶23-6

	借	方	貸	方
20年 1/1	備品	*1,000,000*	当座預金	*1,000,000*
12/31	減価償却費❶	*250,000*	備品減価償却累計額	*250,000*
〃	損益	*250,000*	減価償却費	*250,000*
21年 12/31	減価償却費❷	*187,500*	備品減価償却累計額	*187,500*
〃	損益	*187,500*	減価償却費	*187,500*

備品

20/1/1	当座預金	*1,000,000*	20/12/31	**次期繰越**	*1,000,000*
21/1/1	前期繰越	*1,000,000*	21/12/31	**次期繰越**	*1,000,000*
22/1/1	前期繰越	*1,000,000*			

備品減価償却累計額

20/12/31	**次期繰越**	*250,000*	20/12/31	減価償却費	*250,000*
21/12/31	**次期繰越**	*437,500*	21/1/1	前期繰越	*250,000*
			21/12/31	減価償却費	*187,500*
		437,500			*437,500*
			22/1/1	前期繰越	*437,500*

減価償却費

20/12/31	備品減価償却累計額	*250,000*	20/12/31	損益	*250,000*
21/12/31	備品減価償却累計額	*187,500*	21/12/31	損益	*187,500*

解説 ❶(20年の)減価償却費 $=¥1,000,000\times25\%=¥250,000$

❷(21年の)減価償却費 $=(¥1,000,000-¥250,000)\times25\%=¥187,500$

▶23-7

	借	方	貸	方
(1)	減価償却費❶	*675,000*	備品減価償却累計額	*675,000*
(2)	減価償却費❷	*352,000*	車両運搬具減価償却累計額	*352,000*

解説 ❶減価償却費 $=(¥3,600,000-¥900,000)\times25\%=¥675,000$

❷減価償却費 $=(¥2,200,000-¥440,000)\times20\%=¥352,000$

▶23-8

①	¥ *112,500*❶	②	¥ *175,000*❷

解説 ❶$(¥800,000-¥350,000)\times25\%=¥112,500$

❷$\dfrac{¥5,250,000-¥0}{30年}=¥175,000$

▶23-9

	借	方	貸	方
(1)	減価償却費❶	*225,000*	備品減価償却累計額	*225,000*
(2)	減価償却費❷	*625,000*	備品減価償却累計額	*625,000*

解説 ❶$(¥1,200,000-¥300,000)\times25\%=¥225,000$

❷$\dfrac{¥3,750,000-¥0}{6年}=¥625,000$

◎決算のまとめ

24 精算表（p.78）

▶24-1

(1)

	借	方	貸	方
a	仕入	470,000	繰越商品	470,000
	繰越商品	490,000	仕入	490,000
b	貸倒引当金繰入	❶14,000	貸倒引当金	14,000
c	減価償却費	130,000	備品減価償却累計額	130,000
d	前払保険料	6,000	保険料	6,000
e	貯蔵品	❷2,000	通信費	2,000
f	支払利息	4,000	未払利息	4,000

(2)

精算表

令和○年12月31日

勘定科目	残高試算表		整理記入		損益計算書		貸借対照表	
	借方	貸方	借方	貸方	借方	貸方	借方	貸方
現金	1,545,000						1,545,000	
売掛金	2,000,000						2,000,000	
貸倒引当金		26,000		14,000				40,000
繰越商品	470,000		490,000	470,000			490,000	
備品	780,000						780,000	
備品減価償却累計額		260,000		130,000				390,000
買掛金		1,234,000						1,234,000
借入金		480,000						480,000
資本金		2,500,000						2,500,000
売上		4,400,000				4,400,000		
仕入	3,360,000		470,000	490,000	3,340,000			
給料	460,000				460,000			
支払家賃	210,000				210,000			
通信費	31,000			2,000	29,000			
保険料	24,000			6,000	18,000			
支払利息	20,000		4,000		24,000			
貸倒引当金繰入			14,000		14,000			
減価償却費			130,000		130,000			
前払保険料			6,000				6,000	
貯蔵品			2,000				2,000	
未払利息				4,000				4,000
(当期純利益)					175,000			175,000
	8,900,000	8,900,000	1,116,000	1,116,000	4,400,000	4,400,000	4,823,000	4,823,000

解説 ❶¥2,000,000×0.02＝¥40,000

¥40,000－¥26,000＝¥14,000

❷郵便切手の未使用高は貯蔵品勘定に振り替える。

24-2

精　　算　　表

令和○年12月31日

勘定科目	残高試算表		整理記入		損益計算書		貸借対照表	
	借方	貸方	借方	貸方	借方	貸方	借方	貸方
現金	1,634,000						1,634,000	
受取手形	500,000						500,000	
売掛金	850,000						850,000	
貸倒引当金		15,000		12,000				27,000
繰越商品	1,150,000		1,160,000	1,150,000			1,160,000	
備品	1,080,000						1,080,000	
備品減価償却累計額		270,000		135,000				405,000
買掛金		1,210,000						1,210,000
資本金		3,000,000						3,000,000
売上		8,575,000				8,575,000		
仕入	6,750,000		1,150,000	1,160,000	6,740,000			
給料	940,000				940,000			
保険料	30,000			10,000	20,000			
消耗品費	82,000				82,000			
雑費	54,000				54,000			
	13,070,000	13,070,000						
貸倒引当金繰入			12,000		12,000			
減価償却費			135,000		135,000			
前払保険料			10,000				10,000	
当期純利益					592,000			592,000
			2,467,000	2,467,000	8,575,000	8,575,000	5,234,000	5,234,000

解説　決算整理仕訳は次のとおりである。

a.（借）仕　　入 1,150,000（貸）繰越商品 1,150,000
　（借）繰越商品 1,160,000（貸）仕　　入 1,160,000

b.（借）貸倒引当金繰入 12,000（貸）貸倒引当金 12,000
　（¥500,000＋¥850,000）×0.02－¥15,000＝¥12,000

c.（借）減価償却費 135,000（貸）備品減価償却累計額 135,000

d.（借）前払保険料 10,000（貸）保険料 10,000

▶24-3

精　算　表

令和〇年12月31日

勘定科目	残高試算表		整理記入		損益計算書		貸借対照表	
	借方	貸方	借方	貸方	借方	貸方	借方	貸方
現金	*126,000*						*126,000*	
当座預金	*1,130,000*						*1,130,000*	
売掛金	*3,400,000*						*3,400,000*	
貸倒引当金		*45,000*		*57,000*				*102,000*
有価証券	*1,260,000*		*130,000*				*1,390,000*	
繰越商品	*1,410,000*		*1,460,000*	*1,410,000*			*1,460,000*	
貸付金	*800,000*						*800,000*	
備品	*1,440,000*						*1,440,000*	
備品減価償却累計額		*540,000*		*180,000*				*720,000*
買掛金		*2,970,000*						*2,970,000*
所得税預り金		*93,000*						*93,000*
資本金		*6,000,000*						*6,000,000*
売上		*8,930,000*				*8,930,000*		
受取利息		*48,000*				*48,000*		
仕入	*7,512,000*		*1,410,000*	*1,460,000*	*7,462,000*			
給料	*847,000*				*847,000*			
支払家賃	*310,000*		*62,000*		*372,000*			
保険料	*45,000*			*9,000*	*36,000*			
租税公課	*214,000*			*5,000*	*209,000*			
通信費	*27,000*				*27,000*			
雑費	*105,000*				*105,000*			
	18,626,000	*18,626,000*						
貸倒引当金繰入			*57,000*		*57,000*			
減価償却費			*180,000*		*180,000*			
有価証券評価益				*130,000*		*130,000*		
未払家賃				*62,000*				*62,000*
前払保険料			*9,000*				*9,000*	
貯蔵品❶			*5,000*				*5,000*	
当期純損失						*187,000*	*187,000*	
			3,313,000	*3,313,000*	*9,295,000*	*9,295,000*	*9,947,000*	*9,947,000*

解説 決算整理仕訳は次のとおりである。

a.（借）仕　入 *1,410,000*（貸）繰越商品 *1,410,000*
　（借）繰越商品 *1,460,000*（貸）仕　入 *1,460,000*

b.（借）貸倒引当金繰入 *57,000*（貸）貸倒引当金 *57,000*
　¥3,400,000×0.03－*¥45,000*＝*¥57,000*

c.（借）減価償却費 *180,000*（貸）備品減価償却累計額 *180,000*

d.（借）有価証券 *130,000*（貸）有価証券評価益 *130,000*

e.（借）支払家賃 *62,000*（貸）未払家賃 *62,000*

f.（借）前払保険料 *9,000*（貸）保険料 *9,000*

g.（借）貯蔵品 *5,000*（貸）租税公課 *5,000*

❶収入印紙の未使用高は貯蔵品勘定に振り替える。

▶24-4

精　算　表

令和○年12月31日

勘定科目	残高試算表		整理記入		損益計算書		貸借対照表	
	借方	貸方	借方	貸方	借方	貸方	借方	貸方
現金	337,000						337,000	
売掛金	6,800,000						6,800,000	
貸倒引当金		163,000		(41,000)				(204,000)
繰越商品	2,175,000		(2,308,000)	(2,175,000)			(2,308,000)	
備品	1,440,000						1,440,000	
備品減価償却累計額		720,000		(240,000)				960,000
買掛金		3,335,000						3,335,000
資本金		(5,613,000)	(150,000)					(5,463,000)
引出金	150,000			(150,000)				
売上		13,282,000				(13,282,000)		
仕入	10,630,000		(2,175,000)	(2,308,000)	10,497,000			
給料	1,240,000				(1,240,000)			
消耗品費	287,000				(287,000)			
支払利息	54,000		(6,000)		(60,000)			
	(23,113,000)	(23,113,000)						
貸倒引当金繰入			(41,000)		41,000			
減価償却費			(240,000)		(240,000)			
(未払利息)				(6,000)				6,000
当期(純利益)					(917,000)			(917,000)
			(4,920,000)	(4,920,000)	(13,282,000)	(13,282,000)	(10,885,000)	(10,885,000)

▶24-5

精　算　表

令和○年12月31日

勘定科目	残高試算表		整理記入		損益計算書		貸借対照表	
	借方	貸方	借方	貸方	借方	貸方	借方	貸方
現金	930,000						930,000	
当座預金	1,150,000						1,150,000	
売掛金	2,400,000						2,400,000	
貸倒引当金		9,000		15,000				24,000
有価証券	1,450,000		100,000				1,550,000	
繰越商品	960,000		840,000	960,000			840,000	
貸付金	800,000						800,000	
備品	5,200,000						5,200,000	
備品減価償却累計額		1,950,000		650,000				2,600,000
支払手形		1,660,000						1,660,000
買掛金		2,200,000						2,200,000
資本金		6,400,000						6,400,000
売上		19,063,000				19,063,000		
受取利息		66,000		8,000		74,000		
仕入	12,910,000		960,000	840,000	13,030,000			
給料	4,620,000				4,620,000			
保険料	824,000			336,000	488,000			
通信費	87,000			3,000	84,000			
雑費	17,000				17,000			
	31,348,000	31,348,000						
貸倒引当金繰入			15,000		15,000			
減価償却費			650,000		650,000			
有価証券評価(益)				100,000		100,000		
貯蔵品			3,000				3,000	
前払保険料			336,000				336,000	
(未収)利息			8,000				8,000	
当期純(利益)					333,000			333,000
			2,912,000	2,912,000	19,237,000	19,237,000	13,217,000	13,217,000

解説 決算整理仕訳は次のとおりである。

a. (借)仕　入 960,000 (貸)繰越商品 960,000
　(借)繰越商品 840,000 (貸)仕　入 840,000

b. (借)貸倒引当金繰入 15,000 (貸)貸倒引当金 15,000
　貸倒引当金：¥2,400,000×0.01＝¥24,000
　貸倒引当金繰入：¥24,000－¥9,000＝¥15,000

c. (借)減価償却費 650,000 (貸)備品減価償却累計額 650,000

d. (借)有価証券 100,000 (貸)有価証券評価益 100,000
　有価証券評価益：¥1,550,000－¥1,450,000
　＝¥100,000

e. (借)前払保険料 336,000 (貸)保険料 336,000

f. (借)貯蔵品 3,000 (貸)通信費 3,000

g. (借)未収利息 8,000 (貸)受取利息 8,000

▶**24-6**

精　算　表

令和○年12月31日

勘定科目	残高試算表		整理記入		損益計算書		貸借対照表	
	借方	貸方	借方	貸方	借方	貸方	借方	貸方
現金	*2,334,000*						*2,334,000*	
当座預金		*230,000*	*230,000*					
電子記録債権	*1,800,000*						*1,800,000*	
売掛金	*2,700,000*						*2,700,000*	
貸倒引当金		*9,000*		*36,000*				*45,000*
有価証券	*1,340,000*			*60,000*			*1,280,000*	
繰越商品	*1,470,000*		*1,720,000*	*1,470,000*			*1,720,000*	
備品	*2,800,000*						*2,800,000*	
備品減価償却累計額		*700,000*		*350,000*				*1,050,000*
電子記録債務		*1,570,000*						*1,570,000*
買掛金		*1,851,000*						*1,851,000*
借入金		*1,640,000*						*1,640,000*
資本金		*6,000,000*	*150,000*					*5,850,000*
引出金	*150,000*			*150,000*				
売上		*22,176,000*				*22,176,000*		
仕入	*15,132,000*		*1,470,000*	*1,720,000*	*14,882,000*			
給料	*5,280,000*				*5,280,000*			
支払家賃	*715,000*		❺ *65,000*		*780,000*			
保険料	*228,000*			*45,000*	*183,000*			
租税公課	*86,000*			*2,000*	*84,000*			
雑費	*96,000*				*96,000*			
支払利息	*45,000*				*45,000*			
	34,176,000	*34,176,000*						
貸倒引当金繰入			❶ *36,000*		*36,000*			
減価償却費			❷ *350,000*		*350,000*			
有価証券評価損			❸ *60,000*		*60,000*			
貯蔵品			*2,000*				*2,000*	
前払保険料			❹ *45,000*				*45,000*	
未払家賃				*65,000*				*65,000*
当座借越				*230,000*				*230,000*
当期純利益					*380,000*			*380,000*
			4,128,000	*4,128,000*	*22,176,000*	*22,176,000*	*12,681,000*	*12,681,000*

解説 決算整理仕訳は次のとおりである。

a. (借)仕　入 *1,470,000* (貸)繰越商品 *1,470,000*
　(借)繰越商品 *1,720,000* (貸)仕　入 *1,720,000*

b. (借)貸倒引当金繰入 *36,000* (貸)貸倒引当金 *36,000*
　電子記録債権＋売掛金：¥*1,800,000*＋¥*2,700,000*
　＝¥*4,500,000*
　貸倒引当金：¥*4,500,000*×0.01＝¥*45,000*
　貸倒引当金繰入：¥*45,000*－¥*9,000*＝❶¥*36,000*

c. (借)減価償却費 *350,000* (貸)備品減価償却累計額 *350,000*
　減価償却費：$\frac{¥2{,}800{,}000-¥0}{8年}$＝❷¥*350,000*

d. (借)有価証券評価損 *60,000* (貸)有価証券 *60,000*
　有価証券評価損：(¥*6,400*×200株)－¥*1,340,000*
　＝❸(－)¥*60,000*

e. (借)貯蔵品 *2,000* (貸)租税公課 *2,000*

f. (借)前払保険料 *45,000* (貸)保険料 *45,000*
　前払保険料：¥*180,000*×$\frac{3か月}{12か月}$＝❹¥*45,000*

g. (借)支払家賃 *65,000*❺(貸)未払家賃 *65,000*

h. (借)当座預金 *230,000* (貸)当座借越 *230,000*

i. (借)資本金 *150,000* (貸)引出金 *150,000*

25 帳簿決算 (p.86)

▶**25-1**

	借方		貸方	
(1)	仕入	*1,400,000*	繰越商品	*1,400,000*
	繰越商品	*1,500,000*	仕入	*1,500,000*
(2)	減価償却費	*300,000*	備品減価償却累計額	*300,000*
(3)	有価証券評価損	*50,000*	有価証券	*50,000*
(4)	資本金	*200,000*	引出金	*200,000*

▶**25-2**

繰越商品　4

日付	摘要	金額	日付	摘要	金額
1/1	前期繰越	*950,000*	12/31	仕入	*950,000*
12/31	仕入	*980,000*	〃	**次期繰越**	*980,000*
		1,930,000			*1,930,000*

資本金　9

日付	摘要	金額	日付	摘要	金額
12/31	**次期繰越**	*6,630,000*	1/1	前期繰越	*5,000,000*
			12/31	損益	*1,630,000*
		6,630,000			*6,630,000*

売　上　10

借方	金額	貸方	金額
12/31 損　益	7,000,000		7,000,000

受取手数料　11

借方	金額	貸方	金額
12/31 損　益	150,000		135,000
		12/31 未収手数料	15,000
	150,000		150,000

仕　入　12

借方	金額	貸方	金額
	5,000,000	12/31 繰越商品	980,000
12/31 繰越商品	950,000	〃 損　益	4,970,000
	5,950,000		5,950,000

広　告　料　13

借方	金額	貸方	金額
	200,000	12/31 損　益	240,000
12/31 未払広告料	40,000		
	240,000		240,000

通　信　費　15

借方	金額	貸方	金額
	230,000	12/31 貯蔵品	30,000
		〃 損　益	200,000
	230,000		230,000

貸倒引当金繰入　18

借方	金額	貸方	金額
12/31 貸倒引当金	60,000	12/31 損　益	60,000

減価償却費　19

借方	金額	貸方	金額
12/31 備品減価償却累計額	50,000	12/31 損　益	50,000

損　益　23

借方	金額	貸方	金額
12/31 仕　入	4,970,000	12/31 売　上	7,000,000
〃 広告料	240,000	〃 受取手数料	150,000
〃 通信費	200,000		
〃 貸倒引当金繰入	60,000		
〃 減価償却費	50,000		
〃 資本金	1,630,000		
	7,150,000		7,150,000

借方		貸方	
売　上	7,000,000	損　益	7,150,000
受取手数料	150,000		
損　益	5,520,000	仕　入	4,970,000
		広告料	240,000
		通信費	200,000
		貸倒引当金繰入	60,000
		減価償却費	50,000
損　益	1,630,000	資本金	1,630,000

▶25-3

繰越試算表
令和○年12月31日

借方	勘定科目	貸方
135,000	現金	
3,500,000	売掛金	
	貸倒引当金	175,000
1,890,000	繰越商品	
15,000	前払保険料	
900,000	備品	
	備品減価償却累計額	405,000
	買掛金	3,040,000
	資本金	2,820,000
6,440,000		6,440,000

▶25-4

借方		貸方	
仕　入	1,350,000	繰越商品	1,350,000
繰越商品	1,400,000	仕　入	1,400,000
貸倒引当金繰入	14,000	貸倒引当金	14,000
減価償却費	82,000	備品減価償却累計額	82,000
未収手数料	16,000	受取手数料	16,000
前払保険料	24,000	保険料	24,000
売　上	7,200,000	損　益	7,596,000
受取手数料	396,000		
損　益	6,986,000	仕　入	4,680,000
		給　料	850,000
		保険料	72,000
		支払家賃	1,050,000
		雑　費	238,000
		貸倒引当金繰入	14,000
		減価償却費	82,000
損　益	610,000	資本金	610,000

総勘定元帳

現　金　1

借方	金額	貸方	金額
	4,830,000		2,238,000
		12/31 **次期繰越**	2,592,000
	4,830,000		4,830,000

売掛金　2

借方	金額	貸方	金額
	3,850,000		1,950,000
		12/31 **次期繰越**	1,900,000
	3,850,000		3,850,000

貸倒引当金　3

借方	金額	貸方	金額
12/31 **次期繰越**	57,000		43,000
		12/31 貸倒引当金繰入	14,000
	57,000		57,000

繰越商品　4

借方	金額	貸方	金額
	1,350,000	12/31 仕　入	1,350,000
12/31 仕　入	1,400,000	〃 **次期繰越**	1,400,000
	2,750,000		2,750,000

備　品　5

借方	金額	貸方	金額
	492,000	12/31 **次期繰越**	492,000

備品減価償却累計額　6

借方	金額	貸方	金額
12/31 **次期繰越**	247,000		165,000
		12/31 減価償却費	82,000
	247,000		247,000

買掛金　7

借方	金額	貸方	金額
	1,080,000		3,820,000
12/31 **次期繰越**	2,740,000		
	3,820,000		3,820,000

従業員預り金　8

借方	金額	貸方	金額
12/31 **次期繰越**	50,000		50,000

資本金　9

借方	金額	貸方	金額
12/31 **次期繰越**	3,330,000		2,720,000
		12/31 損　益	610,000
	3,330,000		3,330,000

売上 10

借方	金額	貸方	金額
	50,000		*7,250,000*
12/31 損益	*7,200,000*		
	7,250,000		*7,250,000*

受取手数料 11

借方	金額	貸方	金額
12/31 損益	*396,000*		*380,000*
		12/31 未収手数料	*16,000*
	396,000		*396,000*

仕入 12

借方	金額	貸方	金額
	4,850,000		*120,000*
12/31 繰越商品	*1,350,000*	12/31 繰越商品	*1,400,000*
		〃 損益	*4,680,000*
	6,200,000		*6,200,000*

給料 13

借方	金額	貸方	金額
	850,000	12/31 損益	*850,000*

保険料 14

借方	金額	貸方	金額
	96,000	12/31 前払保険料	*24,000*
		〃 損益	*72,000*
	96,000		*96,000*

支払家賃 15

借方	金額	貸方	金額
	1,050,000	12/31 損益	*1,050,000*

雑費 16

借方	金額	貸方	金額
	238,000	12/31 損益	*238,000*

貸倒引当金繰入 17

借方	金額	貸方	金額
12/31 貸倒引当金	*14,000*	12/31 損益	*14,000*

減価償却費 18

借方	金額	貸方	金額
12/31 備品減価償却累計額	*82,000*	12/31 損益	*82,000*

未収手数料 19

借方	金額	貸方	金額
12/31 受取手数料	*16,000*	12/31 **次期繰越**	16,000

(前払保険料) 20

借方	金額	貸方	金額
12/31 保険料	*24,000*	12/31 **次期繰越**	24,000

損益 21

借方	金額	貸方	金額
12/31 仕入	*4,680,000*	12/31 売上	*7,200,000*
〃 給料	*850,000*	〃 受取手数料	*396,000* ❶
〃 保険料	*72,000*		
〃 支払家賃	*1,050,000*		
〃 雑費	*238,000*		
〃 貸倒引当金繰入	*14,000*		
〃 減価償却費	*82,000*		
❸ 〃 資本金	*610,000*		
	7,596,000		*7,596,000*

(借方の仕入〜減価償却費は❷)

繰越試算表

令和○年12月31日

借方	勘定科目	貸方
2,592,000	現金	
1,900,000	売掛金	
	貸倒引当金	*57,000*
1,400,000	繰越商品	
492,000	備品	
	備品減価償却累計額	*247,000*
	買掛金	*2,740,000*
	従業員預り金	*50,000*
	資本金	*3,330,000*
16,000	未収手数料	
24,000	前払保険料	
6,424,000		*6,424,000*

解説 ❶収益の諸勘定の残高を，損益勘定の貸方に振り替える。
❷費用の諸勘定の残高を，損益勘定の借方に振り替える。
❸損益勘定の貸借差額は，当期純損益であり，資本金勘定に振り替える。

▶25-5

		借方		貸方	
決算整理仕訳	a	仕入	*870,000*	繰越商品	*870,000*
		繰越商品	*850,000*	仕入	*850,000*
	b	貸倒引当金繰入	*46,000*	貸倒引当金	*46,000*
	c	有価証券評価損	*120,000*	有価証券	*120,000*
	d	減価償却費	*162,000*	備品減価償却累計額	*162,000*
	e	受取手数料	*80,000*	前受手数料	*80,000*
	f	貯蔵品	*100,000*	租税公課	*100,000*
	g	雑費	*1,000*	未払雑費	*1,000*
決算振替仕訳		売上	*9,043,000*	損益	*9,328,000*
		受取手数料	*285,000*		
		損益	*8,569,000*	仕入	*7,058,000*
				給料	*1,020,000*
				租税公課	*83,000*
				雑費	*80,000*
				貸倒引当金繰入	*46,000*
				減価償却費	*162,000*
				有価証券評価損	*120,000*
		損益	*759,000*	資本金	*759,000*

総勘定元帳

現金 1

借方	金額	貸方	金額
	8,422,000		*6,180,000*
		12/31 **次期繰越**	2,242,000
	8,422,000		*8,422,000*

売掛金 2

借方	金額	貸方	金額
	5,970,000		*1,770,000*
		12/31 **次期繰越**	4,200,000
	5,970,000		*5,970,000*

貸倒引当金 3

借方	金額	貸方	金額
	100,000		*138,000*
12/31 **次期繰越**	84,000	12/31 貸倒引当金繰入	*46,000*
	184,000		*184,000*

有価証券 4

借方	金額	貸方	金額
	630,000	12/31 有価証券評価損	*120,000*
		〃 **次期繰越**	510,000
	630,000		*630,000*

繰越商品 5

借方	金額	貸方	金額
	870,000	12/31 仕入	*870,000*
12/31 仕入	*850,000*	〃 **次期繰越**	850,000
	1,720,000		*1,720,000*

備品 6

借方	金額	貸方	金額
	810,000	12/31 **次期繰越**	810,000

備品減価償却累計額　7

12/31	**次期繰越**	648,000			486,000
			12/31	減価償却費	162,000
		648,000			648,000

買掛金　8

		2,050,000			5,190,000
12/31	**次期繰越**	3,140,000			
		5,190,000			5,190,000

資本金　9

12/31	**次期繰越**	4,759,000			4,000,000
			12/31	損益	759,000
		4,759,000			4,759,000

売上　10

		75,000			9,118,000
12/31	損益	9,043,000			
		9,118,000			9,118,000

受取手数料　11

12/31	前受手数料	80,000			365,000
〃	損益	285,000			
		365,000			365,000

仕入　12

		7,096,000			58,000
12/31	繰越商品	870,000	12/31	繰越商品	850,000
			〃	損益	7,058,000
		7,966,000			7,966,000

給料　13

		1,020,000	12/31	損益	1,020,000

租税公課　14

		183,000	12/31	貯蔵品	100,000
			〃	損益	83,000
		183,000			183,000

雑費　15

		79,000	12/31	損益	80,000
12/31	未払雑費	1,000			
		80,000			80,000

貸倒引当金繰入　16

12/31	貸倒引当金	46,000	12/31	損益	46,000

減価償却費　17

12/31	備品減価償却累計額	162,000	12/31	損益	162,000

（貯蔵品）　18

12/31	租税公課	100,000	12/31	**次期繰越**	100,000

前受手数料　19

12/31	**次期繰越**	80,000	12/31	受取手数料	80,000

未払雑費　20

12/31	**次期繰越**	1,000	12/31	雑費	1,000

有価証券評価損　21

12/31	有価証券	120,000	12/31	損益	120,000

損益　22

12/31	仕入	7,058,000	12/31	売上	9,043,000
〃	給料	1,020,000	〃	受取手数料	285,000
〃	租税公課	83,000			
〃	雑費	80,000			
〃	貸倒引当金繰入	46,000			
〃	減価償却費	162,000			
〃	有価証券評価損	120,000			
〃	資本金	759,000			
		9,328,000			9,328,000

繰越試算表 ❶

令和○年12月31日

借方	勘定科目	貸方
2,242,000	現金	
4,200,000	売掛金	
	貸倒引当金	84,000
510,000	有価証券	
850,000	繰越商品	
810,000	備品	
	備品減価償却累計額	648,000
	買掛金	3,140,000
	資本金	4,759,000
100,000	貯蔵品	
	前受手数料	80,000
	未払雑費	1,000
8,712,000		8,712,000

解説 ❶繰越試算表は資産・負債・資本に属する勘定の次期繰越の金額から作成し，貸借合計額の一致は各勘定の次期繰越額の計算記録が正確であることを意味する。

▶25-6

総勘定元帳

損益　32

12/31	仕入	12,968,000	12/31	売上	19,056,000
〃	給料	3,504,000	〃	受取手数料	3,000
〃	貸倒引当金繰入	❷ 63,000			
〃	減価償却費	❸ 320,000			
〃	支払家賃	996,000			
〃	保険料	151,000			
〃	通信費	118,000			
〃	雑費	20,000			
〃	支払利息	12,000			
〃	（有価証券評価損）	❹ 60,000			
〃	（資本金）	847,000			
		19,059,000			19,059,000

繰越試算表

令和○年12月31日

借　　方	勘定科目	貸　　方
580,000	現金	
2,890,000	当座預金	
1,450,000	受取手形	
2,150,000	売掛金	
	貸倒引当金	❶ *72,000*
870,000	有価証券	
762,000	繰越商品	
❺ *6,000*	(貯蔵品)	
200,000	前払金	
❻ *84,000*	(前払保険料)	
2,500,000	備品	
	備品減価償却累計額	*1,220,000*
	支払手形	*840,000*
	買掛金	*2,910,000*
	借入金	*600,000*
	(未払利息)	❼ *3,000*
	資本金	*5,847,000*
11,492,000		*11,492,000*

解説 付記事項の仕訳および決算整理仕訳は次のとおりである。

① (借)当座預金 *250,000* (貸)売掛金 *250,000*

a. (借)仕入 *830,000* (貸)繰越商品 *830,000*
(借)繰越商品 *762,000* (貸)仕入 *762,000*

b. (借)貸倒引当金繰入 *63,000* (貸)貸倒引当金 *63,000*
受取手形＋売掛金：*¥1,450,000* ＋*¥2,400,000*－*¥250,000* ＝*¥3,600,000*
貸倒引当金：*¥3,600,000*×0.02＝❶*¥72,000*
貸倒引当金繰入：*¥72,000*－*¥9,000*＝❷*¥63,000*

c. (借)減価償却費 *320,000* (貸)備品減価償却累計額 *320,000*
減価償却費：(*¥2,500,000*－*¥900,000*)×0.2 ＝❸*¥320,000*

d. (借)有価証券評価損 *60,000* (貸)有価証券 *60,000*
有価証券評価損：*¥930,000*－*¥29,000*×30株 ＝❹*¥60,000*

e. (借)貯蔵品 *6,000*❺(貸)通信費 *6,000*

f. (借)前払保険料 *84,000* (貸)保険料 *84,000*
前払保険料：*¥144,000*×$\frac{7か月}{12か月}$＝❻*¥84,000*

g. (借)支払利息 *3,000* (貸)未払利息 *3,000*❼

26 損益計算書・貸借対照表の作成 (p.94)

▶26-1

損益計算書

(栃木商店)　令和○年(1)月(1)日から令和○年(12)月(31)日まで

費用	金額	収益	金額
売上原価	*5,000,000*	売上高	*6,800,000*
貸倒引当金繰入	*20,000*		
減価償却費	*75,000*		

▶26-2

貸借対照表

(栃木商店)　令和○年(12)月(31)日

資産		金額	負債および純資産	金額
現金		*280,000*	支払手形	*450,000*
当座預金		*620,000*	買掛金	*920,000*
売掛金	(*2,000,000*)		借入金	*300,000*
(貸倒引当金)	(*60,000*)	(*1,940,000*)	未払利息	*12,000*
有価証券		(*480,000*)	資本金	*2,300,000*
(商品)		(*400,000*)		
備品	(*450,000*)			
(減価償却累計額)	(*300,000*)	(*150,000*)		

▶26-3

(1)

	借	方	貸	方
①	買掛金	*45,000*	当座預金	*45,000*

(2)

	借	方	貸	方
a	仕入	*820,000*	繰越商品	*820,000*
	繰越商品	*960,000*	仕入	*960,000*
b	貸倒引当金繰入	*82,000*	貸倒引当金	*82,000*
c	減価償却費	*270,000*	備品減価償却累計額	*270,000*
d	有価証券	*72,000*	有価証券評価益	*72,000*
e	未収手数料	*20,000*	受取手数料	*20,000*
f	支払家賃	*40,000*	未払家賃	*40,000*
g	前払保険料	*10,000*	保険料	*10,000*
h	貯蔵品	*2,000*	租税公課	*2,000*

(3)

損益計算書

長野商店　令和○年1月1日から令和○年12月31日まで(単位：円)

費用	金額	収益	金額
売上原価	*15,073,000*	売上高	*18,139,000*
給料	*1,093,000*	(受取手数料)	❹ *95,000*
(貸倒引当金繰入)	*82,000*	(有価証券評価益)	*72,000*
(減価償却費)	*270,000*		
支払家賃	❶ *480,000*		
保険料	❷ *50,000*		
租税公課	❸ *100,000*		
雑費	*87,000*		
支払利息	*76,000*		
(当期純利益)	*995,000*		
	18,306,000		*18,306,000*

貸借対照表

長野商店　令和○年12月31日　(単位：円)

資　　産	金　額	負債および純資産	金　額
現　金	959,000	買掛金	1,635,000
当座預金	2,717,000	借入金	950,000
売掛金 (2,160,000)		(従業員預り金)	62,000
貸倒引当金(108,000)	2,052,000	(未払家賃)	40,000
有価証券	❺1,152,000	資本金	5,000,000
商　品	960,000	(当期純利益)	995,000
(貯蔵品)	2,000		
(未収手数料)	20,000		
(前払保険料)	10,000		
備　品 (1,440,000)			
減価償却累計額(❻630,000)	810,000		
	8,682,000		8,682,000

解説 ❶¥440,000＋決算整理事項f(¥40,000)＝¥480,000

❷¥60,000－決算整理事項g(¥10,000)＝¥50,000

g.　$¥60,000 \times \frac{2か月}{12か月} = ¥10,000$

❸¥102,000－決算整理事項h(¥2,000)＝¥100,000

❹¥75,000＋決算整理事項e(¥20,000)＝¥95,000

❺¥64,000(時価)×18株＝¥1,152,000

❻¥360,000＋決算整理事項c(¥270,000)＝¥630,000

c.　(¥1,440,000－¥360,000)×25％＝¥270,000

▶26-4

損益計算書

福岡商店　令和○年1月1日から令和○年12月31日まで(単位：円)

費　　用	金　　額	収　　益	金　　額
売上原価	6,993,000	売上高	10,780,000
給　料	2,130,000	有価証券売却益	90,000
(貸倒引当金繰入)	❶ 29,000	(有価証券評価益)	❸ 60,000
(減価償却費)	❷ 80,000		
発送費	232,000		
支払家賃	780,000		
保険料	151,000		
(通信費)	88,000		
雑　費	93,000		
(支払利息)	24,000		
(当期純利益)	330,000		
	10,930,000		10,930,000

貸借対照表

福岡商店　令和○年12月31日　(単位：円)

資　　産	金　額	負債および純資産	金　額
現　金	903,000	支払手形	925,000
当座預金	2,191,000	買掛金	1,539,000
受取手形 (1,400,000)		(借入金)	800,000
貸倒引当金(14,000)	1,386,000	(未払利息)	❻ 8,000
売掛金 (2,300,000)		資本金	6,000,000
貸倒引当金(23,000)	2,277,000	(当期純利益)	330,000
(有価証券)	1,980,000		
(商　品)	317,000		
貯蔵品	❹ 3,000		
(前払保険料)	❺ 65,000		
備　品 (1,200,000)			
減価償却累計額(720,000)	480,000		
	9,602,000		9,602,000

解説 付記事項の仕訳および決算整理仕訳は次のとおりである。

①(借)当座預金　78,000　(貸)売掛金　78,000

a.(借)仕　入　281,000　(貸)繰越商品　281,000

(借)繰越商品　317,000　(貸)仕　入　317,000

b.(借)貸倒引当金繰入　29,000　(貸)貸倒引当金　29,000

受取手形＋売掛金：¥1,400,000＋¥2,378,000－¥78,000＝¥3,700,000

貸倒引当金：¥3,700,000×0.01＝¥37,000

貸倒引当金繰入：¥37,000－¥8,000＝❶¥29,000

c.(借)減価償却費　80,000　(貸)備品減価償却累計額　80,000

減価償却費：$\frac{¥1,200,000 - ¥0}{15年}$＝❷¥80,000

d.(借)有価証券　60,000　(貸)有価証券評価益　60,000

有価証券評価益：(¥33,000×60株)－¥1,920,000＝❸¥60,000

e.(借)貯蔵品　3,000　(貸)通信費　3,000

f.(借)前払保険料　65,000　(貸)保険料　65,000

前払保険料：$¥156,000 \times \frac{5か月}{12か月}$＝❺¥65,000

g.(借)支払利息　8,000　(貸)未払利息　8,000

▶26-5

損益計算書

岡山商店　令和○年1月1日から令和○年12月31日まで(単位：円)

費　　用	金　　額	収　　益	金　　額
売上原価	17,240,000	売上高	21,701,000
給　料	1,794,000	有価証券売却益	52,000
(貸倒引当金繰入)	❶ 41,000	(有価証券評価益)	❸ 60,000
(減価償却費)	❷ 552,000		
支払家賃	822,000		
保険料	141,000		
(租税公課)	56,000		
雑　費	80,000		
(支払利息)	108,000		
(当期純利益)	979,000		
	21,813,000		21,813,000

貸借対照表

岡山商店　令和○年12月31日　(単位：円)

資　　産	金　額	負債および純資産	金　額
現　金	298,000	支払手形	307,000
当座預金	3,632,000	(買掛金)	1,543,000
受取手形 (1,800,000)		借入金	2,000,000
貸倒引当金(18,000)	1,782,000	(前受金)	60,000
売掛金 (2,500,000)		(所得税預り金)	90,000
貸倒引当金(25,000)	2,475,000	(未払利息)	❻ 9,000
(有価証券)	1,500,000	資本金	7,451,000
(商　品)	1,850,000	(当期純利益)	979,000
貯蔵品	❹ 5,000		
(前払保険料)	❺ 69,000		
備　品 (2,300,000)			
減価償却累計額(1,472,000)	828,000		
	12,439,000		12,439,000

解説 付記事項の仕訳および決算整理仕訳は次のとおりである。

① (借)現　　金 100,000 (貸)売 掛 金 100,000
a. (借)仕　　入 2,070,000 (貸)繰越商品 2,070,000
(貸)繰越商品 1,850,000 (貸)仕　　入 1,850,000
b. (借)貸倒引当金繰入 41,000 (貸)貸倒引当金 41,000
受取手形＋売掛金：¥1,800,000＋¥2,600,000 −¥100,000＝¥4,300,000
貸倒引当金：¥4,300,000×0.01＝¥43,000
貸倒引当金繰入：¥43,000−¥2,000＝❶¥41,000
c. (借)減価償却費 552,000 (貸)備品減価償却累計額 552,000
減価償却費：(¥2,300,000−¥920,000)×40% ＝❷¥552,000
d. (借)有価証券 60,000 (貸)有価証券評価益 60,000
有価証券評価益：(¥75,000×20株)−¥1,440,000 ＝❸¥60,000
e. (借)貯 蔵 品 5,000 (貸)租税公課 5,000❹
f. (借)前払保険料 69,000 (貸)保 険 料 69,000
前払保険料：¥138,000×$\frac{6か月}{12か月}$＝❺¥69,000
g. (借)支払利息 9,000 (貸)未払利息 9,000❻

▶**26-6**

(1)

総 勘 定 元 帳

損			益		31
12/31	仕　　入	12,200,000	12/31	売　　上	16,905,000
〃	給　　料	2,142,000	〃	受取手数料	123,000
〃	発 送 費	361,000	〃	(有価証券評価益)	❸105,000
〃	(貸倒引当金繰入)	❶ 26,000	〃	固定資産売却益	67,000
〃	(減価償却費)	❷625,000			
〃	支払家賃	756,000			
〃	保 険 料	183,000			
〃	通 信 費	85,000			
〃	雑　　費	29,000			
〃	支払利息	30,000			
〃	(資 本 金)	763,000			
		17,200,000			17,200,000

(2)

貸 借 対 照 表

栃木商店　　令和○年12月31日　　(単位：円)

資　産		金　額	負債および純資産	金　額
現　金		829,000	電子記録債務	971,000
当座預金		2,357,000	買 掛 金	1,156,000
電子記録債権	(1,600,000)		借 入 金	1,500,000
貸倒引当金	(16,000)	1,584,000	(未払利息)	❻ 10,000
売 掛 金	(1,900,000)		資 本 金	7,000,000
貸倒引当金	(19,000)	1,881,000	(当期純利益)	763,000
有価証券		1,925,000		
商　品		1,520,000		
(貯 蔵 品)		❹ 9,000		
(前払保険料)		❺ 45,000		
備　品	(3,750,000)			
減価償却累計額	(2,500,000)	1,250,000		
		11,400,000		11,400,000

解説 付記事項の仕訳および決算整理仕訳は次のとおりである。

① (借)発 送 費 16,000 (貸)雑　　費 16,000
a. (借)仕　　入 1,240,000 (貸)繰越商品 1,240,000
(借)繰越商品 1,520,000 (貸)仕　　入 1,520,000
b. (借)貸倒引当金繰入 26,000 (貸)貸倒引当金 26,000
電子記録債権＋売掛金：¥1,600,000＋¥1,900,000 ＝¥3,500,000
貸倒引当金：¥3,500,000×0.01＝¥35,000
貸倒引当金繰入：¥35,000−¥9,000＝❶¥26,000
c. (借)減価償却費 625,000 (貸)備品減価償却累計額 625,000
減価償却費：$\frac{¥3,750,000−¥0}{6年}$＝❷¥625,000
d. (借)有価証券 105,000 (貸)有価証券評価益 105,000
有価証券評価益：(¥55,000×35株)−¥1,820,000 ＝❸¥105,000
e. (借)貯 蔵 品 9,000 (貸)通 信 費 9,000❹
f. (借)前払保険料 45,000 (貸)保 険 料 45,000
前払保険料：¥180,000×$\frac{3か月}{12か月}$＝❺¥45,000
g. (借)支払利息 10,000 (貸)未払利息 10,000❻

◎本支店の取引

27 本支店間の取引（p.104）

▶27-1

		借	方	貸	方
(1)	本店	支　店	*400,000*	現　金	*400,000*
	支店	現　金	*400,000*	本　店	*400,000*
(2)	本店	支　店	*300,000*	仕　入	*300,000*
	支店	仕　入	*300,000*	本　店	*300,000*
(3)	本店	買掛金	*200,000*	支　店	*200,000*
	支店	本　店	*200,000*	当座預金	*200,000*

▶27-2

		借	方	貸	方
(1)	本店	支　店	*200,000*	損　益	*200,000*
	支店	損　益	*200,000*	本　店	*200,000*
(2)	本店	支　店	*60,000*	現　金	*60,000*
	支店	旅　費	*60,000*	本　店	*60,000*
(3)	本店	損　益	*100,000*	支　店	*100,000*
	支店	本　店	*100,000*	損　益	*100,000*

▶27-3

	借	方	貸	方
(1)	仕　入 現　金	*500,000* *300,000*	本　店	*800,000* ❶
(2)	現　金	*360,000*	本　店	*360,000*
(3)	本　店	*440,000*	現　金	*440,000*
(4)	本　店	*80,000*	現　金	*80,000*

解説 ❶商品を受け取った福岡支店では，仕入勘定の借方に記入する。なお，商品を原価で送付した本店では，仕入勘定の貸方に記入する。

▶27-4

	借	方	貸	方
(1)	仕　入	*21,000*	支　店	*21,000*
(2)	現　金	*280,000*	支　店	*280,000*
(3)	通信費 支　店	*12,000* *6,000*	現　金	*18,000*
(4)	損　益	*290,000*	支　店	*290,000*
(5)	支　店	*240,000*	損　益	*240,000*

解説 ❶支店の通信費負担分¥*6,000*を本店が代わりに支払ったため，支店に対する債権が増加する。

28 支店相互間の取引（p.107）

▶28-1

		借	方	貸	方
(1)	福岡支店	本　店	*200,000*	現　金	*200,000*
	熊本支店	現　金	*200,000*	本　店	*200,000*
	本　店	熊本支店	*200,000*	福岡支店	*200,000*
(2)	長崎支店	本　店	*350,000*	仕　入	*350,000*
	佐賀支店	仕　入	*350,000*	本　店	*350,000*
	本　店	佐賀支店	*350,000*	長崎支店	*350,000*

▶28-2

		借	方	貸	方
(1)❶	大分支店	本　店	*200,000*	現　金	*200,000*
	宮崎支店	買掛金	*200,000*	本　店	*200,000*
	本　店	宮崎支店	*200,000*	大分支店	*200,000*
(2)❷	長崎支店	現　金	*250,000*	本　店	*250,000*
	熊本支店	本　店	*250,000*	売掛金	*250,000*
	本　店	長崎支店	*250,000*	熊本支店	*250,000*

解説 ❶大分支店は現金で支払った相手を本店と考えればよい。
宮崎支店は買掛金を本店に支払ってもらったと考えればよい。
本店は支払ってあげた宮崎支店に債権があり，支払ってもらった大分支店に債務があると考えればよい。
❷長崎支店は小切手を受け取り，熊本支店は売掛金が減少した。相手はそれぞれ本店と考えればよい。
本店は債権がどちらにあり，債務がどちらにあるかを考えればよい。

▶28-3

	借	方	貸	方	
(1)	本　　店	180,000	当座預金	180,000	❶
(2)	旅　　費	50,000	本　　店	50,000	❷
(3)	佐賀支店	200,000	福岡支店	200,000	❸
(4)	現　　金	500,000	本　　店	500,000	❹

解説 ❶天王寺支店が小切手を振り出して支払った相手は本店と考える。

❷香川支店の旅費を支払ってくれたのは本店と考えればよい。

❸入金をした支店に債権が，振り込んでもらった支店に債務が生じると考えて仕訳すればよい。

❹土佐支店が小切手を受け取った相手は本店と考えればよい。

▶28-4

	借	方	貸	方	
(1)	本　　店	150,000	売　掛　金	150,000	❶
(2)	販売費及び一般管理費	60,000	当座預金	90,000	❷
	本　　店	30,000			
(3)	広　告　料	80,000	室戸支店	150,000	❸
	土佐支店	70,000			

解説 ❶佐賀支店の売掛金が本店により回収されたと考えればよい。

❷松山支店は販売費及び一般管理費¥60,000，本店分¥30,000を小切手を振り出して支払ったと考えればよい。

❸室戸支店の仕訳

(借)本　　店　150,000　(貸)現　　金　150,000

土佐支店の仕訳

(借)広 告 料　70,000　(貸)本　　店　70,000

▶28-5

	借	方	貸	方	
(1)	本　　店	500,000	現　　金	500,000	❶
(2)	高岡支店	760,000	黒部支店	760,000	❷
(3)	仙台支店	180,000	白石支店	180,000	❸
(4)	仕　　入	180,000	本　　店	180,000	❹
(5)	大垣支店	530,000	高山支店	530,000	❺

解説 ❶宇和島支店の仕訳

(借)当座預金　500,000　(貸)本　　店　500,000

本店の仕訳

(借)宇和島支店　500,000　(貸)松山支店　500,000

❷高岡支店の仕訳

(借)現　　金　760,000　(貸)本　　店　760,000

黒部支店の仕訳

(借)本　　店　760,000　(貸)売 掛 金　760,000

❸白石支店の仕訳

(借)本　　店　180,000　(貸)現　　金　180,000

仙台支店の仕訳

(借)現　　金　180,000　(貸)本　　店　180,000

❹氷見支店の仕訳

(借)本　　店　180,000　(貸)仕　　入　180,000

本店の仕訳

(借)魚津支店　180,000　(貸)氷見支店　180,000

❺高山支店の仕訳

(借)本　　店　530,000　(貸)現　　金　530,000

大垣支店の仕訳

(借)買 掛 金　530,000　(貸)本　　店　530,000

29 合併貸借対照表（本支店の財務諸表の合併）(p.110)

▶29-1

		借	方	貸	方
(1)	本　店	支　　店	7,000	支払家賃	7,000
	支　店	支払家賃	7,000	本　　店	7,000
(2)	本　店	支　　店	❶10,800	支払利息	10,800
	支　店	支払利息	10,800	本　　店	10,800
(3)	本　店	給　　料	60,000	支　　店	❷60,000
	支　店	本　　店	60,000	給　　料	60,000

支店勘定残高と本店勘定残高の一致額	¥ 107,800 ❸

解説 ❶¥36,000×30%＝¥10,800

❷$¥360,000 \times \frac{2か月}{12か月} = ¥60,000$

❸

支　　店

借方	貸方
(元帳残高150,000)	(3)　60,000
(1)　7,000	} ¥107,800
(2)　10,800	

本　　店

借方	貸方
(3)　60,000	(元帳残高150,000)
¥107,800 {	(1)　7,000
	(2)　10,800

▶29-2

(1)

借	方	貸	方
本　　店	8,000	支　　店	8,000

(2)

貸借対照表 ❶

松山商店　　令和○年12月31日

資　産	金　額	負債および純資産	金　額
現　　金	11,700	買　掛　金	21,500
売　掛　金	22,600	借　入　金	15,000
商　　品	14,800	資　本　金	40,000
建　　物	23,000	当期純利益	7,600
備　　品	12,000		
	84,100		84,100

解説 ❶支店勘定と本店勘定を相殺し，他の勘定残高を単純に合算する。

▶29-3

(1)

		借	方	貸	方
a	本店	支店	21,000	広告料	21,000
	支店	広告料	21,000	本店	21,000
b	本店	給料	❶240,000	支店	240,000
	支店	本店	240,000	給料	240,000
c	本店	支店	200,000	支払家賃	200,000
	支店	支払家賃	200,000	本店	200,000

(2)

支店勘定・本店勘定の一致額	¥ 301,000

(3)

借	方	貸	方
本店	301,000	支店	301,000

解説 ❶$¥720,000 \times \frac{2か月}{6か月} = ¥240,000$

30 合併損益計算書(本支店の財務諸表の合併)(p.113)

▶30-1

損益計算書 ❶

沖縄商店　令和○年1月1日から令和○年12月31日まで

費用	金額	収益	金額
売上原価	75,000	売上高	97,000
販売費及び一般管理費	13,700		
支払利息	700		
当期純利益	7,600		
	97,000		97,000

解説 ❶単純に合算すればよい。

▶30-2

(1)

		借	方	貸	方
1	本店	支店	40,000	支払家賃	40,000
	支店	支払家賃	40,000	本店	40,000
2	本店	支店	30,000	支払利息	30,000
	支店	支払利息	30,000	本店	30,000
3	本店	給料	39,000	支店	39,000
	支店	本店	39,000	給料	39,000

(2)

	借	方	貸	方
a	仕入	115,000	繰越商品	115,000
	繰越商品	140,000	仕入	140,000
b	貸倒引当金繰入	2,000	貸倒引当金	❶ 2,000
c	減価償却費	27,500	備品	27,500

(3)

支店損益計算書

琉球商店(那覇支店)　令和○年1月1日から令和○年12月31日まで

費用	金額	収益	金額
売上原価	❷ 595,000	売上高	920,000
給料	117,000		
貸倒引当金繰入	2,000		
減価償却費	27,500		
支払家賃	40,000		
支払利息	30,000		
当期純利益	108,500		
	920,000		920,000

解説 ❶¥250,000×2%－貸倒引当金残高¥3,000＝¥2,000
❷期首商品棚卸高¥115,000＋当期商品仕入高¥620,000
－期末商品棚卸高¥140,000＝売上原価¥595,000

▶30-3

貸借対照表

四国商店　令和○年12月31日

資産		金額	負債および純資産	金額
現金		346,800	支払手形	135,000
売掛金	(355,000)		買掛金	273,700
貸倒引当金	(7,100)	347,900	借入金	150,000
商品		254,500	資本金	1,500,000
建物		800,000	当期純利益	❶ 105,500
備品		415,000		
		2,164,200		2,164,200

損益計算書

四国商店　令和○年1月1日から令和○年12月31日まで

費用	金額	収益	金額
売上原価	2,029,500	売上高	2,609,300
給料	275,000		
貸倒引当金繰入	4,300		
減価償却費	140,000		
支払家賃	35,000		
支払利息	20,000		
❶当期純利益	105,500		
	2,609,300		2,609,300

解説 ❶本店の当期純利益¥150,300－支店の当期純損失¥44,800
＝合併の当期純利益¥105,500

▶**30-4**

(1)

支店勘定・本店勘定の一致額	¥ 480,000

(2)

貸借対照表

徳島商店 令和○年12月31日

資産		金額	負債および純資産	金額
現金		1,653,000	買掛金	620,000
売掛金	(710,000)		借入金	1,500,000
貸倒引当金	(14,200)	695,800	資本金	1,000,000
商品		305,000	当期純利益	143,800
建物		450,000		
備品		160,000		
		3,263,800		3,263,800

損益計算書

徳島商店 令和○年1月1日から令和○年12月31日まで

費用	金額	収益	金額
売上原価	1,790,000	売上高	2,605,000
給料	350,000		
貸倒引当金繰入	6,200		
減価償却費	90,000		
支払家賃	150,000		
支払利息	75,000		
当期純利益	143,800		
	2,605,000		2,605,000

解説 未処理事項の修正仕訳

1. 〔本店〕(借)支　店 35,000 (貸)支払家賃 35,000
   〔支店〕(借)支払家賃 35,000 (貸)本　店 35,000
2. 〔本店〕(借)支　店 30,000 (貸)支払利息 30,000
   〔支店〕(借)支払利息 30,000 (貸)本　店 30,000
3. 〔本店〕(借)給　料 15,000 (貸)支　店 15,000
   〔支店〕(借)本　店 15,000 (貸)給　料 15,000

本店の決算整理仕訳

a. (借)仕　入 210,000 (貸)繰越商品 210,000
   (借)繰越商品 180,000 (貸)仕　入 180,000
b. (借)貸倒引当金繰入 4,200 (貸)貸倒引当金 4,200
c. (借)減価償却費 75,000 (貸)建　物 25,000
   備　品 50,000

支店の決算整理仕訳

a. (借)仕　入 115,000 (貸)繰越商品 115,000
   (借)繰越商品 125,000 (貸)仕　入 125,000
b. (借)貸倒引当金繰入 2,000 (貸)貸倒引当金 2,000
c. (借)減価償却費 15,000 (貸)備　品 15,000

◎伝　票

31 3 伝票の集計と転記 (p.120)

▶**31-1**

仕訳集計表

借方	元丁	勘定科目	元丁	貸方
80,000		現金		100,000
80,000		当座預金		70,000
70,000		売掛金		130,000
120,000		買掛金		50,000
		売上		70,000
50,000		仕入		
20,000		販売費及び一般管理費		
420,000				420,000

▶**31-2**

(1)

仕訳集計表

令和○年1月7日

借方	元丁	勘定科目	元丁	貸方
❶185,000	1	現金	1	❷115,000
200,000		当座預金		180,000
803,000		売掛金		300,000
120,000		支払手形		178,000
243,000	6	買掛金	6	❹320,000
❸15,000	16	売上	16	803,000
		受取手数料		40,000
320,000		仕入		23,000
53,000		消耗品費		
20,000		雑費		
1,959,000				1,959,000

(2)

総勘定元帳

現金 1

1/1	前期繰越	513,000	1/7	仕訳集計表	115,000 ❺
❺ 7	仕訳集計表	185,000			

買掛金 6

❺ 1/7	仕訳集計表	243,000	1/1	前期繰越	513,000
			7	仕訳集計表	320,000 ❺

売上 16

❺ 1/7	仕訳集計表	15,000	1/7	仕訳集計表	803,000 ❺

(3)

買掛金元帳

目黒商店 1

❻ 1/7	手形支払い	178,000	1/1	前月繰越	170,000
			7	仕入れ	178,000 ❻

杉並商店 2

❻ 1/7	現金支払い	42,000	1/1	前月繰越	215,000
			7	仕入れ	142,000 ❻

練馬商店 3

❻ 1/7	仕入返品	23,000	1/1	前月繰越	128,000

解説 ❶入金伝票の金額を合計し,現金の借方に記入する。
❷出金伝票の金額を合計し,現金の貸方に記入する。
❸出金伝票と振替伝票(借方)の同じ科目の金額を合計し,その科目の借方に記入する。
❹入金伝票と振替伝票(貸方)の同じ科目の金額を合計し,その科目の貸方に記入する。
❺仕訳集計表から各勘定に転記し,相手科目は仕訳集計表と記入する。また,転記後,仕訳集計表の元丁欄に勘定口座番号を記入する。

❻買掛金元帳は各伝票から直接記入する。なお，買掛金元帳の摘要は伝票名でもよい。

▶31-3

仕訳集計表
令和○年1月12日

借方	元丁	勘定科目	元丁	貸方
1,122,150	1	現金	1	1,163,150
960,750		当座預金		741,600
		売掛金		295,900
30,000		受取商品券		
50,000		前払金		
525,000		買掛金		571,200
		売上		693,850
571,200		仕入		
100,000		広告料		
50,700		旅費		
6,480		租税公課		
12,700		消耗品費		
35,500		水道光熱費		
1,020		雑費		
200		支払利息		
3,465,700				3,465,700

総勘定元帳

現金 1

	借方		貸方
	3,750,000		1,326,000
1/12	1,122,150	1/12	1,163,150

解説 取引を伝票に記入してから集計する。なお，不要な伝票は空欄のままにしておく。また，現金勘定には，伝票集計後に仕訳集計表から転記する。転記後，仕訳集計表の元丁欄に現金勘定の口座番号1を記入する。

最初の取引の伝票

振替伝票（借方）		振替伝票（貸方）	
受取商品券	30,000	売上	30,000

次の取引の伝票

出金伝票	
前払金	50,000

▶31-4

仕訳集計表
令和○年6月1日

借方	元丁	勘定科目	元丁	貸方
728,500		現金		239,800
160,000		当座預金		311,400
1,055,500		売掛金		630,000
		仮払金		50,000
		支払手形		180,000
429,000		買掛金		447,800
		前受金		50,000
		売上		1,055,500
		受取手数料		40,000
		受取利息		600
447,800		仕入		
75,070		広告料		
46,550		交通費		
44,500		旅費		
18,180		消耗品費		
3,005,100				3,005,100

売掛金元帳

伊東商店 1

		借方		貸方
6/1	前月繰越	150,000	6/1	120,000
〃		370,000		

熱海商店 2

		借方		貸方
6/1	前月繰越	120,000	6/1	100,000
〃		285,500		

下田商店 3

		借方		貸方
6/1	前月繰越	270,000	6/1	160,000

箱根商店 4

		借方		貸方
6/1	前月繰越	300,000	6/1	250,000
〃		400,000		

解説 取引を伝票に記入してから集計する。なお，不要な伝票は空欄のままにしておく。また，売掛金元帳は，各伝票から直接記入する。

最初の取引の伝票

振替伝票（借方）		振替伝票（貸方）	
仕入	240,000	買掛金(大磯商店)	240,000

仕入取引については，すべていったん全額を掛け取引として処理するので，仕入額¥240,000を掛け仕入れとして振替伝票に記入する。

振替伝票（借方）		振替伝票（貸方）	
買掛金(大磯商店)	180,000	支払手形	180,000

約束手形¥180,000の振り出しは，買掛金の支払いとして振替伝票に記入する。

出金伝票	
買掛金(大磯商店)	60,000

残額の現金¥60,000も買掛金の支払いとして出金伝票に記入する。

次の取引の伝票

入金伝票	
前受金	50,000

他人振り出しの小切手を受け取ったときは現金として処理する。

▶31-5

仕訳集計表
令和○年1月8日

借方	元丁	勘定科目	元丁	貸方
1,905,100		現金		1,275,400
835,000		当座預金		566,300
400,000		受取手形		380,000
71,000		売掛金		678,500
		(支払手形)		200,000
615,500		買掛金		295,500
		前受金		100,000
60,000	25	売上	25	1,509,000
		受取手数料		73,600
1,020,000		仕入		
120,000		広告料		
37,900		交通費		
12,500		消耗品費		
1,300		支払利息		
5,078,300				5,078,300

総勘定元帳

売	上		25
	107,000		*3,726,000*
1/8	*60,000*	1/8	*1,509,000*

解説 取引を伝票に記入してから集計する。また，売上勘定には，伝票集計後に仕訳集計表から転記する。転記後，仕訳集計表の元丁欄に売上勘定の口座番号25を記入する。

最初の取引の伝票

振替伝票（借方）		振替伝票（貸方）	
仕入	*200,000*	支払手形	*200,000*

いったん全額を掛け取引として処理する指示がないので，仕入代金のうち約束手形の¥*200,000*を振替伝票に記入する。

出金伝票	
仕入	*90,000*

残額の現金¥*90,000*は現金による仕入れとして出金伝票に記入する。

次の取引の伝票

入金伝票	
受取手数料	*3,600*

▶31-6

仕訳集計表
令和○年4月1日

借方	元丁	勘定科目	元丁	貸方
1,510,200		現金		*754,400*
695,000		当座預金		*467,000*
1,370,000		売掛金		*1,100,800*
		貸付金		*200,000*
399,500		買掛金		*669,500*
		(仮受金)		*250,000*
100,000		前受金		*36,000*
27,800		売上		*1,370,000*
		受取手数料		*70,000*
		受取利息		*1,200*
669,500		仕入		*20,500*
125,060		広告料		
1,070		交通費		
41,270		消耗品費		
4,939,400				*4,939,400*

買掛金元帳

石垣商店			1
4/1	*190,000*	4/1 前月繰越	*200,000*
		〃	*298,500*

那覇商店			2
4/1	*89,000*	4/1 前月繰越	*150,000*
〃	*20,500*		

宮古島商店			3
4/1	*100,000*	4/1 前月繰越	*270,000*
		〃	*371,000*

解説 取引を伝票に記入してから集計する。なお，不要な伝票は空欄のままにしておく。また，買掛金元帳は，各伝票から直接記入する。

最初の取引の伝票

振替伝票（借方）		振替伝票（貸方）	
売掛金(別府商店)	*570,000*	売上	*570,000*

売上取引については，すべていったん全額を掛け取引として処理するので，売上額¥*570,000*を掛け売り上げとして振替伝票に記入する。

振替伝票（借方）		振替伝票（貸方）	
前受金	*100,000*	売掛金(別府商店)	*100,000*

さきに受け取っていた内金¥*100,000*は売掛金の減少として振替伝票に記入する。

次の取引の伝票

入金伝票	
仮受金	*250,000*

◎その他の取引

固定資産の売却・訂正仕訳（p.126）

▶32-1

借方		貸方	
備品減価償却累計額	135,000	備品	300,000
現金	50,000		
固定資産売却損	115,000		

▶32-2

借方		貸方	
車両運搬具減価償却累計額	360,000	車両運搬具	600,000
未収入金	280,000	固定資産売却益	40,000

▶32-3

借方		貸方	
備品減価償却累計額	270,000	備品	500,000
営業外受取手形	200,000		
固定資産売却損	30,000		

▶32-4

	借方		貸方	
(1)	現金過不足	4,000	現金	4,000
(2)	前払金	120,000	買掛金	120,000
	(または現金	120,000	買掛金	120,000
	前払金	120,000	現金	120,000)

▶32-5

	借方		貸方	
(1)	備品❶	500,000	営業外支払手形	500,000
(2)	備品減価償却累計額	450,000	備品	500,000
	現金	15,000		
	固定資産売却損❷	35,000		

解説 ❶事務用パーソナルコンピュータは備品勘定を用いる。

❷取得原価¥500,000から減価償却累計額¥450,000を差し引いて帳簿価額¥50,000を求める。この帳簿価額¥50,000と売却代金¥15,000との差額¥35,000が固定資産売却損となる。

▶32-6

	借方		貸方	
(1)	車両運搬具	1,200,000	当座預金	400,000
			未払金	800,000
(2)	減価償却費❶	240,000	車両運搬具減価償却累計額	240,000
(3)	車両運搬具減価償却累計額❷	960,000	車両運搬具	1,200,000
	未収入金	230,000		
	固定資産売却損	10,000		

解説 ❶減価償却費 $=\dfrac{¥1,200,000-0}{5年}=¥240,000$

❷5年目初頭の売却なので，4年分の減価償却累計額が計上されている。

減価償却累計額＝¥240,000×4年＝¥960,000

▶32-7

借方		貸方	
建物減価償却累計額	❶900,000	建物	2,000,000
現金	1,200,000	固定資産売却益	❷100,000

解説 ❶建物減価償却累計額は取得原価から帳簿価額を差し引いて求める。

減価償却累計額＝¥2,000,000－¥1,100,000＝¥900,000

❷固定資産売却益は売却代金と帳簿価額との差額で求める。

固定資産売却益＝¥1,200,000－¥1,100,000＝¥100,000

▶32-8

	借方		貸方	
(1)	消耗品費	1,800	現金過不足	1,800
(2)	修繕費	10,000	備品	10,000
	(または現金	10,000	備品	10,000
	修繕費	10,000	現金	10,000)
(3)	買掛金	30,000	仕入	30,000
	売上	30,000	売掛金	30,000
(4)	売掛金	140,000	前受金	140,000
	(または売掛金	540,000	現金	540,000
	現金	540,000	前受金	140,000
			売掛金	400,000)

解説 訂正の問題は，誤っていた仕訳の反対の仕訳で誤りを消滅させ，正しい仕訳をあらためておこなう。

▶32-9

	借方		貸方	
(1)	備品減価償却累計額	400,000	備品	500,000
	未収入金	80,000		
	固定資産売却損	20,000		
(2)	備品減価償却累計額❶	465,000	備品	620,000
	当座預金	205,000	固定資産売却益	50,000
(3)	備品減価償却累計額	720,000	備品	1,200,000
	営業外受取手形	400,000		
	固定資産売却損	80,000		

解説 ❶備品減価償却累計額は取得原価¥620,000から帳簿価額¥155,000を差し引いて求める。

▶32-10

	借方		貸方	
(1)	売上	50,000	売掛金	50,000
	買掛金	50,000	仕入	50,000
(2)	発送費	14,000	雑費	14,000
	(または現金	14,000	雑費	14,000
	発送費	14,000	現金	14,000)
(3)	売掛金	200,000	前受金	200,000
(4)	備品	300,000	消耗品費	300,000

解説 ❶雑費の発生が誤った処理なので，雑費を減少させ，正しい発送費勘定で処理する。

❷売掛金の回収が誤った処理なので，売掛金を増加させ，正しい前受金勘定で処理する。

❸消耗品費の発生が誤った処理なので，消耗品費を減少させ，正しい備品勘定で処理する。

◎計算の問題

計算問題（p.130）

▶33-1

(1)	当期純利益 ¥ 216,000	(2)	期末資本 ¥ 1,140,000
(3)	期首の買掛金 ¥ 182,000		

解説 (1)当期純利益：
¥4,324,000－(¥3,227,000＋¥875,000＋¥6,000)
＝¥216,000
(2)期末資本：
¥1,520,000(期末資産合計)－¥380,000(期末負債合計)
＝¥1,140,000
(3)期首の買掛金：
①期首資本
¥1,140,000－¥216,000＋¥150,000＝¥1,074,000
②買 掛 金
¥1,256,000(期首資産合計)－¥1,074,000＝¥182,000

▶33-2

a	仕 入 高 ¥ 7,496,000	b	期首負債 ¥ 1,320,000

解説 a 期首商品棚卸高＋純仕入高－期末商品棚卸高＝売上原価に代入して求める。
なお，期末商品棚卸高は繰越試算表の繰越商品¥650,000である。
¥630,000＋仕入高－¥650,000＝¥7,476,000
仕入高＝¥7,496,000
b 期末資本に追加元入額・引出金・当期純利益を加減して期首資本を求める。次に，期首資産から期首資本を差し引いて期首負債を求める。
なお，期末資本は繰越試算表の資本金¥1,765,000であり，当期純利益は収益から費用を差し引いて求める。
当期純利益：
¥9,370,000＋¥50,000－¥7,476,000－¥1,418,000
－¥12,000＝¥514,000
期首資本：
期首資本＋¥150,000－¥90,000＋¥514,000＝¥1,765,000
期首資本＝¥1,191,000
期首負債：
¥2,511,000－¥1,191,000＝¥1,320,000

▶33-3

a	売上原価 ¥ 6,980,000	b	期首資本 ¥ 1,700,000

解説 a 収益－費用＝当期純利益に代入して求める。
¥9,427,000＋¥53,000－売上原価－¥1,930,000
＝¥570,000
売上原価＝¥6,980,000
b 資本金勘定の前期繰越は期首資本，次期繰越は期末資本，損益は当期純利益¥570,000であるから，資本金勘定の次期繰越と損益の金額を入れて差額で前期繰越（＝期首資本）を求める。
なお，期末資本は期末資産総額から期末負債総額を差し引いて求める。
期末資本：
¥3,820,000－¥1,430,000＝¥2,390,000
期首資本：
¥20,000＋¥2,390,000－¥140,000－¥570,000
＝¥1,700,000

▶33-4

a	仕 入 高 ¥ 2,070,000	b	期首資産 ¥ 2,137,000

解説 a 期首商品棚卸高＋純仕入高－期末商品棚卸高＝売上原価に代入して求める。
なお，売上原価は損益勘定の仕入¥2,100,000である。
¥450,000＋仕入高－¥420,000＝¥2,100,000
仕入高＝¥2,070,000
b 期末資本から当期純利益と追加元入額を差し引いて期首資本を求める。次に，期首資本に期首負債を加えて期首資産を求める。
なお，期末資本は期末資産から期末負債を差し引いて求め，当期純利益は損益勘定の資本金¥463,000である。
期末資本：
¥2,830,000－¥970,000＝¥1,860,000
期首資本：
期首資本＋¥463,000＋¥120,000＝¥1,860,000
期首資本＝¥1,277,000
期首資産：
¥1,277,000＋¥860,000＝¥2,137,000

▶33-5

a	仕 入 高 ¥ 5,309,000	b	期間中の追加元入額 ¥ 60,000

解説 a 期首商品棚卸高＋純仕入高－期末商品棚卸高＝売上原価に代入して求める。
なお，期末商品棚卸高は繰越試算表の繰越商品¥370,000である。
¥280,000＋仕入高－¥370,000＝¥5,219,000
仕入高＝¥5,309,000
b 期首資本＋当期純利益＋追加元入額－引出金＝期末資本に代入して求める。
なお，期首資本は期首の資産総額から期首の負債総額を差し引いて求め，期末資本は繰越試算表の資本金¥1,440,000である。また，当期純利益は収益から費用を差し引いて求める。
期首資本：
¥1,740,000－¥450,000＝¥1,290,000
当期純利益：
¥6,140,000－¥5,219,000－¥615,000－¥130,000
－¥6,000＝¥170,000
追加元入額：
¥1,290,000＋¥170,000＋追加元入額－¥80,000
＝¥1,440,000
追加元入額＝¥60,000

▶33-6

a	仕 入 高 ¥ 4,890,000	b	期末の負債総額 ¥ 2,749,000

解説 a 期首商品棚卸高＋純仕入高－期末商品棚卸高＝売上原価に代入して求める。なお，繰越商品勘定の前期繰越高¥1,640,000は期首商品棚卸高であり，次期繰越高¥1,580,000が期末商品棚卸高である。
¥1,640,000＋仕入高－¥1,580,000＝¥4,950,000

仕入高＝¥4,890,000

b 期末の負債総額は期末資産から期末資本を差し引いて求める。期末資本は資本金勘定の次期繰越の金額であり，貸方の損益の金額は当期純利益の額となる。当期純利益は収益から費用を差し引いて求める。

当期純利益：収益から費用を引く

(¥7,420,000＋¥36,000)－(¥4,950,000＋¥2,130,000＋¥183,000)＝¥193,000

期末資本：資本金勘定の貸方合計から借方合計を引く

(¥3,820,000＋¥140,000＋¥193,000)－¥180,000＝¥3,973,000

期末の負債総額：

¥6,722,000－¥3,973,000＝¥2,749,000

▶33-7

a	仕入高 ¥ 3,945,000	b	期首の負債総額 ¥ 1,129,000

解説 a 期首商品棚卸高＋純仕入高－期末商品棚卸高＝売上原価に代入して求める。

なお，売上原価は損益勘定の仕入¥3,923,000である。

¥290,000＋仕入高－¥312,000＝¥3,923,000

仕入高＝¥3,945,000

b 期末資本から当期純利益と追加元入額を差し引いて引出金を加えて期首資本を求める。次に，期首資産から期首資本を差し引いて期首負債を求める。

なお，期末資本は期末資産から期末負債を差し引いて求め，当期純利益は損益勘定の資本金¥294,000である。

期末資本：

¥4,120,000－¥880,000＝¥3,240,000

期首資本：

期首資本＋¥294,000＋¥200,000－¥175,000＝¥3,240,000

期首資本＝¥2,921,000

期首負債：

¥4,050,000－¥2,921,000＝¥1,129,000

▶33-8

a	仕入高 ¥ 5,220,000	b	期首の買掛金 ¥ 600,000

解説 a 期末資産－期末負債＝期末資本から期末商品を求め，期末商品を期首商品棚卸高＋純仕入高－期末商品棚卸高＝売上原価に代入して求める。

なお，期末資本は資本金勘定の次期繰越¥1,692,000であり，売上原価は損益勘定の仕入¥5,200,000である。

期末商品：

¥585,000＋¥727,000＋商品＋¥490,000－¥610,000＝¥1,692,000

期末商品＝¥500,000

仕入高：

¥480,000＋仕入高－¥500,000＝¥5,200,000

仕入高＝¥5,220,000

b 資本金勘定の前期繰越（＝期首資本）を求め，期首資産－期首負債＝期首資本に代入して求める。

なお，資本金勘定の貸方の12/31には当期純利益の金額が損益として記入される。当期純利益は損益勘定の資本金¥272,000である。

期首資本：

¥1,722,000－¥100,000－¥272,000＝¥1,350,000

期首の買掛金：

¥370,000＋¥540,000＋¥480,000＋¥560,000－買掛金＝¥1,350,000

期首の買掛金＝¥600,000

▶33-9

a	売上原価 ¥ 3,890,000	b	売掛金の貸し倒れ高 ¥ 21,000

解説 b 売掛金勘定に必要な資料を記入し，借方と貸方の差額として求める。

売　掛　金

借方		貸方	
期　首	450,000	回　収	3,950,000
掛け売上	3,930,000	**貸し倒れ**	
		期　末	409,000

¥450,000＋¥3,930,000＝¥3,950,000＋貸し倒れ＋¥409,000

貸し倒れ＝¥21,000

▶33-10

a	期首の負債総額 ¥ 1,743,000	b	期末の売掛金 ¥ 739,000

解説 a 期末資本から当期純利益と追加元入額を差し引いて引出金を加えて期首資本を求める。次に，期首資産から期首資本を差し引いて期首負債を求める。

なお，期末資本は繰越試算表の資本金¥1,802,000である。

期首資本：

期首資本＋¥405,000＋¥70,000－¥190,000＝¥1,802,000

期首資本＝¥1,517,000

期首資産：

¥1,078,000＋¥892,000＋¥540,000＋¥750,000＝¥3,260,000

期首負債：

¥3,260,000－¥1,517,000＝¥1,743,000

b 売掛金勘定に必要な資料を記入し，借方と貸方の差額として求める。

売　掛　金

借方		貸方	
期　首	892,000	回　収	8,913,000
掛け売上	8,760,000	}期　末	

¥892,000＋¥8,760,000－¥8,913,000＝¥739,000

▶33-11

a	仕入高 ¥ 3,794,000	b	引出金 ¥ 85,000

解説 a 収益総額から当期純利益を差し引いて費用総額を求め，費用総額から決算整理仕訳の仕入の金額（＝売上原価）を求める。次に，期首商品棚卸高＋純仕入高－期末商品棚卸高＝売上原価に代入して仕入高を求める。

なお，決算整理仕訳の貸方の損益¥4,850,000は収益総額であり，借方の損益¥290,000は当期純利益である。また，決算整理仕訳の仕入の金額は売上原価である。

費用総額：
¥4,850,000－¥290,000＝¥4,560,000
売上原価：
売上原価＋¥720,000＋¥80,000＋¥46,000
＝¥4,560,000
売上原価＝¥3,714,000
仕入高：
¥450,000＋仕入高－¥530,000＝¥3,714,000
仕入高＝¥3,794,000

b 期首資本＋当期純利益＋追加元入額－引出金＝期末資本に代入して求める。
なお，期首資本と期末資本はそれぞれ資産から負債を差し引いて求める。
期首資本：
¥1,950,000－¥690,000＝¥1,260,000
期末資本：
¥2,465,000－¥870,000＝¥1,595,000
引出金：
¥1,260,000＋¥290,000＋¥130,000－引出金
＝¥1,595,000
引出金＝¥85,000

▶33-12

a	¥ 23,000	b	¥ 4,487,000	c	¥ 1,541,000

解説 a 収益総額から当期純利益を差し引いて費用総額を求め，費用総額から決算整理仕訳の雑費の金額を求める。決算整理仕訳の貸方の損益¥6,324,000は収益総額であり，借方の損益¥461,000が当期純利益である。
費用総額：
¥6,324,000－¥461,000＝¥5,863,000
雑費の金額：
¥5,863,000－¥4,517,000－¥948,000－¥375,000
＝¥23,000

b 期首商品棚卸高＋純仕入高－期末商品棚卸高＝売上原価に代入して求める。なお，売上原価は決算整理仕訳の仕入¥4,517,000である。
¥520,000＋仕入高－¥490,000＝¥4,517,000
仕入高＝¥4,487,000

c 期末資産から期末負債を差し引いて期末資本を求める。次に，期首資本＋当期純利益＋追加元入－引出金＝期末資本に代入して，期首資本の金額を求め，期首資産から期首資本を差し引いて期首の負債総額を求める。
期末資本：
¥2,960,000－¥1,250,000＝¥1,710,000
期首資本：
期首資本＋¥461,000＋¥100,000－¥140,000
＝¥1,710,000
期首資本＝¥1,289,000
期首の負債総額：
¥2,830,000－¥1,289,000＝¥1,541,000

◎株式会社の記帳

 株式会社の設立・開業・株式の発行（p.136）

▶34-1

	借　方		貸　方		
(1)	当座預金	10,000,000	資本金	10,000,000	❶
(2)	当座預金	18,000,000	資本金	18,000,000	❷
(3)	当座預金	33,000,000	資本金 資本準備金	30,000,000 3,000,000	❸
(4)	当座預金	15,000,000	資本金 資本準備金	10,000,000 5,000,000	❹

解説 ❶資本金：¥50,000×200株＝¥10,000,000
❷資本金：¥60,000×300株＝¥18,000,000
❸資本金：¥50,000×600株＝¥30,000,000
資本準備金：¥5,000×600株＝¥3,000,000
❹資本金：¥50,000×200株＝¥10,000,000
資本準備金：¥25,000×200株＝¥5,000,000

▶34-2

	借　方		貸　方		
(1)	当座預金	15,000,000	資本金 資本準備金	10,000,000 5,000,000	❶
(2)	当座預金	21,000,000	資本金 資本準備金	18,000,000 3,000,000	❷
(3)	当座預金	16,000,000	資本金 資本準備金	10,000,000 6,000,000	❸

解説 ❶資本金：¥40,000×250株＝¥10,000,000
資本準備金：¥20,000×250株＝¥5,000,000
❷資本金：¥60,000×300株＝¥18,000,000
資本準備金：¥10,000×300株＝¥3,000,000
❸資本金：¥50,000×200株＝¥10,000,000
資本準備金：¥30,000×200株＝¥6,000,000

▶34-3

	借　方		貸　方	
(1)	創立費	200,000	当座預金	200,000
(2)	開業費	150,000	当座預金	150,000
(3)	株式交付費	600,000	当座預金	600,000

▶34-4

	借　方		貸　方		
(1)	当座預金	10,000,000	資本金	10,000,000	❶
(2)	当座預金	9,000,000	資本金 資本準備金	5,000,000 4,000,000	❷
(3)	当座預金	18,000,000	資本金	18,000,000	❸
(4)	当座預金	10,000,000	資本金 資本準備金	5,000,000 5,000,000	❹

解説 ❶資本金：¥50,000×200株＝¥10,000,000
❷資本金：¥50,000×100株＝¥5,000,000
資本準備金：¥40,000×100株＝¥4,000,000
❸資本金：¥60,000×300株＝¥18,000,000

❹資本金：¥50,000×100株＝¥5,000,000
資本準備金：¥50,000×100株＝¥5,000,000

▶34-5

	借方		貸方		
(1)	当座預金	15,000,000	資本金	10,000,000	
			資本準備金	5,000,000	❶
	創立費	750,000	当座預金	750,000	
(2)	創立費	700,000	当座預金	700,000	
(3)	開業費	350,000	当座預金	350,000	❷
(4)	当座預金	21,000,000	資本金	15,000,000	
			資本準備金	6,000,000	❸
	株式交付費	900,000	当座預金	900,000	
(5)	当座預金	75,000,000	資本金	37,500,000	
			資本準備金	37,500,000	❹
	創立費	500,000	当座預金	500,000	

解説 ❶資本金：¥50,000×200株＝¥10,000,000
資本準備金：¥25,000×200株＝¥5,000,000
会社設立までの諸費用：創立費勘定
❷設立後から開業までの諸費用：開業費勘定
❸資本金：¥50,000×300株＝¥15,000,000
資本準備金：¥20,000×300株＝¥6,000,000
❹資本金：¥30,000×1,250株＝¥37,500,000
資本準備金：¥30,000×1,250株＝¥37,500,000

▶34-6

	借方		貸方		
(1)	当座預金	32,000,000	資本金	16,000,000	
			資本準備金	16,000,000	❶
	株式交付費	450,000	当座預金	450,000	
(2)	開業費	200,000	現金	200,000	❷
(3)	当座預金	42,000,000	資本金	21,000,000	
			資本準備金	21,000,000	❸
	創立費	860,000	当座預金	860,000	
(4)	株式交付費	600,000	当座預金	600,000	❹
(5)	当座預金	20,000,000	資本金	10,000,000	
			資本準備金	10,000,000	❺
	株式交付費	360,000	当座預金	360,000	
(6)	当座預金	21,000,000	資本金	12,000,000	
			資本準備金	9,000,000	❻
	創立費	560,000	当座預金	560,000	

解説 ❶資本準備金：¥40,000×400株＝¥16,000,000
❷設立後から開業までの諸費用：開業費勘定
❸資本金：¥70,000×300株＝¥21,000,000
設立のための株式発行費用：創立費勘定
❹事業拡張のために株式を発行した諸費用：株式交付費勘定
❺資本金：¥50,000×200株＝¥10,000,000
資本準備金：¥50,000×200株＝¥10,000,000
増資のための株式発行費用：株式交付費勘定
❻資本金：¥40,000×300株＝¥12,000,000
資本準備金：¥30,000×300株＝¥9,000,000
設立のための株式発行費用：創立費勘定

▶34-7

	借方		貸方	
(1)	当座預金	51,000,000	資本金	30,000,000
			資本準備金	21,000,000
	創立費	460,000	当座預金	460,000
(2)	当座預金	52,000,000	資本金	32,000,000
			資本準備金	20,000,000
	株式交付費	460,000	当座預金	460,000
(3)	当座預金	36,000,000	資本金	20,000,000
			資本準備金	16,000,000
	創立費	370,000	当座預金	370,000
(4)	当座預金	24,000,000	資本金	24,000,000
	創立費	470,000	当座預金	470,000
(5)	株式交付費	760,000	当座預金	760,000
(6)	当座預金	35,000,000	資本金	20,000,000
			資本準備金	15,000,000
	株式交付費	480,000	当座預金	480,000

35 剰余金の処分 (p.142)

▶35-1

	借方		貸方	
(1)	損益	2,000,000	繰越利益剰余金	2,000,000
(2)	繰越利益剰余金	1,620,000	未払配当金	1,200,000
			利益準備金	120,000
			新築積立金	300,000
(3)	未払配当金	1,200,000	当座預金	1,200,000
(4)	損益	3,000,000	繰越利益剰余金	3,000,000

解説 ❶純利益は損益勘定で算定され，損益勘定から繰越利益剰余金勘定に振り替える。

▶35-2

	借方		貸方	
(1)	損益	3,200,000	繰越利益剰余金	3,200,000
(2)	繰越利益剰余金	3,050,000	未払配当金	2,500,000
			利益準備金	250,000
			新築積立金	300,000

解説 ❶未払配当金：¥5,000×500株＝¥2,500,000

▶35-3

	借方		貸方	
(1)	繰越利益剰余金	550,000	損益	550,000
(2)	別途積立金	550,000	繰越利益剰余金	550,000
(3)	損益	400,000	繰越利益剰余金	400,000

▶35-4

	借	方	貸	方
(1)	損　益	1,840,000	繰越利益剰余金	1,840,000
(2)	繰越利益剰余金	260,000	損　益	260,000
(3)	新築積立金 別途積立金	1,000,000 500,000	繰越利益剰余金	1,500,000
(4)	別途積立金	1,700,000	繰越利益剰余金	1,700,000

▶35-5

	借	方	貸	方
(1)	損　益	4,600,000	繰越利益剰余金	4,600,000
(2)	繰越利益剰余金	4,100,000	未払配当金 利益準備金 別途積立金	2,000,000 200,000 1,900,000
(3)	未払配当金	2,000,000	当座預金	2,000,000
(4)	損　益	4,900,000	繰越利益剰余金	4,900,000

▶35-6

		借	方	貸	方
(1)	ア	繰越利益剰余金	850,000	損　益	850,000
	イ	別途積立金	400,000	繰越利益剰余金	400,000
	ウ	損　益	300,000	繰越利益剰余金	300,000

(2)	(貸)方残高　¥　200,000 ❶

解説 ❶下記のように，繰越利益剰余金勘定を書いて求める。

繰越利益剰余金

ア	850,000		350,000
		イ	400,000
(残高)	200,000	ウ	300,000

▶35-7

	借	方	貸	方
(1)	繰越利益剰余金	2,800,000	未払配当金 利益準備金 別途積立金	2,000,000 200,000 600,000
(2)	繰越利益剰余金	2,600,000	未払配当金 利益準備金 新築積立金	2,000,000 200,000 400,000
(3)	繰越利益剰余金	485,000	損　益	485,000
(4)	別途積立金	380,000	繰越利益剰余金	380,000
(5)	損　益	3,000,000	繰越利益剰余金	3,000,000

▶35-8

	借	方	貸	方
○1/3/31	損　益	1,340,000	繰越利益剰余金	1,340,000
○1/6/28	繰越利益剰余金	1,200,000	未払配当金 利益準備金 新築積立金 別途積立金	750,000 75,000 200,000 175,000
○1/7/ 1	未払配当金	750,000	当座預金	750,000
○2/3/31	損　益	1,530,000	繰越利益剰余金	1,530,000

繰越利益剰余金

3/31	**次期繰越**	1,340,000	3/31	損　益	1,340,000
6/28	未払配当金	(750,000)	4/ 1	前期繰越	1,340,000
〃	利益準備金	(75,000)	3/31	(損　益)	(1,530,000)
〃	新築積立金	(200,000)			
〃	別途積立金	(175,000)			
3/31	**次期繰越**	(1,670,000)			
		(2,870,000)			(2,870,000)

未払配当金

7/ 1	(当座預金)	(750,000)	6/28	(繰越利益剰余金)	(750,000)

利益準備金

3/31	**次期繰越**	(75,000)	6/28	(繰越利益剰余金)	(75,000)

▶35-9

	借	方	貸	方
(1)	損　益	2,210,000	繰越利益剰余金	2,210,000
(2)	繰越利益剰余金	837,000	損　益	837,000
(3)	繰越利益剰余金	4,123,000	未払配当金 利益準備金 別途積立金	2,030,000 203,000 1,890,000
(4)	損　益	2,700,000	繰越利益剰余金	2,700,000
(5)	繰越利益剰余金	3,779,000	未払配当金 利益準備金 別途積立金	1,890,000 189,000 1,700,000
(6)	繰越利益剰余金	2,130,000	未払配当金 利益準備金 別途積立金	1,700,000 170,000 260,000
(7)	繰越利益剰余金	2,633,000	未払配当金 利益準備金 新築積立金	2,030,000 203,000 400,000

36 株式会社の税金（p.149）

▶36-1

	借	方	貸	方
(1)	仮払法人税等	300,000	現　　金	300,000 ❶
(2)	法人税等	700,000	仮払法人税等 未払法人税等	300,000 400,000 ❷
(3)	未払法人税等	400,000	現　　金	400,000

解説 ❶法人税・住民税及び事業税を中間申告で納付したとき：仮払法人税等勘定
❷法人税・住民税及び事業税の決算時の未払分：未払法人税等勘定

▶36-2

	借	方	貸	方
(1)	法人税等	740,000	仮払法人税等 未払法人税等	400,000 340,000
(2)	未払法人税等	400,000	現　　金	400,000
(3)	租税公課	285,000	未払税金	285,000 ❶

解説 ❶受け取った納税通知書の金額を租税公課として計上したときは，(貸方)未払税金勘定となる。

▶36-3

	借	方	貸	方
2/25	未払法人税等	310,000	当座預金	310,000
6/28	仮払法人税等	280,000	当座預金	280,000
12/31	法人税等	540,000	仮払法人税等 未払法人税等	280,000 260,000

仮払法人税等

6/28	当座預金	280,000	12/31	法人税等	280,000

未払法人税等

2/25	当座預金	310,000	1/1	前期繰越	310,000
12/31	**次期繰越**	260,000	12/31	法人税等	260,000
		570,000			570,000

▶36-4

	借	方	貸	方
(1)	仮払法人税等	1,790,000	当座預金	1,790,000
(2)	法人税等	2,950,000	仮払法人税等 未払法人税等	1,210,000 1,740,000
(3)	未払法人税等	1,200,000	現　　金	1,200,000
(4)	仮払法人税等	1,065,000	当座預金	1,065,000

◎全商検定試験出題形式別問題

37 仕訳の問題（p.152）

▶37-1

	借	方	貸	方
(1)	仕　　入 仮払消費税	80,000 8,000	買掛金	88,000
(2)	売掛金	110,000	売　　上 仮受消費税	100,000 10,000
(3)	仮受消費税	10,000	仮払消費税 未払消費税	8,000 2,000
(4)	車両運搬具	980,000	営業外支払手形 未払金	500,000 480,000
(5)	備品減価償却累計額 営業外受取手形 固定資産売却損	600,000 100,000 100,000	備　　品	800,000
(6)	不渡手形	103,000	営業外受取手形 現　　金	100,000 3,000
(7)	クレジット売掛金 支払手数料	196,000 ❶4,000	売　　上	200,000
(8)	当座預金	196,000	クレジット売掛金	196,000

解説 ❶¥200,000×2％＝¥4,000
❷¥200,000－¥200,000×2％＝¥196,000

▶37-2

	借	方	貸	方
(1)	未収入金	8,000	雑　　益	8,000
(2)	貸倒引当金 貸倒損失	220,000 84,600	不渡手形	304,600
(3)	支　　店	680,000	損　　益	680,000
(4)	前払金	350,000	買掛金	350,000
(5)	備品減価償却累計額 未収入金 固定資産売却損	825,000 620,000 55,000	備　　品	1,500,000
(6)	受取商品券	30,000	売　　上	30,000
(7)	仮払法人税等	1,130,000	当座預金	1,130,000

解説 ❶不渡手形の金額¥304,600のうち，貸倒引当金残高を超える分については，貸倒損失勘定に計上する。
❷支店では次のように仕訳をしている。
(借)損　　益 680,000　(貸)本　　店 680,000
❸誤った仕訳
(借)買掛金 350,000　(貸)当座預金 350,000
正しい仕訳
(借)前払金 350,000　(貸)当座預金 350,000
したがって，訂正仕訳は解答のようになる。
❹備品の売却代金の未収分は，売掛金勘定ではなく，未収入金勘定で処理する。
❺法人税・住民税及び事業税の中間申告額は，仮払法人税等勘定に計上する。

▶37-3

	借方		貸方		
(1)	本店	250,000	現金	250,000	❶
(2)	現金	547,800	不渡手形 受取利息	544,000 3,800	❷
(3)	受取手形	246,800	受取手形 受取利息	244,000 2,800	❸
(4)	損益	3,260,000	繰越利益剰余金	3,260,000	❹
(5)	当座預金 創立費	37,500,000 320,000	資本金 資本準備金 当座預金	25,000,000 12,500,000 320,000	
(6)	所得税預り金	80,000	現金	80,000	
(7)	買掛金	320,000	電子記録債務	320,000	
(8)	電子記録債権	130,000	売掛金	130,000	

解説 ❶本店集中計算制度を採用しているため，本店を相手として取引したように記帳する。
❷手形代金を受け取ったことにより償還請求権がなくなるので，不渡手形勘定(資産)は貸方になる。
❸手形の書き換えでは，借方・貸方とも受取手形勘定に記入する。
❹株式会社なので，当期純利益は繰越利益剰余金勘定の貸方に振り替える。

▶37-4

	借方		貸方		
(1)	仮払法人税等	2,125,000	当座預金	2,125,000	
(2)	不渡手形	561,800	受取手形 現金	560,000 1,800	❶
(3)	繰越利益剰余金	320,000	損益	320,000	❷
(4)	未払法人税等	530,000	現金	530,000	
(5)	開業費	3,300,000	当座預金	3,300,000	❸
(6)	支店	60,000	広告料	60,000	❹
(7)	受取家賃	350,000	未収家賃	350,000	❺

解説 ❶償還請求費用は不渡手形に含める。
❷株式会社なので，当期純損失は繰越利益剰余金勘定の借方に振り替える。
❸会社設立後，開業までの諸費用は開業費である。
❹支店負担分の広告料は支店勘定に振り替えるため，広告料勘定から差し引く。
❺未収収益は，次期の最初の日付で，もとの収益の勘定に再振替する。

▶37-5

	借方		貸方		
(1)	支払手形 支払利息	700,000 4,000	支払手形 現金	700,000 4,000	❶
(2)	法人税等	3,260,000	仮払法人税等 未払法人税等	1,600,000 1,660,000	
(3)	仕入	22,000	支店	22,000	❷
(4)	繰越利益剰余金	4,450,000	未払配当金 利益準備金 別途積立金	3,700,000 370,000 380,000	
(5)	未払法人税等	620,000	現金	620,000	
(6)	当座預金	150,000	電子記録債権	150,000	
(7)	電子記録債務	240,000	当座預金	240,000	
(8)	買掛金	123,000	電子記録債権	123,000	

解説 ❶旧手形と新手形を交換したときは，借方・貸方ともに支払手形勘定に計上する。
❷支店では次のように仕訳をしている。
(借)本　店 22,000 (貸)仕　入 22,000

▶37-6

	借方		貸方		
(1)	車両運搬具	2,300,000	営業外支払手形 未払金	2,000,000 300,000	
(2)	手形借入金 支払利息	4,300,000 12,000	手形借入金 現金	4,300,000 12,000	❶
(3)	広告料 呉支店	65,000 48,000	下関支店	113,000	❷
(4)	当座預金 株式交付費	70,000,000 860,000	資本金 資本準備金 当座預金	35,000,000 35,000,000 860,000	❸
(5)	法人税等	1,360,000	仮払法人税等 未払法人税等	570,000 790,000	❹
(6)	現金	180,000	受取商品券	180,000	
(7)	当座預金 電子記録債権売却損	496,000 4,000	電子記録債権	500,000	

解説 ❶手形を振り出して現金を借り入れたときは，手形借入金勘定(負債)で仕訳する。
❷下関支店の仕訳
(借)本　店 113,000 (貸)現　金 113,000
呉支店の仕訳
(借)広告料 48,000 (貸)本　店 48,000
❸原則は全額資本金であるが，例外として払込金額の$\frac{1}{2}$を超えない額を資本金としないことができる。その場合には，資本準備金勘定で処理する。
❹未払額＝¥1,360,000－¥570,000＝¥790,000
中間申告のときに次のように仕訳してある。
(借)仮払法人税等 570,000 (貸)現金など 570,000

38 計算の問題（p.158）

▶38-1

a	仕　入　高	¥ 1,998,000❶
b	繰越利益剰余金勘定の次期繰越高（アの金額）	¥ 837,000❷

解説 ❶損益勘定借方の仕入は売上原価をあらわしており，期首商品棚卸高に当期純仕入高を加えて期末商品棚卸高を引いて求める。よって，
仕入高＝売上原価¥2,138,000+期末商品棚卸高¥620,000－期首商品棚卸高¥760,000＝¥1,998,000
となる。
❷繰越利益剰余金勘定貸方の損益は，損益勘定借方から振り替えたものであるので¥635,000である。よって，繰越利益剰余金勘定の貸方合計を求めて，借方の利益準備金，未払配当金，別途積立金を差し引いて次期繰越高を求める。

▶38-2

①	¥ 480,000 ❶	②	¥ 240,000 ❶	③	損　　益

解説 ❶6か月分の支払額：前期繰越額（1月から3月の3か月分）が¥240,000であることから，6か月分は¥240,000÷3か月×6か月＝¥480,000

▶38-3

a	b
¥ 3,490,000 ❶	¥ 860,000 ❷

解説 ❶売上原価：収益－売上原価以外の費用－当期純利益
＝(¥4,714,000＋¥26,000)－¥965,000－¥285,000
＝¥3,490,000
❷期首資本金：引出金＋次期繰越（期末の資本）－現金－損益（当期純利益）
＝¥10,000＋(¥1,920,000－¥715,000)－¥70,000－¥285,000＝¥860,000

▶38-4

a	仕 入 高 ¥ 4,057,000 ❶	b	引 出 金 ¥ 94,000

解説 ❶仕訳帳の損益の空欄には総費用の金額が入る。
総費用：総収益（売上）－当期純利益
＝¥5,320,000－¥360,000＝¥4,960,000
仕訳帳の仕入の空欄には売上原価の金額が入る。
売上原価の金額は貸借の差額で求める。
売上原価＝¥4,960,000－(¥830,000＋¥82,000＋¥48,000)
＝¥4,000,000
仕入高：売上原価－期首商品棚卸高＋期末商品棚卸高
＝¥4,000,000－¥461,000＋¥518,000＝¥4,057,000

▶38-5

a	仕 入 高 ¥ 6,415,000	b	期末の借入金 ¥ 281,000

▶38-6

①	法 人 税 等	②	¥ 450,000 ❶

解説 ❶未払法人税等：法人税等－仮払法人税等（前期計上額の$\frac{1}{2}$）
＝¥850,000－¥800,000×$\frac{1}{2}$＝¥450,000

▶38-7

a	仕 入 高 ¥ 2,520,000 ❶	b	期首資産 ¥ 2,160,000

解説 ❶仕入高：売上原価－期首商品棚卸高＋期末商品棚卸高
＝¥2,580,000－¥490,000＋¥430,000＝¥2,520,000

▶38-8

①	¥ 200,000 ❶	②	¥ 10,000 ❷	③	損　　益

解説 ❶減価償却費（建物）：(¥6,000,000－¥0)÷30年
＝¥200,000
❷固定資産売却益：売却価額－備品帳簿価額（備品－備品減価償却累計額）
＝¥650,000－(¥1,000,000－¥360,000)＝¥10,000

▶38-9

a	仕 入 高 ¥ 2,445,000 ❶	b	期末の負債総額 ¥ 1,374,000 ❷

解説 ❶仕入高：売上原価＋期末商品棚卸高－期首商品棚卸高
＝¥2,475,000＋¥790,000－¥820,000＝¥2,445,000
❷当期純利益：収益－費用
＝(¥3,710,000＋¥18,000)－(¥2,475,000＋¥1,065,000＋¥91,000)＝¥97,000
期末の資本（資本金次期繰越高）：(¥1,910,000＋¥70,000＋¥97,000)－¥90,000＝¥1,987,000
期末の負債：期末の資産－期末の資本
＝¥3,361,000－¥1,987,000＝¥1,374,000

39 英語表記の問題（p.161）

▶39-1

ア	イ	ウ
5	3	1

▶39-2

ア	イ	ウ
4	2	6

▶39-3

ア	イ	ウ
5	2	4

40 本支店会計の問題（p.162）

▶40-1

		借方		貸方	
a	本　店	島根支店	300,000	山口支店	300,000
	山口支店	本　　店	300,000	現　　金	300,000
	島根支店	現　　金	300,000	本　　店	300,000
b	本　店	山口支店	400,000	島根支店	400,000
	山口支店	買 掛 金	400,000	本　　店	400,000
	島根支店	本　　店	400,000	受取手形	400,000

▶40-2

		借方		貸方	
a	本　店	高知支店	500,000	愛媛支店	500,000
	愛媛支店	本　　店	500,000	現　　金	500,000
	高知支店	買 掛 金	500,000	本　　店	500,000
b	本　店	愛媛支店	200,000	高知支店	200,000
	愛媛支店	現　　金	200,000	本　　店	200,000
	高知支店	本　　店	200,000	売 掛 金	200,000

▶**40-3**

a	支店勘定残高と本店勘定残高の一致額	¥ 819,000❶
b	本支店合併後の買掛金	¥ 1,079,000❷

解説 ❶支店・本店勘定の一致額：
支店勘定＝¥742,000＋¥36,000＋¥41,000
＝¥819,000
本店勘定＝¥689,000＋¥36,000＋¥41,000＋¥53,000
＝¥819,000
❷合併後の買掛金：本店＋支店＋本支店間以外の取引
＝¥540,000＋¥370,000－¥41,000＋¥210,000
＝¥1,079,000

▶**40-4**

a	支店勘定残高と本店勘定残高の一致額	¥ 775,000❶
b	本支店合併後の現金	¥ 488,000❷

解説 ❶支店・本店勘定の一致額：
支店勘定＝¥749,000＋¥64,000＋¥30,000－¥27,000
－¥41,000＝¥775,000
本店勘定＝¥681,000＋¥64,000＋¥30,000＝¥775,000
❷合併後の現金：本店＋支店±本支店間以外の取引
＝¥427,000＋¥148,000－¥64,000－¥50,000
＋¥27,000＝¥488,000

▶**40-5**

a	支店勘定残高と本店勘定残高の一致額	¥ 788,000❶
b	当期の売上原価	¥ 1,370,000❷

解説 ❶支店・本店勘定の一致額：
支店勘定＝¥548,000＋¥240,000＝¥788,000
本店勘定＝¥520,000＋¥240,000＋¥28,000＝¥788,000
❷当期の売上原価：本店の売上原価¥837,000＋支店の売上原価¥533,000＝¥1,370,000
本店の売上原価：期首商品棚卸高＋仕入高－期末商品棚卸高
＝¥122,000＋¥793,000－¥78,000＝¥837,000
支店の売上原価：期首商品棚卸高＋仕入高±本支店間以外の取引－期末商品棚卸高
＝¥69,000＋¥500,000＋¥28,000－¥64,000
＝¥533,000

▶**40-6**

a	支店勘定残高と本店勘定残高の一致額	¥ 726,000❶
b	本支店合併後の当期純利益(アの金額)	¥ 830,000❷

解説 ❶支店・本店勘定の一致額：
支店勘定＝¥629,000＋¥62,000＋¥120,000
－¥85,000＝¥726,000
本店勘定＝¥544,000＋¥62,000＋¥120,000
＝¥726,000
❷合併後の当期純利益:合併後の貸借対照表より求める。
現金：本店(¥490,000－¥62,000)＋支店¥384,000
＝¥812,000
当座預金：本店(¥1,468,000－¥120,000)＋支店¥1,087,000＝¥2,435,000
買掛金：本店¥930,000＋支店(¥575,000－¥62,000)
＝¥1,443,000
借方合計額：¥812,000＋¥2,435,000＋¥2,260,000
＋¥1,466,000＋¥2,920,000＝¥9,893,000
当期純利益：¥9,893,000－(¥1,620,000＋¥1,443,000
＋¥6,000,000)＝¥830,000

41 伝票の問題 (p.165)

▶**41-1**

出金伝票 | 未払金 30,000 |

振替伝票 | 受取商品券 20,000 | 売上 20,000 |

仕訳集計表
令和○年1月11日

借方	元丁	勘定科目	元丁	貸方
1,412,150	1	現金	1	1,164,150
965,750		当座預金		551,500
290,000		普通預金		252,400
		売掛金		253,000
20,000		受取商品券		
270,000		買掛金		601,200
30,000		未払金		
		前受金		82,900
		売上		708,350
		受取家賃		215,500
601,200		仕入		
135,700		広告料		
38,000		通信費		
8,480		租税公課		
57,720		雑費		
3,829,000				3,829,000

総勘定元帳

現金　1

	3,890,000		1,642,000
1/11	1,412,150	1/11	1,164,150

▶**41-2**

入金伝票 | 売上 9,000 |

出金伝票 | 前払金 20,000 |

仕訳集計表
令和○年1月23日

借方	元丁	勘定科目	元丁	貸方
1,031,150	1	現金	1	1,112,150
940,750		当座預金		631,900
		売掛金		265,900
20,000		前払金		
476,000		買掛金		501,200
		売上		632,850
501,200		仕入		
70,000		広告料		
45,700		旅費		
7,480		租税公課		
13,700		消耗品費		
34,500		水道光熱費		
3,020		雑費		
500		支払利息		
3,144,000				3,144,000

総勘定元帳

現金　1

	3,760,000		1,334,000
1/23	1,031,150	1/23	1,112,150

▶41-3

入金伝票

前受金	50,000

出金伝票

買掛金(秩父商店)	100,000

振替伝票

仕入	380,000	買掛金(秩父商店)	380,000
買掛金(秩父商店)	280,000	支払手形	280,000

仕訳集計表
令和○年7月11日

借方	元丁	勘定科目	元丁	貸方
776,400		現金		323,800
130,000		当座預金		266,400
985,500		売掛金		660,000
		仮払金		50,000
		支払手形		280,000
594,000		買掛金		647,800
		前受金		50,000
		売上		985,500
		受取手数料		50,000
		受取利息		500
647,800		仕入		
75,070		広告料		
37,550		交通費		
46,500		旅費		
21,180		消耗品費		
3,314,000				3,314,000

売掛金元帳

新座商店 1

7/1 前月繰越	350,000	7/11	180,000
11	320,000		

志木商店 2

7/1 前月繰越	200,000	7/11	120,000
11	265,500		

朝霞商店 3

7/1 前月繰越	470,000	7/11	130,000

和光商店 4

7/1 前月繰越	350,000	7/11	230,000
11	400,000		

▶41-4

入金伝票

売掛金(相模原商店)	300,000

出金伝票

備品	700,000

振替伝票

売掛金(相模原商店)	640,000	売上	640,000
受取手形	340,000	売掛金(相模原商店)	340,000

仕訳集計表
令和○年6月16日

借方	元丁	勘定科目	元丁	貸方
1,543,800		現金		1,221,250
		当座預金		753,500
340,000		受取手形		
734,000		売掛金		900,000
		貸付金		400,000
700,000		備品		
670,000		買掛金		1,045,500
		前受金		140,000
		売上		734,000
		受取手数料		8,800
		受取利息		5,000
1,045,500		仕入		
111,070		旅費		
43,500		租税公課		
17,180		雑費		
3,000		支払利息		
5,208,050				5,208,050

買掛金元帳

横浜商店 1

6/16	160,000	6/1 前月繰越	220,000
		16	370,000

川崎商店 2

6/16	100,000	6/1 前月繰越	120,000
		16	215,500

平塚商店 3

6/16	200,000	6/1 前月繰越	380,000

小田原商店 4

6/16	210,000	6/1 前月繰越	440,000
		16	460,000

▶41-5

入金伝票 | 売　上　80,000

出金伝票 | 前払金　40,000

仕訳集計表
令和○年11月19日

借方	元丁	勘定科目	元丁	貸方
1,287,150	1	現金	1	880,150
645,750		当座預金		824,900
		売掛金		300,900
40,000		前払金		
547,000		買掛金		971,200
		売上		793,850
971,200		仕入		
130,000		広告料		
85,700		旅費		
2,480		租税公課		
10,700		消耗品費		
45,500		水道光熱費		
5,020		雑費		
500		支払利息		
3,771,000				3,771,000

総勘定元帳

現金　1

	借方		貸方
	3,970,000		1,268,000
11/19	1,287,150	11/19	880,150

解説 伝票の空欄を推定する手順
1. 仕訳集計表の広告料¥130,000から振替伝票の広告料空欄¥48,000を求める。
2. 仕訳集計表の当座預金¥824,900から振替伝票の当座預金空欄¥45,000を求める。
3. 仕訳集計表の買掛金¥547,000から出金伝票の買掛金空欄¥27,000を求める。

42 帳簿の問題（p.170）

▶42-1

総勘定元帳

現金　1

	借方		貸方
1/1	360,500	1/9	100,000

当座預金　2

	借方		貸方
1/1	3,502,300	1/21	327,800
23	891,000	29	1,243,000

受取手形　5

	借方		貸方
1/27	875,600		

売掛金　6

	借方		貸方
1/1	2,233,000	1/23	891,000
14	1,072,500	27	875,600
18	1,287,000		

前払金　8

	借方		貸方
1/1	539,000	1/16	539,000

支払手形　17

	借方		貸方
1/29	1,243,000	1/4	1,243,000
		25	676,500

買掛金　18

	借方		貸方
1/21	327,800	1/1	1,690,700
25	676,500	12	847,000
		16	539,000

売上　24

	借方		貸方
		1/14	1,072,500
		18	1,287,000

仕入　30

	借方		貸方
1/4	1,243,000		
12	847,000		
16	1,078,000		

当座預金出納帳　1

令和○年		摘要	預入	引出	借または貸	残高
1	1	前月繰越	3,502,300		借	3,502,300
	21	福岡商店に買掛金支払い　小切手#18		327,800	〃	3,174,500
	23	長崎商店から売掛金回収	891,000		〃	4,065,500
	29	約束手形#10　支払い		1,243,000	〃	2,822,500
	31	**次月繰越**		2,822,500		
			4,393,300	4,393,300		

受取手形記入帳

令和○年		摘要	金額	手形種類	手形番号	支払人	振出人	振出日		満期日		支払場所	てん末 月	日	摘要
1	27	売掛金回収	875,600	約手	5	大分商店	大分商店	1	27	4	27	大分銀行本店			

支払手形記入帳

令和○年		摘要	金額	手形種類	手形番号	受取人	振出人	振出日		満期日		支払場所	てん末 月	日	摘要
1	4	仕入れ	1,243,000	約手	10	福岡商店	当店	1	4	1	29	宮崎銀行本店	1	29	支払い
	25	買掛金支払い	676,500	約手	11	佐賀商店	当店	1	25	3	25	宮崎銀行本店			

売掛金元帳

大分商店　2

	借方		貸方
1/1	875,600	1/27	875,600
18	1,287,000		

買掛金元帳

福岡商店　1

	借方		貸方
1/21	327,800	1/1	639,100
		12	847,000

商品有高帳

(先入先出法)　(品名)　A　品　(単位：枚)

令和○年		摘要	受入 数量	受入 単価	受入 金額	払出 数量	払出 単価	払出 金額	残高 数量	残高 単価	残高 金額
1	1	前月繰越	100	5,170	517,000				100	5,170	517,000
	12	福岡商店	100	5,280	528,000				{ 100	5,170	517,000
									{ 100	5,280	528,000
	14	長崎商店				{ 100	5,170	517,000			
						{ 20	5,280	105,600	80	5,280	422,400
	16	佐賀商店	200	5,390	1,078,000				{ 80	5,280	422,400
									{ 200	5,390	1,078,000
	31	**次月繰越**				{ 80	5,280	422,400			
						{ 200	5,390	1,078,000			
			400		2,123,000	400		2,123,000			

▶**42-2**

総勘定元帳

現　金　1

1/1	240,500	1/9	80,000

当座預金　2

1/1	1,500,000	1/21	210,000
23	790,000	29	920,000

受取手形　5

1/27	870,000		

売掛金　6

1/1	2,233,000	1/20	61,500
14	788,100	23	790,000
18	868,000	27	870,000

支払手形　17

1/29	920,000	1/4	920,000

買掛金　18

1/21	210,000	1/1	1,690,700
		12	547,000
		16	473,000

前受金　20

1/18	239,000	1/1	239,000

売　上　24

1/20	61,500	1/14	788,100
		18	1,107,000

仕　入　30

1/4	920,000		
12	547,000		
16	473,000		

当座預金出納帳　1

令和○年		摘要	預入	引出	借または貸	残高
1	1	前月繰越	1,500,000		借	1,500,000
	21	香川商店に買掛金支払い　小切手#15		210,000	〃	1,290,000
	23	徳島商店から売掛金回収	790,000		〃	2,080,000
	29	約束手形#9　支払い		920,000	〃	1,160,000
	31	**次月繰越**		1,160,000		
			2,290,000	2,290,000		

売上帳　1

令和○年		摘要		内訳	金額
1	14	徳島商店	掛け		
		X品　150枚	@¥4,070	610,500	
		Y品　30〃	〃〃5,920	177,600	788,100
	18	高知商店	内金・掛け		
		Z品　180枚	@¥6,150		1,107,000
	20	**高知商店**	**掛け返品**		
		Z品　10枚	@¥6,150		61,500
	31		総売上高		1,895,100
	〃		**売上返品高**		61,500
			純売上高		1,833,600

売掛金元帳

高知商店　2

1/1	875,600	1/20	61,500
18	868,000	27	870,000

買掛金元帳

香川商店　1

1/21	210,000	1/1	639,100
		12	547,000

商品有高帳

(移動平均法)　(品名)　X　品　(単位：枚)

令和○年		摘要	受入 数量	受入 単価	受入 金額	払出 数量	払出 単価	払出 金額	残高 数量	残高 単価	残高 金額
1	1	前月繰越	100	2,000	200,000				100	2,000	200,000
	12	香川商店	100	2,280	228,000				200	2,140	428,000
	14	徳島商店				150	2,140	321,000	50	2,140	107,000
	16	愛媛商店	200	2,365	473,000				250	2,320	580,000
	31	**次月繰越**				250	2,320	580,000			
			400		901,000	400		901,000			

▶42-3

総勘定元帳

現　金　1

1/1	345,600		

当座預金　2

1/1	1,353,300	1/30	870,000
21	546,500		
22	933,000		

受取手形　5

1/6	550,000	1/21	550,000
27	300,000		

売掛金　6

1/1	1,233,000	1/22	933,000
18	1,160,000	27	300,000

前払金　8

1/1	150,000	1/17	150,000

支払手形　17

1/30	870,000	1/4	870,000
		25	400,000

買掛金　18

1/4	870,000	1/1	1,300,000
12	32,800	10	559,000
25	400,000	17	222,000

売　上　24

		1/6	550,000
		18	1,160,000

仕　入　30

1/10	559,000	1/12	32,800
17	372,000		

手形売却損　38

1/21	3,500		

当座預金出納帳　1

令和○年		摘要	預入	引出	借または貸	残高
1	1	前月繰越	1,353,300		借	1,353,300
	21	約束手形#3　割り引き	546,500		〃	1,899,800
	22	広島商店の売掛金回収	933,000		〃	2,832,800
	30	約束手形#20　支払い		870,000	〃	1,962,800
	31	**次月繰越**		1,962,800		
			2,832,800	2,832,800		

仕入帳

令和○年		摘要		内訳	金額
1	10	山口商店	掛け		
		L品　100個	@¥3,280	328,000	
		M品　50〃	〃〃4,620	231,000	559,000
	12	**山口商店**	**掛け返品**		
		L品　10個	**@¥3,280**		32,800
	17	島根商店	内金・掛け		
		L品　120個	@¥3,100		372,000
	31		総仕入高		931,000
	〃		**仕入返品高**		32,800
			純仕入高		898,200

受取手形記入帳

令和○年		摘要	金額	手形種類	手形番号	支払人	振出人	振出日		満期日		支払場所	てん末		
													月	日	摘要
1	6	売り上げ	550,000	約手	3	福岡商店	福岡商店	1	6	3	6	博多銀行本店	1	21	割引
	27	売掛金回収	300,000	約手	7	岡山商店	岡山商店	1	27	4	27	山陽銀行本店			

支払手形記入帳

令和○年		摘要	金額	手形種類	手形番号	受取人	振出人	振出日		満期日		支払場所	てん末		
													月	日	摘要
1	4	買掛金支払い	870,000	約手	20	山口商店	当店	1	4	1	30	山陰銀行本店	1	30	支払い
	25	買掛金支払い	400,000	約手	21	山口商店	当店	1	25	3	25	山陰銀行本店			

売掛金元帳

岡山商店　2

1/1	300,000	1/27	300,000
18	1,160,000		

買掛金元帳

山口商店　1

1/12	32,800	1/1	500,700
25	400,000	10	559,000

▶42-4

総勘定元帳

現　金　1

1/1	630,000	1/17	4,000

当座預金　2

1/1	3,400,000	1/20	400,000
23	900,000	31	790,000
27	700,000		

受取手形　5

1/1	700,000	1/27	700,000

売掛金　6

1/1	3,400,000	1/23	900,000
15	772,000		
18	1,360,000		

支払手形　17

1/31	790,000	1/1	790,000
		17	500,000

買　掛　金　18

1/12	*84,000*	1/1	*600,000*
20	*400,000*	11	*1,368,000*
		17	*750,000*

前　受　金　21

1/15	*600,000*	1/1	*600,000*

売　上　24

		1/15	*1,372,000*
		18	*1,360,000*

仕　入　30

1/11	*1,368,000*	1/12	*84,000*
17	*1,254,000*		

当座預金出納帳　1

令和○年		摘要	預入	引出	借または貸	残高
1	1	前月繰越	3,400,000		借	3,400,000
	20	三重商店に買掛金支払い　小切手#16		400,000	〃	3,000,000
	23	奈良商店から売掛金回収	900,000		〃	3,900,000
	27	約束手形#14　入金	700,000		〃	4,600,000
	31	約束手形#10　支払い		790,000	〃	3,810,000
	〃	**次月繰越**		3,810,000		
			5,000,000	5,000,000		

仕　入　帳　1

令和○年		摘要	内訳	金額
1	11	三重商店　掛け		
		D品　120箱　@¥6,150	*738,000*	
		E品　150〃　〃〃4,200	*630,000*	*1,368,000*
	12	**三重商店　掛け返品**		
		E品　20箱　@¥4,200		*84,000*
	17	滋賀商店　約手・掛け		
		D品　200箱　@¥6,250	*1,250,000*	
		引取運賃現金払い	*4,000*	*1,254,000*
	31	総仕入高		*2,622,000*
	〃	**仕入返品高**		*84,000*
		純仕入高		*2,538,000*

売掛金元帳

奈良商店　2

1/1	*900,000*	1/23	*900,000*
18	*1,360,000*		

買掛金元帳

三重商店　1

1/12	*84,000*	1/1	*400,000*
20	*400,000*	11	*1,368,000*

商品有高帳

（先入先出法）　（品名）D品　（単位：箱）

令和○年		摘要	受入 数量	受入 単価	受入 金額	払出 数量	払出 単価	払出 金額	残高 数量	残高 単価	残高 金額
1	1	前月繰越	40	6,000	240,000				40	6,000	240,000
	11	三重商店	120	6,150	738,000				{ 40	6,000	240,000
									{ 120	6,150	738,000
	15	兵庫商店				{ 40	6,000	240,000			
						{ 100	6,150	615,000	20	6,150	123,000
	17	滋賀商店	200	6,270	1,254,000				{ 20	6,150	123,000
									{ 200	6,270	1,254,000
	31	**次月繰越**				{ 20	6,150	123,000			
						{ 200	6,270	1,254,000			
			360		2,232,000	360		2,232,000			

▶42-5

総勘定元帳

現　金　1

1/1	*410,000*		

当座預金　2

1/1	*690,000*	1/18	*6,000*
15	*1,800,000*	21	*810,000*
		29	*543,000*

受取手形　5

1/27	*660,000*		

売　掛　金　6

1/1	*1,400,000*	1/27	*660,000*
18	*1,500,000*		
23	*3,680,000*		

前　払　金　8

1/1	*830,000*	1/17	*830,000*

支払手形　17

1/29	*543,000*	1/4	*543,000*
		25	*160,000*

買　掛　金　18

1/21	*810,000*	1/1	*970,000*
25	*160,000*	12	*1,650,000*
		17	*2,890,000*

売　上　24

		1/15	*1,800,000*
		18	*1,500,000*
		23	*3,680,000*

仕　入　30

1/4	*543,000*		
12	*1,650,000*		
17	*3,720,000*		

発　送　費　35

1/18	*6,000*		

当座預金出納帳　1

令和○年		摘要	預入	引出	借または貸	残高
1	1	前月繰越	690,000		借	690,000
	15	石川商店に売り上げ	1,800,000		〃	2,490,000
	18	中部運送店に発送費支払い　小切手#19		6,000	〃	2,484,000
	21	富山商店に買掛金支払い　小切手#20		810,000	〃	1,674,000
	29	約束手形#17　支払い		543,000	〃	1,131,000
	31	**次月繰越**		1,131,000		
			2,490,000	2,490,000		

受取手形記入帳

令和○年		摘要	金額	手形種類	手形番号	支払人	振出人	振出日		満期日		支払場所	てん末		
													月	日	摘要
1	27	売掛金回収	660,000	約手	11	岐阜商店	岐阜商店	1	27	4	27	岐阜銀行本店			

支払手形記入帳

令和○年		摘要	金額	手形種類	手形番号	受取人	振出人	振出日		満期日		支払場所	てん末		
													月	日	摘要
1	4	仕入れ	543,000	約手	17	富山商店	当店	1	4	1	29	新潟銀行本店	1	29	支払い
	25	買掛金支払い	160,000	約手	18	福井商店	当店	1	25	3	25	新潟銀行本店			

売掛金元帳

岐阜商店　2

1/1	660,000	1/27	660,000
18	1,500,000		

買掛金元帳

富山商店　1

1/21	810,000	1/1	810,000
		12	1,650,000

商品有高帳

(移動平均法)　(品名)　G　品　(単位：袋)

令和○年		摘要	受入			払出			残高		
			数量	単価	金額	数量	単価	金額	数量	単価	金額
1	1	前月繰越	50	8,400	420,000				50	8,400	420,000
	12	富山商店	200	8,250	1,650,000				250	8,280	2,070,000
	15	石川商店				150	8,280	1,242,000	100	8,280	828,000
	17	福井商店	400	8,080	3,232,000				500	8,120	4,060,000
	23	長野商店				320	8,120	2,598,400	180	8,120	1,461,600
	31	**次月繰越**				180	8,120	1,461,600			
			650		5,302,000	650		5,302,000			

売掛金　6

1/1	1,530,000	1/25	654,000
15	1,050,000		

前払金　8

1/1	700,000	1/17	700,000
23	830,000		

支払手形　17

1/30	765,000	1/4	765,000
		24	789,000

買掛金　18

1/21	450,000	1/1	1,619,000
24	789,000	10	1,043,000
		17	659,000

売上　24

		1/6	450,000
		15	1,050,000
		27	1,556,000

仕入　30

1/4	765,000		
10	1,043,000		
17	1,359,000		

▶42-6

総勘定元帳

現金　1

1/1	560,000		

当座預金　2

1/1	770,000	1/23	830,000
27	1,556,000	30	765,000

受取手形　5

1/6	450,000	1/21	450,000
25	654,000		

当座預金出納帳　1

令和○年		摘要	預入	引出	借または貸	残高
1	1	前月繰越	770,000		借	770,000
	23	宮城商店に内金支払い　小切手#19		830,000	貸	60,000
	27	山形商店に売り上げ	1,556,000		借	1,496,000
	30	約束手形#14　支払い		765,000	〃	731,000
	31	**次月繰越**		731,000		
			2,326,000	2,326,000		

受取手形記入帳

令和○年		摘要	金額	手形種類	手形番号	支払人	振出人	振出日		満期日		支払場所	てん末		
													月	日	摘要
1	6	売り上げ	450,000	約手	5	北海道商店	北海道商店	1	6	3	6	札幌銀行本店	1	21	裏書譲渡
	25	売掛金回収	654,000	約手	8	秋田商店	秋田商店	1	25	4	25	秋田銀行本店			

支払手形記入帳

令和○年		摘要	金額	手形種類	手形番号	受取人	振出人	振出日		満期日		支払場所	てん末		
													月	日	摘要
1	4	仕入れ	765,000	約手	14	福島商店	当店	1	4	1	30	岩手銀行本店	1	30	支払い
	24	買掛金支払い	789,000	約手	15	宮城商店	当店	1	24	3	24	岩手銀行本店			

売掛金元帳

秋田商店　2

1/1	654,000	1/25	654,000
15	1,050,000		

買掛金元帳

福島商店　1

1/21	450,000	1/1	830,000
		10	1,043,000

商品有高帳

（先入先出法）　（品名）　J　品　（単位：セット）

令和○年		摘要	受入 数量	受入 単価	受入 金額	払出 数量	払出 単価	払出 金額	残高 数量	残高 単価	残高 金額
1	1	前月繰越	40	7,200	288,000				40	7,200	288,000
	10	福島商店	140	7,450	1,043,000				{ 40	7,200	288,000
									140	7,450	1,043,000
	15	秋田商店				{ 40	7,200	288,000			
						60	7,450	447,000	80	7,450	596,000
	17	宮城商店	180	7,550	1,359,000				{ 80	7,450	596,000
									180	7,550	1,359,000
	27	山形商店				{ 80	7,450	596,000			
						40	7,550	302,000	140	7,550	1,057,000
	31	**次月繰越**				140	7,550	1,057,000			
			360		2,690,000	360		2,690,000			

43 決算の問題（p.182）

▶43-1

(1)

借	方	貸	方
受取手形	90,000	売掛金	90,000

(2)

¥ 32,000 ❶

(3)

貸借対照表

石狩商店　令和○年12月31日

資産		金額	負債および純資産	金額
現金		253,000	支払手形	980,000
当座預金		1,000,000	買掛金	1,914,000
受取手形（	950,000)		(前受地代)	16,000
貸倒引当金(	19,000)	931,000	資本金	6,000,000
売掛金（	1,750,000)		(当期純利益)	418,000
貸倒引当金(	35,000)	1,715,000		
有価証券	❷	1,680,000		
商品		934,000		
(貯蔵品)		40,000		
貸付金		360,000		
(未収利息)		15,000		
備品（	1,600,000)			
減価償却累計額(	700,000)	❸ 900,000		
土地		1,500,000		
		9,328,000		9,328,000

解説　決算整理事項の仕訳

a.（借）仕　入 *925,000*　（貸）繰越商品 *925,000*
　（借）繰越商品 *934,000*　（貸）仕　入 *934,000*

b.（借）貸倒引当金繰入 *25,000*　（貸）貸倒引当金 *25,000*
　※金額＝(¥*860,000*＋¥*90,000*＋¥*1,840,000* －¥*90,000*)×2％－¥*29,000*

c.（借）減価償却費 *300,000*　（貸）備品減価償却累計額 *300,000*
　※金額＝(¥*1,600,000*－¥*400,000*)×25％

d.（借）有価証券評価損 *60,000*　（貸）有価証券 *60,000*
　※金額＝¥*1,740,000*－¥*56,000*×30株

e.（借）受取地代 *16,000*　（貸）前受地代 *16,000*
　※金額＝¥*48,000*×$\frac{4か月}{12か月}$

f.（借）貯蔵品 *40,000*　（貸）租税公課 *40,000*

g.（借）未収利息 *15,000*　（貸）受取利息 *15,000*

❶受取地代＝¥*48,000*－¥*16,000*（決算整理事項の仕訳e）＝¥*32,000*

❷有価証券＝¥*1,740,000*－¥*60,000*（決算整理事項の仕訳d）＝¥*1,680,000*

❸備品減価償却累計額＝¥*400,000*＋¥*300,000*（決算整理事項の仕訳c）＝¥*700,000*

▶43-2

(1)

保険料

6/1	現金	60,000	12/31	前払保険料	25,000
			〃	損益	35,000
		60,000			60,000

前払保険料

12/31	保険料	25,000	12/31	**次期繰越**	25,000

(2)

損益計算書

近畿商店　令和○年1月1日から令和○年12月31日まで

費用	金額	収益	金額
売上原価 ❶	11,580,000	売上高	15,780,000
給料	2,370,000	受取手数料	138,000
(貸倒引当金繰入)	41,000		
(減価償却費)	270,000		
支払家賃	672,000		
保険料 ❷	35,000		
通信費 ❸	46,000		
雑費	28,000		
支払利息 ❹	54,000		
(有価証券評価損)	440,000		
(当期純利益)	382,000		
	15,918,000		15,918,000

解説　付記事項の仕訳

①（借）支払手形 *120,000*　（貸）当座預金 *120,000*

決算整理事項の仕訳

a.（借）仕　入 *1,350,000*　（貸）繰越商品 *1,350,000*
　（借）繰越商品 *1,620,000*　（貸）仕　入 *1,620,000*

b.（借）貸倒引当金繰入 *41,000*　（貸）貸倒引当金 *41,000*
　※金額＝(¥*1,800,000*＋¥*2,300,000*)×3％－¥*82,000*

c.（借）減価償却費 *270,000*　（貸）備品減価償却累計額 *270,000*
　※金額＝$\frac{¥2,160,000-¥0}{8年}$

d.（借）有価証券評価損 *440,000*　（貸）有価証券 *440,000*
　※金額＝¥*1,900,000*－¥*73,000*×20株

e.（借）前払保険料 *25,000*　（貸）保険料 *25,000*
　※金額＝¥*60,000*×$\frac{5か月}{12か月}$

f.（借）支払利息 *23,000*　（貸）未払利息 *23,000*

g.（借）貯蔵品 *18,000*　（貸）通信費 *18,000*

❶売上原価＝¥*11,850,000*（仕入勘定残高）＋¥*1,350,000* －¥*1,620,000*（決算整理事項の仕訳a）＝¥*11,580,000*

❷保険料＝¥*60,000*－¥*25,000*（決算整理事項の仕訳e）＝¥*35,000*

❸通信費＝¥*64,000*－¥*18,000*（決算整理事項の仕訳g）＝¥*46,000*

❹支払利息＝¥*31,000*＋¥*23,000*（決算整理事項の仕訳f）＝¥*54,000*

43-3

1)

	借	方	貸	方
a	仕　　入	*1,230,000*	繰越商品	*1,230,000*
	繰越商品	*1,340,000*	仕　　入	*1,340,000*
b	貸倒引当金繰入 ❶	*32,000*	貸倒引当金	*32,000*
c	減価償却費 ❷	*270,000*	備品減価償却累計額	*270,000*
d	有価証券	*30,000*	有価証券評価益 ❸	*30,000*
e	前払保険料 ❹	*12,000*	保険料	*12,000*
f	支払家賃	*100,000*	未払家賃	*100,000*
g	未収手数料	*28,000*	受取手数料	*28,000*

2)

精　算　表

令和○年12月31日

勘定科目	残高試算表		整理記入		損益計算書		貸借対照表	
	借方	貸方	借方	貸方	借方	貸方	借方	貸方
現金	*431,000*						*431,000*	
当座預金	*2,440,000*						*2,440,000*	
受取手形	*1,550,000*						*1,550,000*	
売掛金	*1,950,000*						*1,950,000*	
貸倒引当金		*38,000*		b *32,000*				*70,000*
有価証券	*670,000*		d *30,000*				*700,000*	
繰越商品	*1,230,000*		a *1,340,000*	a *1,230,000*			*1,340,000*	
備品	*2,100,000*						*2,100,000*	
備品減価償却累計額		*420,000*		c *270,000*				*690,000*
支払手形		*1,400,000*						*1,400,000*
買掛金		*1,910,000*						*1,910,000*
借入金		*1,000,000*						*1,000,000*
従業員預り金		*100,000*						*100,000*
資本金		*5,000,000*						*5,000,000*
売上		*11,850,000*				*11,850,000*		
受取手数料		*94,000*		g *28,000*		*122,000*		
仕入	*8,950,000*		a *1,230,000*	a *1,340,000*	*8,840,000*			
給料	*1,792,000*				*1,792,000*			
支払家賃	*500,000*		f *100,000*		*600,000*			
保険料	*48,000*			e *12,000*	*36,000*			
消耗品費	*87,000*				*87,000*			
雑費	*40,000*				*40,000*			
支払利息	*24,000*				*24,000*			
	21,812,000	*21,812,000*						
(貸倒引当金繰入)			b *32,000*		*32,000*			
(減価償却費)			c *270,000*		*270,000*			
(有価証券評価益)				d *30,000*		*30,000*		
(前払保険料)			e *12,000*				*12,000*	
(未払家賃)				f *100,000*				*100,000*
(未収手数料)			g *28,000*				*28,000*	
(当期純利益)					*281,000*			*281,000*
			3,042,000	*3,042,000*	*12,002,000*	*12,002,000*	*10,551,000*	*10,551,000*

解説 ❶(受取手形¥1,550,000＋売掛金¥1,950,000)×2%－¥38,000＝¥32,000

❷ $\frac{¥1,680,000-¥0}{8年}+\frac{¥420,000-¥0}{7年}=¥270,000$

❸¥70,000×10株－¥670,000＝¥30,000

❹ $¥48,000\times\frac{3か月}{12か月}=¥12,000$

▶43-4

(1)

	借	方	貸	方
①	仮受金	50,000	売掛金	50,000

(2)

	借	方	貸	方
a	仕入	1,090,000	繰越商品	1,090,000
	繰越商品	1,140,000	仕入	1,140,000
b	貸倒引当金繰入 ❶	87,000	貸倒引当金	87,000
c	減価償却費 ❷	270,000	備品減価償却累計額	270,000
d	有価証券評価損 ❸	100,000	有価証券	100,000
e	貯蔵品	13,000	租税公課	13,000
f	未収利息 ❹	16,000	受取利息	16,000
g	支払家賃	38,000	未払家賃	38,000
h	当座預金	360,000	当座借越	360,000

(3)

総勘定元帳

損益 31

日付	摘要	金額	日付	摘要	金額
12/31	仕入	❺ 7,300,000	12/31	売上	9,860,000
〃	給料	895,000	〃	受取手数料	273,000
〃	(貸倒引当金繰入)	87,000	〃	(受取利息)	16,000
〃	(減価償却費)	270,000			
〃	支払家賃 ❻	456,000			
〃	保険料	240,000			
〃	租税公課 ❼	52,000			
〃	雑費	69,000			
〃	(有価証券評価損)	100,000			
〃 ❽	(資本金)	680,000			
		10,149,000			10,149,000

(4)

¥ 5,680,000 ❾

解説 ❶(電子記録債権¥1,500,000＋売掛金¥2,150,000－付記事項①¥50,000)×3%－¥21,000＝¥87,000

❷(¥1,920,000－¥840,000)×25%＝¥270,000

❸¥51,000×25株－¥1,375,000＝(－)¥100,000

❹$¥24,000\times\frac{8か月}{12か月}=¥16,000$

❺¥仕入勘定残高¥7,350,000＋決算整理事項の期首商品棚卸高¥1,090,000－決算整理事項の期末商品棚卸高¥1,140,000＝¥7,300,000

❻¥418,000＋決算整理事項g¥38,000＝¥456,000

❼¥65,000－決算整理事項e¥13,000＝¥52,000

❽金額は当期純利益を表す。相手勘定科目を記入するので，資本金となる。

❾資本金勘定残高¥5,000,000＋損益勘定借方資本金の金額¥680,000＝¥5,680,000

▶43-5

(1)

	借	方	貸	方
a	仕入	920,000	繰越商品	920,000
	繰越商品	890,000	仕入	890,000
b	貸倒引当金繰入 ❶	46,000	貸倒引当金	46,000
c	減価償却費 ❷	162,000	備品減価償却累計額	162,000
d	有価証券評価損 ❸	50,000	有価証券	50,000
e	前払保険料 ❹	22,000	保険料	22,000
f	支払家賃	30,000	未払家賃	30,000
g	資本金	200,000	引出金	200,000

(2)

繰越試算表

令和○年12月31日

借方	勘定科目	貸方
1,700,000	現金	
980,000	受取手形	
2,570,000	売掛金	
	貸倒引当金	❺ 71,000
❻ 850,000	有価証券	
❼ 890,000	繰越商品	
22,000	(前払保険料)	
810,000	備品	
	備品減価償却累計額	❽ 324,000
	買掛金	2,081,000
	借入金	625,000
	(未払家賃)	30,000
	資本金	❾ 4,691,000
7,822,000		7,822,000

(3)

¥ 391,000 ❿

解説 ❶(受取手形¥980,000＋売掛金¥2,570,000)×2%－¥25,000＝¥46,000

❷$\frac{¥810,000-¥0}{5年}=¥162,000$

❸¥900,000－¥85,000×10株＝¥50,000

❹$¥66,000\times\frac{4か月}{12か月}=¥22,000$

❺¥25,000＋決算整理事項b¥46,000＝¥71,000

❻¥900,000－決算整理事項d¥50,000＝¥850,000

❼決算整理事項aの期末商品棚卸高の金額となる。

❽¥162,000＋決算整理事項c¥162,000＝¥324,000

❾繰越試算表の貸借差額で求める。金額は期末資本金の金額を表す。

❿期末資本金¥4,691,000－期首資本金¥4,500,000＋期中引出金¥200,000（決算整理事項g）＝¥391,000

43-6

(1)

	借 方		貸 方	
a	仕入	1,200,000	繰越商品	1,200,000
	繰越商品	1,280,000	仕入	1,280,000
b	貸倒引当金繰入 ❶	83,000	貸倒引当金	83,000
c	減価償却費 ❷	180,000	備品減価償却累計額	180,000
d	有価証券	20,000	有価証券評価益 ❸	20,000
e	広告料	22,000	未払広告料	22,000
f	前払保険料 ❹	4,000	保険料	4,000
g	貯蔵品	8,000	租税公課	8,000

(2)

精　算　表

令和○年12月31日

勘定科目	残高試算表		整理記入		損益計算書		貸借対照表	
	借方	貸方	借方	貸方	借方	貸方	借方	貸方
現金	670,000						670,000	
当座預金	2,670,000						2,670,000	
電子記録債権	870,000						870,000	
売掛金	1,650,000						1,650,000	
貸倒引当金		43,000		b 83,000				126,000
有価証券	600,000		d 20,000				620,000	
繰越商品	1,200,000		a 1,280,000	a 1,200,000			1,280,000	
備品	900,000						900,000	
備品減価償却累計額		360,000		c 180,000				540,000
買掛金		1,820,000						1,820,000
借入金		850,000						850,000
従業員預り金		42,000						42,000
資本金		5,000,000						5,000,000
売上		6,426,000				6,426,000		
受取手数料		58,000				58,000		
仕入	5,206,000		a 1,200,000	a 1,280,000	5,126,000			
給料	605,000				605,000			
広告料	24,000		e 22,000		46,000			
支払家賃	110,000				110,000			
保険料	24,000			f 4,000	20,000			
租税公課	40,000			g 8,000	32,000			
雑費	30,000				30,000			
	14,599,000	14,599,000						
(貸倒引当金繰入)			b 83,000		83,000			
(減価償却費)			c 180,000		180,000			
(有価証券評価益)				d 20,000		20,000		
(未払広告料)				e 22,000				22,000
(前払保険料)			f 4,000				4,000	
(貯蔵品)			g 8,000				8,000	
(当期純利益)					272,000			272,000
			2,797,000	2,797,000	6,504,000	6,504,000	8,672,000	8,672,000

解説 ❶(電子記録債権¥870,000＋売掛金¥1,650,000)×5%－¥43,000＝¥83,000

❷ $\frac{¥900,000-¥0}{5年}$＝¥180,000

❸¥62,000×10株－¥600,000＝¥20,000

❹¥24,000× $\frac{2か月}{12か月}$＝¥4,000

◎日商ではこうでる！

第1問 仕訳問題 (p.194)

※解答は選択した記号と，学習の参考とするため実際の勘定科目を明示します。

▶1

	仕		訳	
	借方科目	金額	貸方科目	金額
(1)	ア(現金)	1,972,320	ウ(売買目的有価証券) エ(有価証券売却益)❶ オ(有価証券利息)❷	1,940,000 20,000 12,320
(2)	ア(未収入金) カ(火災損失)❹	5,000,000 25,000	キ(未決算)❸	5,025,000
(3)	ウ(クレジット売掛金) キ(支払手数料)❺	576,000 24,000	オ(売上)	600,000
(4)	エ(ソフトウェア)	12,000,000	オ(ソフトウェア仮勘定)❻	12,000,000
(5)	エ(広告宣伝費)	96,000	オ(本店)	96,000

解説 ❶売買目的有価証券の売却価額と取得原価との差額で売却損益を計算する。

売却価額$¥2,000,000\times\frac{@¥98}{@¥100}=¥1,960,000$

取得原価$¥2,000,000\times\frac{@¥97}{@¥100}=¥1,940,000$

よって$¥1,960,000-¥1,940,000=¥20,000$
(売却額の方が高いので有価証券売却益)

❷端数利息は直近利払日の翌日である4月1日から売買日の9月1日までの154日分

額面$¥2,000,000\times1.46\%\times\frac{154日}{365日}=¥12,320$

❸未決算：取得原価¥18,000,000－減価償却累計額¥12,600,000（当期首までの14年分）－減価償却費¥375,000（当期経過5か月分）＝¥5,025,000

❹支払われる保険金が未決算勘定の金額より少ない場合は火災損失勘定(費用)で処理する。

❺クレジット払いで販売した場合の売上債権は，通常の売掛金と区別してクレジット売掛金勘定(資産)で処理する。また，信販会社へ支払う手数料は支払手数料勘定(費用)で処理する。

❻ソフトウェアの作成依頼時に支払った金額はソフトウェア仮勘定(資産)で処理されており，完成時にソフトウェア勘定へ振り替える。

▶2

	仕		訳	
	借方科目	金額	貸方科目	金額
(1)	イ(建物)❶ オ(修繕引当金) キ(修繕費)❷	500,000 600,000 300,000	ア(当座預金) エ(未払金)	800,000 600,000
(2)	カ(ソフトウェア償却)❸	80,000	イ(ソフトウェア)	80,000
(3)	ウ(買掛金)	1,500,000	ア(当座預金) オ(仕入割引)	1,485,000 15,000
(4)	ウ(売買目的有価証券)❹ エ(有価証券利息)❺	7,742,000 20,560	イ(当座預金)	7,762,560
(5)	ア(車両運搬具) イ(車両運搬具減価償却累計額) エ(減価償却費)❻ カ(固定資産売却損)	7,200,000 4,704,000 216,000 480,000	ア(車両運搬具) ウ(未払金)	6,000,000 6,600,000

解説 ❶建物の耐震構造強化は，資本的支出として建物の取得原価を増加させる。

❷修繕による¥1,400,000の代金のうち資本的支出と判断された¥500,000を除いた¥900,000は収益的支出として費用処理される。ただし前期までに修繕引当金を設定して費用処理が済んでいる額¥600,000を差し引いた¥300,000が当期の修繕費となる。

❸ソフトウェアの当期償却額は¥400,000÷5年＝¥80,000

❹額面$¥8,000,000\times\frac{@¥96.55}{@¥100}$＋買入手数料¥18,000＝¥7,742,000

❺支払う端数利息は直近利払日の翌日である10月1日から売買日の12月12日までの73日分

額面$¥8,000,000\times1.285\%\times\frac{73日}{365日}=¥20,560$

❻(旧車両取得原価¥6,000,000－減価償却累計額¥4,704,000)$\times40\%\times\frac{経過月数5か月}{12か月}=¥216,000$

▶3

	仕		訳	
	借方科目	金額	貸方科目	金額
(1)	ア(当座預金)	❶406,000	イ(受取手形) キ(未払金)	270,000 136,000
(2)	ア(現金) エ(貸倒引当金)	300,000 736,000	ウ(不渡手形)	1,036,000
(3)	オ(建設仮勘定)❷	30,000,000	ア(当座預金)	30,000,000
(4)	ア(当座預金) キ(電子記録債権売却損)	294,000 ❸6,000	イ(電子記録債権)	300,000
(5)	ウ(支払手形) キ(支払利息)	2,500,000 100,000	ウ(支払手形)	2,600,000

解説 ❶不一致原因の①は未記帳事項で手形代金回収による当座預金の増加とし，③は未渡小切手で当座預金と未払金を元に戻す。②は未取付小切手であり，当社での修正は不要である。

❷依頼時に支払った工事代金の一部は建設仮勘定(資産)で処理する。

❸電子記録債権を譲渡した場合に発生する割引料は電子記録債権売却損勘定(費用)で処理する。

第2問 文章問題・帳簿関係問題（p.204）

1 文章問題

▶1

(1)		(2)		(3)
(ア)	(イ)	(ウ)	(エ)	(オ)
11	18	1	3	10

(4)				(5)	
(カ)	(キ)	(ク)	(ケ)	(コ)	(サ)
8	15	20	14	5	22

解説 (1) 複式簿記では，取引を借方と貸方の要素に分解し，各勘定に記録するので，すべての勘定の借方に記入した金額の合計と貸方に記入した金額の合計は常に等しくなる。これを「貸借平均の原理」といい，これを利用して，仕訳帳から総勘定元帳への転記が正しくおこなわれているか確かめるために作成する集計表を「試算表」という。

(2) 固定資産は使用または時の経過により，その価値が減少する。この価値の減少額を「費用」として計上し，その分だけ固定資産の帳簿価額を減少させる手続きを「減価償却」という。

(3) 貸倒引当金のように，売掛金勘定や受取手形勘定の残高から差し引いて，その勘定の金額を修正する役割をもった勘定を「評価勘定」という。

(4) 株式会社が繰越利益剰余金の配当をおこなう場合，「会社法」の規定により，支出する額の「10分の1」を資本準備金と「利益準備金」の合計額が資本金の「4分の1」に達するまで計上しなければならない。

(5) 剰余金のうち，会社が定款や「株主総会」の決議によって任意に積み立てた額を「任意積立金」という。

▶2

(1)	(2)	(3)	(4)	(5)
×	○	×	×	○

解説 (1) 出荷基準は，商品や製品を出荷した時点で売上収益を計上する。一方，検収基準は，発送した商品や製品が買い手側で検収され，その納品の確認がとれた時点で売上収益を計上する。よって，出荷基準の方が収益計上のタイミングが早くなる。

(3) 商品評価損は，原則として売上原価に算入され，その内訳項目として損益計算書に表示される。

(4) 株式会社の当期純利益は，決算により損益勘定で算出され，そのあと繰越利益剰余金勘定に振り替えられる。

2 帳簿関係問題

▶1

問1	¥270,000 ❶	問2	¥180,000 ❷	問3	¥240,000 ❸

問4

備　品

日付			摘要	借方	日付			摘要	貸方
X6	4	1	前期繰越	2,040,000	X6	4	1	諸口	❷ 600,000
					X7	3	31	次期繰越	1,440,000
				2,040,000					2,040,000

備品減価償却累計額

日付			摘要	借方	日付			摘要	貸方
X6	4	1	備品	❷ 120,000	X6	4	1	前期繰越	270,000
X7	3	31	次期繰越	390,000	X7	3	31	減価償却費	240,000
				510,000					510,000

問5	¥570,000 ❹	問6	¥390,000 ❺

解説 ❶X5年度の備品の減価償却費（備品A，備品B，備品C）

(i) 備品Aと備品Bは期首取得なので，年割で計算。

・備品A　¥600,000÷5年＝¥120,000

・備品B　¥960,000÷8年＝¥120,000

(ii) 備品Cは1月1日取得なので，決算日までの3か月分を月割計算。

・備品C　¥480,000÷4年×$\frac{経過月数3か月}{12か月}$＝¥30,000

よって，(i)と(ii)合計¥270,000

❷備品Aの売却損

X6年度の期首4月1日に売却しているので，売却時の帳簿価額はX5年度末の金額。

帳簿価額：取得原価¥600,000－減価償却累計額¥120,000＝¥480,000

よって売却損は，

売却額¥300,000－帳簿価額¥480,000＝－¥180,000

〈売却仕訳〉

(借) 備品減価償却累計額	120,000	(貸) 備品	600,000
現金	300,000		
固定資産売却損	180,000		

❸X6年度の備品の減価償却費は，備品Bと備品Cの年割計算額。

❹備品Bの除却損

X7年度の期首4月1日に除却しているので，除却時の帳簿価額はX6年度末の金額。

帳簿価額：取得原価¥960,000－減価償却累計額¥240,000（2年分）＝¥720,000

よって除却損は，

帳簿価額¥720,000－見積処分価額¥150,000（貯蔵品に計上）＝¥570,000

〈除却仕訳〉

(借) 備品減価償却累計額	240,000	(貸) 備品	960,000
貯蔵品	150,000		
固定資産除却損	570,000		

貯蔵品 ← 資産勘定

❺備品Ｂの減価償却を償却率25％でおこなうと，
X5年度減価償却費：*¥960,000*×25％＝*¥240,000*
X6年度減価償却費：(*¥960,000*－*¥240,000*)
×25％＝*¥180,000*
X6年度末の減価償却累計額合計は，
¥240,000＋*¥180,000*＝*¥420,000*
帳簿価額：取得原価*¥960,000*－減価償却累計額
¥420,000＝*¥540,000*
よって除却損は，
帳簿価額*¥540,000*－見積処分価額*¥150,000*＝*¥390,000*

▶2

(1)

銀行勘定調整表

X1年３月31日

当座預金勘定の残高			(*519,400*)
(加算)	[①]	(*40,000*)	
	[③]	(*32,000*)	(*72,000*)
(減算)	[②]	(*44,000*)	
	[④]	(*37,000*)	(*81,000*)
銀行残高証明書の残高			(*510,400*)

(2)資料Ⅱ

借方科目	金額	貸方科目	金額
現金	*44,000*	当座預金	*44,000*
当座預金	*32,000*	未払金	*32,000*

資料Ⅲ

借方科目	金額	貸方科目	金額
現金	*12,000*	受取配当金	*12,000*
雑損	*1,000*	現金	*1,000*

(3)

現金	当座預金
¥ *346,600*	¥ *507,400*

解説 (1) 本問の銀行勘定調整表は，企業側の当座預金勘定残高から銀行側の銀行残高証明書残高へ調整する方法によるものである。加算・減算は銀行の状態にあわせていく考え方で記入すること。

〈資料Ⅱ〉

①未取付小切手……銀行では支払われていないので加算。

②他店振出小切手の預け忘れ……銀行では受け入れていないので減算。
⇒修正仕訳が必要

③未渡小切手……銀行では支払われていないので加算。
⇒修正仕訳が必要

④時間外預け入れ……銀行では入金処理が終了していないので減算。

(2)〈資料Ⅱ〉

②は当座預金の入金処理を取り消す仕訳をおこなう。

③は小切手の振り出し処理を取り消す仕訳をおこなう。

この結果，当座預金勘定の残高は*¥519,400*－②*¥44,000*＋③*¥32,000*＝*¥507,400*となり，貸借対照表に計上される「当座預金」の残高になる。

〈資料Ⅲ〉

まず，現金勘定の決算整理前残高は，②の修正仕訳を受けて*¥335,600*となる。次に，金庫内実査から未処理となっている配当金領収証について，通貨代用証券であるので現金として扱う処理をする。

(借)現　　金 *12,000*　(貸)受取配当金 *12,000*

よって，現金勘定の残高は*¥347,600*となる。

一方，金庫内の現金実際有高となるのは，紙幣硬貨*¥290,600*＋他店振出小切手*¥44,000*＋配当金領収証*¥12,000*＝*¥346,600*で，これが貸借対照表に計上される「現金」の残高である。

そのため，決算整理仕訳として「現金勘定残高*¥347,600*」を「現金実際有高*¥346,600*」に修正する仕訳が必要となる。

(借)雑　　損 *1,000*　(貸)現　　金 *1,000*

第３問 決算問題（p.210）

1 財務諸表作成問題

▶1

損益計算書

自X5年４月１日　至X6年３月31日

(単位：円)

Ⅰ 売上高		*69,660,000*
Ⅱ 売上原価		
1 期首商品棚卸高	(*4,560,000*)	
2 当期商品仕入高	(*53,646,000*)	
合計	(*58,206,000*)	
3 期末商品棚卸高	(*3,888,000*)	
差引	(*54,318,000*)	
4 (棚卸減耗損)	(*216,000*)	
5 (商品評価損)	(*51,000*)	(*54,585,000*)
売上総利益		(*15,075,000*)
Ⅲ 販売費及び一般管理費		
1 給料	(*7,120,000*)	
2 水道光熱費	(*480,000*)	
3 退職給付費用	(*960,000*)	
4 (貸倒引当金繰入)	(*70,000*)	
5 (貸倒損失)	(*52,000*)	
6 (減価償却費)	(*1,455,000*)	
7 消耗品費	(*350,000*)	
8 租税公課	(*770,000*)	
9 (のれん償却)	(*480,000*)	
10 (雑費)	(*180,000*)	(*11,917,000*)
営業利益		(*3,158,000*)
Ⅳ 営業外収益		
1 受取地代	(*1,500,000*)	
2 有価証券利息	(*138,000*)	(*1,638,000*)
Ⅴ 営業外費用		
1 (支払利息)	(*192,000*)	(*192,000*)
税引前当期純利益		(*4,604,000*)
法人税，住民税及び事業税		(*1,370,000*)
当期純利益		(*3,234,000*)

解説 <資料Ⅱより未処理事項>

1. (借)貸倒引当金 *48,000*　(貸)売掛金 *100,000*
　　　貸倒損失 *52,000*
2. (借)当座預金 *60,000*　(貸)有価証券利息 *60,000*
3. (借)退職給付引当金 *240,000*　(貸)給　　料 *240,000*

<資料Ⅲより決算整理事項>

1. (借)貸倒引当金繰入 *70,000*　(貸)貸倒引当金 *70,000*
(売掛金*¥7,800,000*－資料Ⅱの1. *¥100,000*)×2％
－(貸倒引当金残高*¥132,000*－資料Ⅱの1. *¥48,000*)
＝*¥70,000*

2. (借)仕　　入 *4,560,000* (貸)繰越商品 *4,560,000*
繰越商品 *3,888,000* 仕　　入 *3,888,000*
棚卸減耗損 *216,000* 繰越商品 *216,000*
商品評価損 *51,000* 繰越商品 *51,000*
仕　　入 *216,000* 棚卸減耗損 *216,000*
仕　　入 *51,000* 商品評価損 *51,000*

期末商品棚卸高：
原価@¥3,600×帳簿数量1,080個＝¥3,888,000
棚卸減耗損：
原価@¥3,600×(帳簿数量1,080個－実地数量1,020個)＝¥216,000
商品評価損：
(原価@¥3,600－正味売却価額@¥3,550)×実地数量1,020個＝¥51,000

3. (借)減価償却費 *1,455,000* (貸)建物減価償却累計額 *480,000*
備品減価償却累計額 *975,000*

建　物：¥14,400,000÷30年＝¥480,000
旧備品：(¥3,600,000－¥900,000)×25%＝¥675,000
新備品：¥1,200,000×25%＝¥300,000

4. (借)満期保有目的債券 *18,000* (貸)有価証券利息 *18,000*
(¥6,000,000－¥6,000,000×$\frac{@¥98.50}{@¥100}$)÷5年＝¥18,000

5. (借)のれん償却 *480,000* (貸)の れ ん *480,000*
X5年3月31日の決算までに4年分の償却が済んでいるので，のれんの残高¥2,880,000は残り6年分である。
¥2,880,000÷6年＝¥480,000

6. (借)退職給付費用 *960,000* (貸)退職給付引当金 *960,000*

7. (借)支払利息 *192,000* (貸)未払利息 *192,000*
¥9,600,000×3%×$\frac{\text{経過月数8か月(8月～3月)}}{\text{12か月}}$＝¥192,000

8. (借)受取地代 *300,000* (貸)前受地代 *300,000*

9. (借)貯 蔵 品 *40,000* (貸)租税公課 *40,000*

10. (借)法人税，住民税及び事業税 *1,370,000*（貸方の合計額） (貸)仮払法人税等 *600,000*
未払法人税等 *770,000*

2

貸　借　対　照　表

X6年3月31日　　　　(単位：円)

資産の部		負債の部	
I 流動資産		I 流動負債	
現金預金	(3,465,000)	支払手形	(520,000)
受取手形	(150,000)	買掛金	(1,017,400)
売掛金	(1,210,000)	短期借入金	(1,200,000)
貸倒引当金	(△ 13,600)	未払金	(440,000)
商品	(1,901,800)	未払費用	(310,000)
前払費用	(81,600)	(未払法人税等)	(182,000)
流動資産合計	(6,794,800)	(前受金)	(12,000)
II 固定資産		賞与引当金	(400,000)
有形固定資産		流動負債合計	(4,081,400)
建物	(2,400,000)	II 固定負債	
減価償却累計額	(△1,125,000)	(長期借入金)	(2,000,000)
備品	(1,280,000)	固定負債合計	(2,000,000)
減価償却累計額	(△ 875,000)	負債合計	(6,081,400)
土地	(1,600,000)		
有形固定資産合計	(3,280,000)	純資産の部	
無形固定資産		I 資本金	(2,000,000)
商標権	(200,000)	II 資本準備金	(232,000)
無形固定資産合計	(200,000)	III 利益剰余金	
投資その他の資産		利益準備金	(202,000)
(長期前払費用)	(44,000)	(繰越利益剰余金)	(1,803,400)
投資その他の資産合計	(44,000)	利益剰余金合計	(2,005,400)
固定資産合計	(3,524,000)	純資産合計	(4,237,400)
資産合計	(10,318,800)	負債及び純資産合計	(10,318,800)

解説 <資料IIより未処理事項>

1. (借)貸倒引当金 *10,000* (貸)売 掛 金 *10,000*
2. (借)仮 受 金 *4,000* (貸)償却債権取立益 *4,000*
3. (借)通 信 費 *15,000* (貸)現金預金 *15,000*
4. (借)売　　上 *12,000* (貸)前 受 金 *12,000*

売上の取消し処理をすることで，商品の引渡し前に代金を受け取っている状態になるため，前受金として処理する。

<資料IIIより決算整理事項>

1. (借)貸倒引当金繰入 *7,600* (貸)貸倒引当金 *7,600*
(受取手形¥150,000＋売掛金¥1,220,000－資料IIの1. ¥10,000)×1%－(貸倒引当金残高¥16,000－資料IIの1. ¥10,000)＝¥7,600

2. ①帳簿上の計上もれということから仕訳をおこなう。
(借)仕　　入 *17,000* (貸)買 掛 金 *17,000*
この記帳により商品の帳簿棚卸高が¥17,000増加する。
②資料IIの4. の出荷されていなかった商品原価¥9,800を帳簿棚卸高と実地棚卸高に加算する。

※以上により最終的な帳簿棚卸高は¥1,880,000＋¥17,000＋¥9,800＝¥1,906,800，実地棚卸高は¥1,892,000＋¥9,800＝¥1,901,800
よって，棚卸減耗損は帳簿棚卸高¥1,906,800－実地棚卸高¥1,901,800=¥5,000

(借)仕　　入	*2,080,000*	(貸)繰越商品	*2,080,000*
繰越商品	*1,906,800*	仕　　入	*1,906,800*
棚卸減耗損	*5,000*	繰越商品	*5,000*

3. 期首の再振替仕訳

(借)未払費用	*300,000*	(貸)給料手当	*280,000*
		水道光熱費	*20,000*

期末の決算整理仕訳

(借)給料手当	*286,000*	(貸)未払費用	*310,000*
水道光熱費	*24,000*		

4.

(借)保 険 料	*4,000*	(貸)長期前払費用	*52,000*
前払費用	*48,000*		

保険料月額は，長期前払費用¥*96,000*÷24か月(2年)＝¥*4,000*

当期分(3月分のみ) ¥*4,000*を保険料勘定(費用)に計上し，次期の1年間で費用化される12か月分¥*48,000*を流動資産の前払費用に振り替える。

5.

(借)減価償却費	*12,000*	(貸)建物減価償却累計額	*9,000*
		備品減価償却累計額	*3,000*

建物について

旧建物：(¥*2,400,000*－新建物¥*300,000*)÷30年＝¥*70,000*

新建物：¥*300,000*÷30年×$\frac{\text{経過月数6か月(10月～3月分)}}{\text{12か月}}$＝¥*5,000*

よって建物に関する減価償却費の年間確定額は¥*75,000*。

概算額¥*6,000*で4月から2月までの11か月間分¥*66,000*を月次決算で計上済である。よって¥*75,000*－¥*66,000*＝¥*9,000*を決算月の計上額とする。

備品は概算額¥*12,000*で11か月間分¥*132,000*を月次決算で計上済である。また年間確定額は，200％定率法で耐用年数8年というデータから1÷8年＝0.125(定額法の償却率)。200％定率法はこの2倍(200％)を定率法の償却率とするので，0.125×2＝0.25。期首の備品減価償却累計額は，決算整理前残高試算表の残高¥*872,000*－概算計上額¥*132,000*＝¥*740,000*。備品に関する減価償却費の年間確定額は(¥*1,280,000*－¥*740,000*)×0.25＝¥*135,000*。

よって，¥*135,000*－¥*132,000*＝¥*3,000*を決算月の計上額とする。

6.

(借)支払利息	*16,800*	(貸)前払費用	*16,800*

各借入金に対する利息の直前の前払日は2月1日であり，

¥*1,200,000*×2.4％÷2＝¥*14,400*

¥*2,000,000*×3.6％÷2＝¥*36,000*

がそれぞれの6か月分前払高で前払費用に計上されている。

決算では，経過した2か月分(2月～3月分)を費用に振り替える。

(¥*14,400*＋¥*36,000*)×$\frac{\text{経過月数2か月}}{\text{6か月}}$＝¥*16,800*

なお，決算日の翌日から1年以内に返済期限が到来する¥*1,200,000*の借入金は「短期借入金」として流動負債の区分に，1年を超える¥*2,000,000*の借入金は「長期借入金」として固定負債の区分に表示する。

7.

(借)商標権償却	*40,000*	(貸)商 標 権	*40,000*

前期末X5年3月31日の決算までに4年分の償却が済んでいるので，商標権勘定の残高¥*240,000*は残り6年分である。

¥*240,000*÷6年＝¥*40,000*

8.

(借)賞与引当金繰入	*100,000*	(貸)賞与引当金	*100,000*

毎月¥*60,000*で10月から2月までの5か月間分¥*300,000*を月次決算で計上済である。期末に支給見積額が¥*400,000*となったため，不足分の¥*100,000*を追加計上する。

9.

(借)法人税，住民税及び事業税	*350,000*	(貸)仮払法人税等	*168,000*
		未払法人税等	*182,000*

損益勘定を作成すると次のようになる。

損　　益

仕　　入	16,990,200	売　　上	22,788,000
棚卸減耗損	5,000	受取利息	40,000
給料手当	3,206,000	償却債権取立益	4,000
旅費交通費	300,000		
水道光熱費	204,000		
通 信 費	175,000		
保 険 料	68,000		
減価償却費	210,000		
賞与引当金繰入	400,000		
貸倒引当金繰入	7,600		
商標権償却	40,000		
支払利息	112,800		
法人税，住民税及び事業税	350,000		
繰越利益剰余金	763,400		
	22,832,000		22,832,000

精算表作成問題

精　算　表

日商株式会社　　　　X7年3月31日　　　　(単位：円)

勘定科目	残高試算表		修正記入		損益計算書		貸借対照表	
	借方	貸方	借方	貸方	借方	貸方	借方	貸方
当座預金	*390,000*		*40,000*				*430,000*	
受取手形	*160,000*			*40,000*			*120,000*	
売掛金	*260,000*			*18,000*			*242,000*	
繰越商品	*82,000*		*79,200*	*82,000* *960* *1,956*			*76,284*	
仮払消費税	*330,400*			*330,400*				
建物	*6,000,000*						*6,000,000*	
備品	*800,000*						*800,000*	
のれん	*288,000*			*48,000*			*240,000*	
支払手形		*126,000*						*126,000*
買掛金		*240,000*						*240,000*
仮受消費税		*339,200*	*339,200*					
借入金		*1,600,000*						*1,600,000*
退職給付引当金		*760,000*		*70,000*				*830,000*
貸倒引当金		*18,400*	*14,000*	*2,840*				*7,240*
建物減価償却累計額		*980,000*		*165,000*				*1,145,000*
備品減価償却累計額		*288,000*		*102,400*				*390,400*
資本金		*3,000,000*						*3,000,000*
利益準備金		*300,000*						*300,000*
繰越利益剰余金		*97,640*						*97,640*
売上		*4,240,000*				*4,240,000*		
仕入	*2,300,000*		*82,000*	*79,200*	*2,302,800*			
給料	*1,300,000*				*1,300,000*			
消耗品費	*20,000*				*20,000*			
通信費	*30,000*			*12,000*	*18,000*			
保険料	*9,840*			*4,920*	*4,920*			
支払利息	*19,000*		*3,600*		*22,600*			
	11,989,240	*11,989,240*						
貸倒損失			*4,000*		*4,000*			
貸倒引当金繰入			*2,840*		*2,840*			
棚卸減耗損			*960*		*960*			
商品評価損			*1,956*		*1,956*			
(貯蔵品)			*12,000*				*12,000*	
(未払消費税)				*8,800*				*8,800*
減価償却費			*267,400*		*267,400*			
(のれん)償却			*48,000*		*48,000*			
(未払)利息				*3,600*				*3,600*
退職給付費用			*70,000*		*70,000*			
(前払)保険料			*4,920*				*4,920*	
当期純(利益)					*176,524*			*176,524*
			970,076	*970,076*	*4,240,000*	*4,240,000*	*7,925,204*	*7,925,204*

解説　<決算整理事項その他>

1. (借)当座預金　*40,000*　(貸)受取手形　*40,000*
2. (借)貸倒引当金　*14,000*　(貸)売掛金　*18,000*
　　貸倒損失　*4,000*
　当期に生じた売掛金には貸倒引当金が見積もられていないので貸倒損失勘定(費用)で処理する。
3. (借)貸倒引当金繰入　*2,840*　(貸)貸倒引当金　*2,840*
　{(受取手形¥*160,000*－上記1. ¥*40,000*)＋(売掛金¥*260,000*－上記2. ¥*18,000*)}×2%
　－(貸倒引当金残高¥*18,400*－上記2. ¥*14,000*)＝¥*2,840*
4. (借)仕入　*82,000*　(貸)繰越商品　*82,000*
　　繰越商品　*79,200*　　仕入　*79,200*
　　棚卸減耗損　*960*　　繰越商品　*960*
　　商品評価損　*1,956*　　繰越商品　*1,956*
　期末商品棚卸高：
　原価@¥*240*×帳簿数量330個＝¥*79,200*
　棚卸減耗損：
　原価@¥*240*×(帳簿数量330個－実地数量326個)＝¥*960*
　商品評価損：
　(原価@¥*240*－正味売却価額@¥*234*)×実地数量326個＝¥*1,956*

5. (借)貯 蔵 品　*12,000*　(貸)通 信 費　*12,000*
決算時に未使用の郵便切手は貯蔵品勘定(資産)に計上するとともに通信費勘定(費用)から差し引く。

6. (借)仮受消費税　*339,200*　(貸)仮払消費税　*330,400*
未払消費税　*8,800*

7. (借)減価償却費　*267,400*　(貸)建物減価償却累計額　*165,000*
備品減価償却累計額　*102,400*

旧建物：(¥6,000,000－¥1,800,000)÷30年＝¥140,000

新建物：$¥1,800,000 \div 30年 \times \frac{経過月数5か月(11月～3月分)}{12か月}$
＝¥25,000

備　品：(¥800,000－¥288,000)×20%＝¥102,400

8. (借)のれん償却　*48,000*　(貸)の れ ん　*48,00*
X3年３月31日の決算から直前のX6年３月31日
算まで４年間償却が済んでいるので，残高試
表ののれん勘定¥288,000は，あと６年分である
¥288,000÷６年＝¥48,000

9. (借)支払利息　*3,600*　(貸)未払利息　*3,60*
$¥600,000 \times 1.8\% \times \frac{経過月数4か月(12月～3月分)}{12か月}$＝¥3,600

10. (借)退職給付費用　*70,000*　(貸)退職給付引当金　*70,00*

11. (借)前払保険料　*4,920*　(貸)保 険 料　*4,92*
$¥9,840 \times \frac{前払月数6か月(次期4月～9月分)}{12か月}$＝¥4,92

25 (2)